JINGJIXUE
BITAN

经济学笔谭

王东京 著

人民出版社

前　言

　　我在各地调研时常听到人们发议论：某某领导懂经济，某某领导不懂经济。那么怎样才算懂经济呢？老百姓看的当然是实惠，如果你为官一任却不能造福一方，大家肯定认为你不懂经济。但要是从经济学的角度看，懂不懂经济，就是要看你是否了解基本的经济理论，能不能运用这些理论驾驭经济工作，按经济规律办事。

　　阿基米德曾经说：给我一个支点，就能转动地球。如果我们把经济活动比作地球，经济政策比作杠杆，那么经济理论就是那个撬动"地球"的支点。对于我们主管经济工作的领导同志来讲，天天与政策打交道，或是制定政策，或是执行政策，但如果没有掌握必要的经济理论，难免会打乱仗，事倍功半不说，很多时候还会弄巧成拙。

　　从事经济学研究的都知道，经济学中有一个资本收益递减规律。其实，政府出台的经济政策，它的效应也是递减的。经济生活不像物理实验，它的变数太多，几乎无法控制。1998年以前，物价高企，治理通胀是主要任务。哪承想我们这边"着陆"未稳，就爆发了亚洲金融危机，接着是一场大洪水。原来的经济过热，一下子变成了需求不足。问题变了，政策当然得跟着掉头，否则，无异于南辕北辙。

经济政策既然要适时调整，常变常新。那么，我们怎么评价政策？从根本上说，还得靠实践。一项政策好不好，有没有效，必须让实践说话。但单纯由实践来判断，难免会成"马后炮"。好比一个人置身在沙漠中，沿哪个方向可以找到绿洲，哪个方向是死路一条，他必须事先定夺。绝不能不管三七二十一，随便走下去，走对了是万幸，可一旦搞错了，等到将死的那一刻，实践出了结果，而他自己，也要埋尸黄沙了。果真如此，岂不是代价太大了吗？评价政策也是这样，如果一项政策刚刚出台，效果还没出来，或者在不同的决策之间，需要我们作出选择，怎样才能多一点理性，少一些盲目呢？这就需要经济理论、经济分析。

经济工作需要理论指导，可是有人会说，经济学如此复杂，各种学派多如牛毛，对同一个问题，三个经济学家，可能拿出四种答案，你让我听谁的？的确，今天的经济学，千头万绪，着实令人生畏。一不小心，你就可能迷失在这片丛林里，不知道自己从哪里来，要到哪里去，别说用它来分析问题，就是弄清原委，都可能茫然失措，大有老虎吃天——无处下口的感觉。但这绝不是说，经济学是屠龙术，如果我们善于去粗取精，去伪存真，把它最本原的东西梳理出来，就会发现，经济学基本的理论，远没有人们想象得那么复杂。

本书以《经济学笔谭》为题，旨在为读者提供一把开启经济学大门的钥匙。全书分"经典引读""领悟大师""经世济民""他山为鉴"四大篇，从古典到现代，从理论到实践，对经济学作了一次大跨度、全景式的盘点。应该指出的是，西方经济理论，是从西方国家的经济实践中提炼出来的，由于社会制度与国情不同，我们在学习时，不可囫囵吞枣，完全照搬。一定要在马克思主义指导下，结合中国实际，有批判地吸收与借鉴。

王东京

C 目 录
ONTENTS

古典名篇 1

假如你要了解经济学，那么有三本书必读：一是亚当·斯密的《国富论》；二是李嘉图的《政治经济学及赋税原理》；三是马克思的《资本论》。这三本书，乃古典经济学经典名篇。老祖宗不能丢，研究经济学，不能不读老祖宗。

亚当·斯密为经济学奠基 3

李嘉图：古典经济学集大成 8

《资本论》："工人阶级的圣经" 13

经济学裂变 19

自李嘉图之后，经济学在欧洲发生裂变。19 世纪末，经济学再次转型，进入新古典时代。至 20 世纪 30 年代，效用价值论已成正统。国家干预经济主张大行其道，并开始占据了大学讲坛。其间代表人物主要有：马歇尔、庇古、凯恩斯。

《经济学原理》开新古典先河 21

《福利经济学》萌生国家干预 26

《通论》为国家干预鸣锣开道...31

回归斯密...37

《就业、利息和货币通论》1936 年出版，凯恩斯因此大红大紫，声名远播。然 20 世纪 40 年代以来，却不断有经济学家站出来，公开与凯恩斯叫板，反对国家干预，力主自由经济。哈耶克、艾哈德、布坎南、弗里德曼等，皆为这个阵营不同时期的领军人物。

哈耶克率先发难...39
艾哈德为"竞争"高唱赞歌...44
布坎南全面阐释"政府失灵"...49
弗里德曼：新自由主义掌门人...54

制度学派崛起...59

制度学派起源于 19 世纪末，凡勃伦、米契尔、康芒斯一起被称为旧制度经济学的三大巨擘。20 世纪 50 年代以来，加尔布雷思、诺斯等一批经济学家，承前启后，推陈出新，创立了新制度经济学。作为经济学一个门派，新制度经济学声誉日隆，目前在学界的影响可谓如日中天。

"有闲阶级"批判...61
康芒斯继往开来...66
新制度学派推陈出新...71
从制度层面解释增长...76

诺斯教授修成正果 80

20 世纪四大假说 85

大胆假设，小心求证，是科学发现与发明的基本程式。经济学作为实证科学，每一个新的理论，也都是先基于某种假说而提出来的。20 世纪，经济学有四大假说，对世界产生了深远影响。它们不仅拓宽了经济学的研究领地，而且主导了经济学发展的进程。

熊彼特创新假说 87

持久收入假说 92

交易费用假说 96

理性预期假说 101

疑点与发现 107

由于经济学家的不懈努力，经济学长足发展，日臻完善。然尽管如此，却仍有不少疑点悬而未决，至今还困扰着经济学界。而有些疑点，一旦被人解破，经济学就会借风行船，开始一段新的航程。所谓"特里芬难题""里昂惕夫之谜""丹尼森残差"等，就是典型的范例。

马歇尔冲突 109

阿罗悖论 114

特里芬难题 119

里昂惕夫之谜 124

丹尼森残差 129

经济学定理 133

经济学定理，是经济规律的理论提炼与表达。200 多年来，一代代经济学家呕心沥血，终于从复杂纷繁的经济生活中，抽象出了一些对世界具有普遍解释力的理论（定理）。而这些定理一经确立，经济学家也就具备了观察与分析经济问题的参照系。

配第—克拉克定理 135

李嘉图—巴罗等价定理 140

霍夫曼定理 145

筱原的基准 149

科斯定理 154

曲线与模型 159

自马歇尔肇始，经济学家通常喜欢用一些几何曲线或模型描述经济学原理，因为曲线与模型的使用，不仅使抽象的理论变得直观，而且让复杂的现象变得简单。拉弗曲线、菲利浦斯曲线、哈罗德—多马模型、二元经济模型等反复被人们引用，正是因为它们直观而简单。

拉弗曲线与税率"禁区" 161

菲利普斯曲线 165

马克西—西尔伯斯通曲线 169

哈罗德—多马模型 173

二元经济模型 178

最优分配原理 183

　　分配事关人们切身利益，不仅重要，而且敏感，故对分配问题，经济学家历来重视。虽然效率优先、兼顾公平已成为人们研究分配普遍接受的准则，但何为检验分配效率最大化的标准，如何使分配效率最大化，经济学家对此却众说纷纭，见解各异。

萨伊的"三位一体"公式 185

帕累托最优状态 189

卡尔多—希克斯标准 194

负所得税方案 199

奥肯的漏桶原理 203

财政牵系国运 207

　　中国古代哲学家老子曾说：治大国如烹小鲜。财政作为调节经济、稳定社会的重要力量，它关乎民生，牵系国运。对各级政府官员而言，只有财政理论烂熟于心，运用财政政策收放自如，才能经邦济世，举重若轻。

国家预算举足轻重 209

财政收入聚敛千金 214

财政花钱当量力而行 219

财政赤字应调控有度 224

财政政策瑕瑜互见 229

税收取用有道 235

古往今来，税收都是政府强制征取的。缴不缴税、缴多少税，既不由纳税人说了算，也不由政府官员任意定夺。法制社会，政府要通过立法，对征税范围、征收比例作出规定，并且税法面前人人平等，不管达官显贵，还是平民百姓，倘若偷税漏税，都会受到法律的惩处。

追本溯源说税收 237

税制模式大同小异 242

税制结构各有千秋 247

税收负担与公平税负 252

避免国际双重课税 257

金融中枢 263

工商业勃兴、分工专业化、贸易空间扩大，密切了货币与信用的联系，改变着货币形态、信用方式。货币和信用联姻，孕育出经济社会的混血儿——金融。它自诞生之日起，就遵循"游必有方"的道理，哪里有利可图，资金融通的触角，就会伸向哪里。

金融是现代经济的核心 265

商业银行炼金有术 270

货币政策工具箱 275

政策性银行造福社会 280

投资银行独领风骚 285

保险市场 291

随着经济的发展，保险业应运而生，海险、火险、人寿险等相继走向成熟。作为金融大军中的一员得力干将，保险业不仅能为社会经济遮风挡雨、保驾护航，而且还是个高明的投资者。现代经济赋予了保险业新的使命，也促使它不断前行。

保险为分摊风险而生 293

保险中介搭桥铺路 298

商业保险成为保险业明星 303

再保险为保险分忧 308

风险与监管 313

当代市场经济社会，金融监管当局就像一个监工，管制过严，会遭到金融界左右抱怨，百般抵制；监督太松，又担心日积月累，酿成大祸。监管是一个复杂的系统工程，分寸拿捏殊为不易，故也越来越为各国政府所重视。

监管关乎金融安全 315

证券风险何以防范 320

保险市场尤需监管 325

外债风险当小心防范 330

政府干能 335

政府能量究竟有多大？经济学家从来说法不一。有人说市场万能，反对国家干预；有人说市场会失灵，主张政府调节。它山之石，可以攻玉。西方国家实践证明，市场经济不能只靠"无形的手"，也要发挥"有形的手"的作用，要两手抓，两手都要硬。

美国特点的政府角色 337

罗斯福"新政旋风" 341

法国政府"以西补东" 346

日本的产业政策 351

意大利的国家参与制 356

自由经济浪潮 361

二战之后，自由主义思潮重新抬头，抑制国家干预的浪潮也随之席卷而来。德国走第三条道路、撒切尔进行"货币主义试验"、里根推动自由经济复兴、俄罗斯施行"休克疗法"，半个世纪里，西方国家上演了一幕幕自由经济的人间活剧。

选择第三条道路 363

银行独立一波三折 368

撒切尔的"货币主义试验" 373

自由经济的复兴 378

"休克疗法"败走莫斯科 383

科教兴国 389

大凡文明国度，无不重视教育；所有经济强国，无不受益于科技。当今国际竞争，说到底比拼的是人才与科技。德国与日本经济战后崛起，教育与科技居功至伟；美国也是凭借其领先于世的教育与科技，才使得它在经济全球化过程中占尽风流。

德国最大的本钱在教育 391

日本"收获型"科技战略 396

美国"新经济"何去何从 401

西方农业启示 407

民为国之本，农为民之本。农业不兴，难保百业之兴；农民不富，难保天下太平。放眼全球，纵观古今，只要是农业人口多的国家，政府绝不会对农业掉以轻心。考察西方农业发展的历程，总结他们的成败得失，一定会带给人们某些启示。

俄罗斯：土地与自由的变奏 409

法国：农业优先发展战略 414

德国：独具特色的农业改革 419

日本：农协托起经济一片天 424

古典名篇

　　假如你要了解经济学，那么有三本书必读：一是亚当·斯密的《国富论》；二是李嘉图的《政治经济学及赋税原理》；三是马克思的《资本论》。这三本书，乃古典经济学经典名篇。老祖宗不能丢，研究经济学，不能不读老祖宗。

亚当·斯密为经济学奠基

李嘉图：古典经济学集大成

《资本论》："工人阶级的圣经"

亚当·斯密为经济学奠基

提起《国富论》的作者亚当·斯密，200 多年来经济学家无不肃然起敬。据说连英国历史上曾权倾一时的首相皮特，对他也是礼让三分。在一次政治家的聚会上，斯密最后一个到场，皮特和大家一起站起来，对他表示欢迎。斯密请他们坐下。皮特却谦恭地说："不，您先坐下，我们再坐，我们都是您的学生。"《国富论》究竟是一本什么样的书，能为斯密赢得如此的殊荣？

《国富论》全称《国民财富的性质和原因的研究》。全书共分五篇，囊括了政治经济学原理、经济史、经济学说史和财政学，可以说既是一部经济学的百科全书，也是经济学的一部奠基之作。虽然它体系庞大，内容广泛，但首尾一贯，结构严密。全书始终围绕约一个主题，就是如何促进国民财富的增长。

财富的源泉是什么？斯密在序言中开门见山地说："一国国民每年的劳动，本来就是供给他们每年消费的一切生活必需品和便利品的源泉。"既然"劳动是财富之父"，那么，要增加财富，就得提高劳动效率，或者是增加劳动数量。斯密敏锐地注意到，分工是提高劳动效率的重要法门。他举了一个制针的例子。一枚小小的针的制作，竟然需要 18 道工序。如果让一个人从头做到尾，一天恐怕连一枚也完成不了。但是，如果分工协作，每人负责一两道工序，一人一天却可以做 4 800 枚。分工何来如此神力？其实，道理很简单，分工可以使劳动专业化，可以提高劳动的熟练程度。不仅如此，分工还有一个妙处，就是它能为发明和改进机械提供契机。最初的蒸汽机比较笨，活塞的升降，需要一个儿童来专门开启和关闭汽锅。有一次，有一个按活塞的小孩，因为干得久了，就"懒"中生智，把开闭汽锅的舌门把手，用一条绳索系在机器的另一端，让舌门随机器的运动而自动开闭。这个故事，成为蒸汽机改良史上的一大趣谈。

斯密认为，交换是人与生俱来的倾向，欲将取之，必先予之，由于交换而产生了分工。那么，商品的交换价值如何确定呢？斯密明确地指出："劳动是衡量一切交换价值的真实尺度。"这就等于说，商品的价值取决于劳动，但是斯密同时声称，这个理论只适应人类社会的野蛮时代，一旦资本积累起来，投入企业，或是土地变为私有，就要另当别论了。因为此时的劳动产品，不再全部归劳动者所有，其中一部分作为利润和地租，被雇主和地主收入囊中。由此，斯密又得出了一条结论：在资本积累和土地私有发生之后，决定商品价值的就不光是劳动了，利润和地租也得算上一份，这样一来，工资、利润和地租，就不仅是一切收入的来源，而且还是"一切交换价值的三个根本源泉"。如此，斯密就不知不觉地由劳动价值论转到三种收入决定价值的理论上去了。马克思把三种收入决定价值理论，叫作"斯密的教条"，后来的西方经济学不少理论，如生产费用论、节欲论等，都可以从它那里找到思想源头。斯密揭开了商品价值的神秘面纱，的确功不可没。但另一方面，在价值问题上他又含糊其辞，举棋不定，给后人留下了许多模棱两可的答案。后来的经济学家各取所需，斯密的哪一种解释符合他们的胃口，便采纳哪一种。甚至连那些势不两立的学派，也能同时从斯密那儿，找到本派发端的痕迹。

除了上面浓墨重彩的价值理论外，斯密还谈到了货币、分配、生产劳动和非生产劳动、社会再生产以及自由贸易等学说。这些都有深远的影响，但其中对世人影响最大的，莫过于他的经济自由主义思想。18世纪，西欧的孟德维尔写过一则寓言，讲述的是一群蜜蜂由盛及衰的故事。开始，蜜蜂自私自利，爱慕虚荣，追逐荣华富贵，这时，整个社会欣欣向荣，人人安居乐业。但是，当蜜蜂变得善良节俭，放弃了奢侈挥霍的生活时，经济却反而一片萧条，民生凋敝。最后有敌来犯时，无力抵挡，只好逃之夭夭。这则寓言，在当时被视作妖言惑众的异端邪说。但一位意大利哲学家却说得好："谁要想发现真理，最好是成为异端。"在斯密的《国富论》中，孟德维尔的"异端邪说"贯穿始终，成为构造其理论大厦的一根支柱。斯密娓娓道来：人的本性中最重要的是利己主义，人的大部分行为都是受"利己心"支配，社会利益往往被抛在脑后。但是，不期而然的是，这种行为的结果，不但利己，而且比一个人殚精竭虑，刻意追求公众利益时，更有利于社会。斯密把这种机制，称作"看不见的手"。因此，斯密主张完全的自由竞争，认为与其让政府干预经济，还不如听任市场调节来得有效。政府的职能，只是保家卫国，抵御外侮；建立严明的司法机构；适当兴办公共工程和公众事业，其他，则尽可无为而治之。斯密一生性情平淡，可对任何来自制度上的垄断，他都深恶痛绝。他极力主张清除关税壁垒，实行贸易自由，撤销行会制度和专卖公司。

"在将近一百年后，斯密依然是经济思想史上的巨人。"《大英百科全书》如是说。的确，《国富论》从面世到现在，已经两百多年了，但是，岁月未能将它尘封，它的光亮依然一如从前，熠熠生辉。比如，20世纪60年代末以来，西方国家陷入"滞胀"，凯恩斯主义者对此一筹莫展。不少经济学家就转而求助于斯密的经济学，梦想回到自由竞争的"黄金时代"，希望在"看不见的手"的指引下，重整旗鼓，再创辉煌。今天的经济学理论大厦，经过二百多年的精心构建，已经巍峨耸立，金碧辉煌，但如果没有斯密的《国富论》奠基，那也不过是一座美丽的空中楼阁。作为"经济学之父"，斯密对政治经济学的影响之大，是怎么评价都不为过的。甚至有人做过这样的评论："两百年来经济学家所做的工作，都不过是在为斯密的理论打打补丁，抹抹油而已。"

李嘉图：古典经济学集大成

也许上帝从来就偏爱天才。谁也未曾料到，一个腰缠万贯的证券经纪人，竟然会阴错阳差，一举成为留名后世的经济学家。英国的大卫·李嘉图，就是这样一位天才。1799 年的某一天，在陪爱妻外出散步时，这位年轻的富豪，漫不经心地走进了一家图书馆，并随手翻阅了亚当·斯密的《国富论》。岂料，就像童话中的王子亲吻了睡美人，李嘉图对经济学的兴趣，就在这一刻陡然被唤醒。从此，他与经济学结下了不解之缘。

李嘉图大器晚成，著述自然不多，但其 1817 年出版的《政治经济学及赋税原理》，足以使他名垂史册。这部著作，囊括了古典经济学的所有理论，也包含着李嘉图的全部思想精粹。其中，价值论和分配论，被马克思批判性地继承，成为《资本论》的重要思想源泉；比较成本学说，早已脍炙人口，成为国际贸易理论的基石；而他的货币理论，则是现代货币理论的基础，难怪我们在熟知他的货币理论之后，无论现代货币理论如何复杂多变，都会有似曾相识之感。

李嘉图对《国富论》推崇备至，但决不盲从，对其中的疑点，他总要畅叙己见。斯密明确区分了商品的使用价值和交换价值（斯密和李嘉图一样，将价值和交换价值混为一谈），并认为交换价值的大小，与使用价值并无关系，李嘉图对此极为赞同。但斯密接着又说，百无一用的东西，也可能有交换价值。李嘉图对此不以为然，他说，使用价值虽然不是交换价值的尺度，但如果某种商品毫无用处，那么，无论它是举世无双，也无论它包含多少劳动，都不会有交换价值。李嘉图认为，交换价值有两个来源：一是稀少性，一是生产商品耗费的劳动量。乍一看，似乎李嘉图在劳动价值论上，与斯密一样摇摆不定，但细看他下面的分析，就会发现其实不然。他说，有些商品，如罕见的雕像，年代久远的古币，无论人们如何费尽心机，都不可能使其数量增加，所以它们的价值，取决于稀少性。不过，这样的商品，毕竟是凤毛麟角，绝大部分商品，价值还是由生产它们所需要的劳动量来决定。这就是著名的劳动价值论，也是李嘉图价值学说的精髓所在。

按照斯密的收入价值论，工资上涨，价格也随之上涨，利润不会受到影响。但李嘉图认为，商品价值只由耗费的劳动量来决定，劳动量不变，价值量也不会变。既然商品价值分解为工资和利润，而它又是一个常数，那工资和利润，就会此消彼长，工资提高，利润自然下降。地租和利润也是反向变化。地租提高，工资水平就会上升，进而使利润下降。经李嘉图这么一分析，工人、资本家和地主的对立，就一目了然了。但作为资产阶级的代言人，李嘉图将锋芒直指地主阶级。他认为，工人和资本家的冲突，尚不足为虑，倒是地主和资本家之间的矛盾，不可忽视。因为地租增加，利润势必减少，挫伤资本家积累的积极性，进而阻碍了生产力发展。因此，地主阶级不仅与资本家势不两立，而且与社会发展格格不入，实乃社会之累赘。

自由贸易的畅想曲，在西方已经回响了许多年，而经亚当·斯密的严密论证后，这种信念更加牢不可破。人们发现，在日常生活中，裁缝不自己做鞋子，而是向鞋匠购买，因为这样成本更低。斯密认为，同样的道理，也适应于国际贸易。各国只要扬长避短，生产自己成本较低的商品，然后相互交换，就能互惠互利，皆大欢喜。但按斯密的学说，如果两个国家生产力水平相差无几，一国无论生产何种商品，都具绝对优势，那是不是它们就没必要进行自由贸易了呢？李嘉图认为，并非如此。他举了一个后来广为流传的例子：

假设10尺毛呢可以换得1桶葡萄酒，英国生产10尺毛呢，需要100小时，酿造1桶葡萄酒，需要120小时；葡萄牙生产同量的葡萄酒和毛呢，分别只需80和90小时。葡萄牙在两方面都占绝对优势。由此看来，似乎两国并无贸易的可能。但李嘉图认为，只要葡萄牙"两优相权取其重"，英国"两劣相权取其轻"，就可能获得"双赢"。因为如果按他所说比较成本原则，葡萄牙专门生产葡萄酒，那它就能用 80 小时生产出来的葡萄酒，换来自己要花 90 小时才能生产出来的毛呢，节省劳动 10 小时。而对英国来说，100 小时制造出来的 10 尺毛呢，可以换得自己要花 120 小时才能生产出来的葡萄酒，节省劳动 20 小时。可见，按比较优势进行国际分工，彼此都可受益。

从劳动价值论出发，李嘉图认为，货币如同商品，也有价值。它的价值大小，就是生产时耗费的劳动多少。沿着这条思路，他得出结论，如果商品价格总额一定，流通中需要多少货币，就由货币价值决定。货币价值提升，流通所需货币就要减少。而在货币价值恒定时，流通中需要多少货币，就要看商品价格总额的变化，价格总额增多，需要的货币数量自然增多；反之，所需货币量减少。但再往下说，李嘉图却滑入另一条轨道，提出了货币数量说。他认为，货币价值和物价水平，都随货币数量的变化而变化。货币数量增加，物价成正比上升，货币价值则成反比例下降；反之则正好相反。这样一来，货币价值，就取决于货币的数量。显然，这与他自己的劳动价值论是相悖的。可这两种水火不相容的理论，在李嘉图的著作里，却同时并存，相安无事。不过，李嘉图后来的信徒们，却只对货币数量论情有独钟，并由约翰·穆勒博采众长，发挥到了极致。

对李嘉图经济学说的评价，从来都是毁誉参半。有人认为政治经济学的大部分内容，都有李嘉图的功劳，现代广为推行的经济政策，也得益于李嘉图的启发。而另有人认为李嘉图是一个才华横溢但思想偏执的人，经济学的列车，被他开到错误的轨道上去了，那些荒唐无稽的经济激进主义，正是从李嘉图学说派生出来的。这些截然相反的观点，孰是孰非，尚难作盖棺论定。但李嘉图学说的影响之大，却是显而易见。马克思的政治经济学，就是建立在英国古典政治经济学，尤其是李嘉图学说的基础之上的，但马克思并不是简单地继承，而是加以扬弃，最终筑起了崭新的政治经济学大厦。

《资本论》:"工人阶级的圣经"

19世纪上半叶,正当欧美列强志得意满,准备让"工业文明"一统天下之际,资本主义世界却爆发了经济危机。接着,工人运动风起云涌,此伏彼起,如火如荼。资本主义将往何处去?工人阶级的命运是什么? 1867年9月14日,一部划时代的巨著——《资本论》在德国汉堡出版,资本主义生产方式的运动规律,无产阶级和全人类解放的途径,在该书中给出了答案。从此,工人阶级有了自己的《圣经》,历史揭开了新的篇章,波澜壮阔的共产主义运动,席卷全球,势不可挡。

马克思从资本主义的经济细胞——商品,开始了他的征程。在作者笔下,琳琅满目、五光十色的商品,有两个共同的特点,一是有用性,即使用价值;再就是能同其他商品交换,有交换价值。商品的这两重属性,是由生产商品的劳动二重性决定的。那么,什么是劳动二重性?我们不妨这样理解:木匠做一把桌椅，使原本长在深山里的大树，能够供人们休息、学习、聚会，他们的劳动，创造了商品的使用价值，被称为具体劳动。世上三百六十行，分工各不相同，但不管何种劳动，都要花费脑力和体力，而这种一般的人类劳动，就是劳动的另一重属性：抽象劳动，它创造了商品的价值。不同的商品千差万别，在交换时总得有个依据，否则，如果一个茶杯换一架飞机，那就只有傻瓜才会去造飞机了。马克思认为，商品相互交换，依据的是它们的价值。衡量价值量要看劳动量，也可简化为看劳动时间的长短。这里所说的劳动时间，不是某个企业、某个人的个别劳动时间，而是生产这种商品所需的社会平均劳动时间。在商品社会，一个司空见惯的现象，是一手交钱，一手交货，一切商品的价值，都用货币表现，这便是人们常说的价格。商品的价格受供求关系的影响，也就是说，商品卖得多，买得少，价格便下跌，反之则上升。总的看，价涨价跌却不会离谱，一分钱一分货，商品价格的波动，总是围绕着价值进行。这些今天我们耳熟能详的东西，一个多世纪前可是经济学的伟大创举，马克思也正是靠了上述的劳动价值理论，为《资本论》这座科学大厦奠定了基石。

在资本主义社会，雇佣工人是劳动者，他们给资本家干活，领取工资，看来天经地义，公平合理。可按劳动价值论一推，问题就出来了。如果说工人的劳动创造了商品的价值，他们由此取得了足额报酬，那么，资本家怎么会富得流油，莫非他们手中的票子会下蛋不成？马克思指出，资本家花钱买下的不是工人的劳动，而是工人的劳动力，也就是劳动能力。劳动力是存在于人的血肉中的特殊商品，同样有使用价值和价值。它的价值，是工人及其家庭所需要的生活资料的价值，它的使用价值是创造价值，而且是创造比自身价值更大的价值。比如在劳动力市场，资本家用 10 英镑雇佣一个工人，这个工人在劳动中生产的商品却不止是 10 英镑，而是 15 英镑，扣除 2 英镑的机器损耗和原材料投入，资本家净得 3 英镑，这 3 英镑就是剩余价值。在《资本论》中，资本家投资办厂，购买原料的投资，被称作不变资本，因为它们不会增值，只能等量转移到商品中去；雇佣劳动力的花销，被称作可变资本，因为它们能够为资本家带来剩余价值。剩余价值和可变资本的比率，被称为剩余价值率。就像蚊子生存靠吸血一样，资本家要得到更多的财富，只能在工人身上打主意。为了提高剩余价值率，他们往往不择手段，尽可能地延长劳动时间，或者不断加大劳动强度，这是他们发家的秘诀。

人心不足蛇吞象，这一点在资本家身上体现得淋漓尽致。他们在取得剩余价值之后，不会将其全部挥霍光，而是保留一部分，当作资本，进行扩大再生产，这一过程就是资本积累。随着竞争加剧和科技进步，资本家用于厂房、设备的投资比例会不断增加，而机器越先进，需要的劳动力会越少，这就带来了两个问题：剩余价值率降低，资本家投资收益率下降；机器排挤工人，在资本主义社会出现大量的过剩人口。问题不止于此，马克思提出，商品社会的总生产，分为生产资料和消费资料两大生产部类，两大部类互为依托，相互补偿，本应按比例协调发展。但在资本主义制度下，资本家为了一己之利，当然不会顾及全局，无序竞争再加上资本积累的副作用，导致生产过剩、工人失业、资本家破产，经济危机定然会周期性地爆发。

以上所说的资本家，被称为产业资本家。剩余价值是否全部落入他们手中呢？不是的。另有一部分资本家，专门从事商业经营，他们虽然没有创造剩余价值，但要离开了他们，企业生产的商品卖不出去，产业资本家也会一筹莫展。所以，在瓜分剩余价值时，少不了商业资本家的一杯羹。产业资本家如果孤军作战，只依靠自身积累来扩大生产，恐怕是杯水车薪，难成什么气候。因此，精明的资本家，会向更富有的同行借钱，于是一部分财力雄厚的资本家，不再操心费力开矿办厂，专门干起了借贷的营生。产业资本家借鸡生蛋，当然要投桃报李，从剩余价值这块蛋糕中，再切出一块，作为利息付给借贷资本家。同样，农业资本家的土地经营权，是从大土地所有者手中买来的，他们把农业工人的剩余价值，一部分留给了自己，剩下的，便要向土地所有者缴纳地租。

通过对资本主义生产方式的精辟分析，马克思向世人揭示了资本主义社会两大阶级——资产阶级和无产阶级的对立关系。"原来的货币所有者成了资本家，昂首前行；劳动力所有者成了他的工人，尾随于后。一个笑容满面，雄心勃勃；一个战战兢兢，畏缩不前，像在市场上出卖了自己的皮一样，只有一个前途——等着让人家来鞣。""资本来到世间，从头到脚，每个毛孔都流着血和肮脏的东西。"那么，资本主义这棵吸吮工人阶级血汗长大的树，能够万古长青吗？答案是否定的。资本主义的发展，一方面，使生产规模不断扩大，无产者之间的分工协作更加密切，生产日益社会化；另一方面，在资本积累过程中，生产资料逐渐集中到少数大资本家手中。生产社会化和资本主义私有制，终将产生尖锐的矛盾，最终达到同私有制的外壳不能相容的地步，到这个时候，这个外壳就要炸毁，剥夺者就要被剥夺。取而代之的，是生产资料公有，统一调节社会生产，共同占有劳动成果的社会。担负这一历史重任的，是和资产阶级一同成长起来，由资本主义生产本身所训练、联合和组织起来的无产阶级，他们是资本主义社会的被压迫者，也是资产阶级的掘墓人。

经济学裂变

自李嘉图之后，经济学在欧洲发生裂变。19 世纪末，经济学再次转型，进入新古典时代。至 20 世纪 30 年代，效用价值论已成正统，国家干预经济主张大行其道，并开始占据了大学讲坛。其间代表人物主要有：马歇尔、庇古、凯恩斯。

《经济学原理》开新古典先河
《福利经济学》萌生国家干预
《通论》为国家干预鸣锣开道

《经济学原理》开新古典先河

19 世纪后半叶，是人类历史长河中汹涌澎湃、风雷激荡的时期：资本主义完成了从自由竞争向垄断的过渡。随着美、德的崛起和英国等老牌资本主义国家的衰落，世界格局重新开始洗牌。徘徊于欧洲的"共产主义幽灵"，已成为资本主义制度最直接、最有力的威胁。历史一再证明，伟大的时代产生伟大的思想，激荡的岁月往往伴生学术的繁荣。1867 年，马克思《资本论》第一卷出版；恰逢此时，穆勒把萨伊的"三位一体公式"发挥到了极致；杰文斯、门格尔、瓦尔拉斯先后独立提出边际学说；兴起于德国的历史学派独树一帜，在经济史比较研究方面成就斐然。经济学界流派纷呈、各成体系，在互相冲击碰撞中，酝酿着新的整合。

1890 年，一部划时代的著作——《经济学原理》问世了。该书把供求理论、边际效用论、边际生产力论、生产费用论熔入一炉，同时秉承古典经济学传统，兼收并蓄、综合协调，形成一个博大精深的体系。此书一出版，就被认为是西方经济学史上的一个里程碑，作者阿弗里德·马歇尔也由此赢得了"新古典经济学创始人"的盛名。

翻开《原理》一书，最先引起读者兴趣的是生产和消费理论。什么是生产（劳动）？马歇尔的观点与众不同。在他眼里，劳动不过是改变了物质的形态或排列，使其能较好地适合于满足人的欲望。木匠做家具是生产劳动，家具商在店铺里移动和整理家具也是生产劳动。因为二者尽管一个劳动对象是木材，一个是家具，但都使物质对象较以前更为有用，从本质上讲都产生了效用。那么什么是消费？消费是人的"欲望得到满足"。与生产相反，消费只不过是打乱物质的排列，减少或破坏其效用，因此也可以称作"负生产"。人的欲望种类繁多，无休无止，但具体到一种单独的欲望，却存在一个边际效用递减规律。道理很简单：一个饥肠辘辘的饿汉得到面包，肯定狼吞虎咽，但随着肚皮渐渐填满，面包的味道却不似起初那般香甜，当他吃得坐不住的时候，再逼他吃进一个，或许他会对无辜的面包由爱生恨。"消费者剩余"理论也很有意思。打个比方：一个穷学生（假设碰巧是学经济的）自书店入旧书摊，恰逢一书店标价 20 元好书，虽稍有磨损但不影响阅读，穷学生囊中尚有余银 10 块，本打算倾其所有一睹为快，不意摊主只要 5 元，再经讨价还价 4 元成交。学生为此大喜过望，因为省下的 6 元，则是他的消费者剩余。

均衡观念、供求均衡原理、局部均衡分析方法，及由此演导出来的均衡价格理论体系是马歇尔经济学说的实体。"均衡"的概念，是从牛顿力学理论借用过来的。《原理》一书中，有许多关于均衡的形象比喻：比如放置于盘子中的圆珠，由相互碰撞到静止；又如一个捡拾桑籽吃的孩童，由最初的垂涎欲滴，到最后小腹鼓胀再也不愿弯腰捡拾；再如一个企业由初建到成长到停滞——从经济学角度看都属于均衡状态。"均衡"作为经济生活中的正常状态，是指市场通过价格调节，使供求趋于一致。供求均衡原理就是：当经济出现供求失调时，会通过市场机制的自由调节，自动恢复均衡。局部均衡法是《原理》一书主要遵循的方法。运用局部均衡法处理复杂经济现象时，先把一个问题分成若干部分，用"假定其他事项不变"的办法。集中分析其一部分，然后再用同样方法将各部分逐一分析，最后综合得出结论。这样，就能减少所要分析的变数，简化推理过程。均衡价格理论是《原理》一书的核心。在书中马歇尔分别分析了需求和供给，并将供求形象地比喻为剪刀的两面，通过二者的共同作用，形成市场的均衡价格。与以往的经济学家不同，马歇尔的均衡价格理论加进了时间因素，详细区分了极短时间、短时间、长时间情况下所引致的暂时均衡、短期均衡和正常均衡状态，从而使微观经济学的供求理论臻于完美境界。

在经济政策主张方面，马歇尔秉承斯密传统，主张自由放任，反对政府干预。但在重视"看不见的手"作用的同时，马歇尔也力主政府应在增进社会福利、缩小贫富差距、减少不公正等方面发挥作用。马歇尔认为，贫困是人类败坏的原因，因此，研究如何解救贫困，增进社会福利，是经济学家义不容辞的责任。马歇尔本人对工人阶级贫困化，表现出极度的关切，经常深入贫民窟了解情况，并提出了向高收入者征税、对贫民施行救济、用政府公共开支推广教育、改善居住和医疗保健条件等具体措施。这些思想，既适应了当时英国社会阶级对立的形势，也成为后来新旧福利经济学共同的理论基础。

关于价值的生产和分配，早在19世纪初，法国经济学家萨伊就提出了著名的"三要素说"和"三位一体公式"。《原理》对其进行了发挥和推进，提出了"四要素说"和"四位一体公式"：劳动—工资、土地—地租、资本—利息、（企业）组织—利润。把利润从利息中分离出来，微观经济学的研究风格为之一变，这也是马歇尔对经济理论的一大贡献。岂止于此，《原理》几乎将西方经济理论体系中的各种细微范畴都作了精练和改进：如将"政治经济学"改称"经济学"；把视野由单纯研究财富生产或研究经济心理结合起来，综合研究财富与人、人与自然的关系；把"自然不飞跃"的生物进化观点纳入经济领域，强调经济社会和经济学发展的连续性；将经济学的文字描述简化为用数学语言表达的几何图形，勾画了近代计量经济学体系的图景；借鉴、发展历史学派的归纳、演绎法，以探求经济现象的内在规律；在经济分析中引入时间变量，提出预期概念，成为现今最流行的理性预期学派的渊源。

《经济学原理》作为新古典学派的发轫之作，在西方经济学中长期占据支配地位，并为以后西方经济学各流派提供了一个共同的理论框架。可以说，当代经济学中不论哪一个流派，都能直接或间接、明显或暗含地从马歇尔经济学说中找到渊源。美籍奥地利著名经济学家熊彼特在其为纪念《经济学原理》发表 50 周年撰写的文章中写道："从某种意义上说，马歇尔的经济学已经过时了……然而，从另一种意义上说，马歇尔的启迪永远不会过时，它的影响会持续相当长的时间。"

《福利经济学》萌生国家干预

曾几何时，英国凭借坚船利炮，威风凛凛地游弋于世界各大港口。不知有多少国家，曾拜倒在它的米字旗下，俯首称臣！岂料，风水轮流转，到了 19 世纪末 20 世纪初，随着美、德经济异军突起，英国的霸主地位岌岌可危。为了与美、德抗衡，英国不得不革故鼎新，掀起一场技术革命。然而技术革命，不仅给英国造就了繁荣，同时也使广大工人饱尝失业的痛楚。工人运动此起彼伏，社会矛盾一触即发。剑桥大学的经济学教授庇古，为此心急如焚。他希望能像普罗米修斯那样，给内外交困的英国带来火种，驱走可怕的黑暗。而他的"火种"，就是 1920 年出版的名著《福利经济学》。

"福利"一词，其含义可谓包罗万象，但说到底，就是指人们在物质和精神上得到的满足，如获得友谊，金榜题名，遇到故知，拥有财富，事业成功等。这样的福利，来无影去无踪，捉摸不定，无法计量，经济学鞭长莫及。所以，庇古把"福利"的范围，严格限定在可以用货币来衡量的那一部分，也就是"经济福利"，诸如购车买房、旅游观光等给人们带来的满足。经济福利如何度量呢？庇古认为，福利是由效用构成的。就像水的温度可用温度计测出一样，商品给人带来的效用，也可以计量出来。比如，社会经济福利，就等于一个国家的国民收入。这样，庇古就把对主观福利的研究，转到对客观的国民收入的研究上去了，这是他对经济学的一个重要贡献。以此为基础，他提出了两个命题：收入分配越平均，社会经济福利越高；国民收入越多，社会经济福利越高。

罗斯福连任三届美国总统后，曾有记者问他有何感想，总统一言不发，只是拿出一块三明治让记者吃。这位记者不明白总统用意，又不便问，只好吃了。总统又拿出了第二块，记者还是勉强吃下。没料到，紧接着又来了第三块，记者为不撑破肚皮，赶紧婉言谢绝。这时罗斯福微微一笑："现在你知道我连任三届总统的滋味了吧。"这个故事，揭示了经济学中的一个重要原理：边际效用递减。在经济学中，边际是增量的意思。边际效用就是每增加一单位消费，所能增加的满足。庇古认为，货币收入就如同三明治，边际效用也是递减的。收入越高，边际效用越小。同样的 100 美元，如果送给一个富豪，或许人家还不屑一顾，可要是送给一个囊空如洗的穷人，就是雪中送炭。所以，把富人的一部分收入，转移给穷人，富人依然是富人，不会伤筋动骨，但社会经济福利，却由于穷人收入的提高而得到改善。

那么，如何使收入均等化呢？在现代文明社会，昔日梁山好汉"劫富济贫"的办法，已经行不通。对此，庇古的观点是：政府向富人征收累进所得税、遗产税，并将其用于改善社会福利，如失业养老、医疗补助等。同时他又指出，过犹不及，福利措施不应当损害有钱人投资的积极性，否则，社会投资就会减少。到头来，城门失火，殃及池鱼，穷人的日子也不会好过到哪里去。

生产决定分配。如果一块蛋糕只有一两，无论怎样切，也切不出一斤来。所以庇古指出，要改进社会福利，必须先做大蛋糕，增加国民收入。而增加国民收入的关键，就是要人尽其才，物尽其用，使资源得到最优配置。那么，在什么情况下，资源配置才算是最优呢？为了说明这个问题，庇古先提出了社会边际纯产值的概念，这个概念，其实就相当于新增加的社会总收益。比如张先生增加 10 英镑的投资，使自己多得 3 英镑的收入，同时也使别人得到了 1 英镑，那么新增的社会总收益，就为 4 英镑；反之，如果张先生在得到 3 英镑的同时，却使别人损失了 1 英镑，那么新增的社会总收益，则是 2 英镑。在庇古看来，站在全社会的角度，只有当新增的社会收益，在每个行业趋于相等时，资源才算实现了最优配置。

然而，市场活动的主体是企业，它关注的只是一己私利，至于社会利益，则被认为与己无关。所以哪个行业盈利高，企业便趋之若鹜，将资源投向哪里。假如投资化工厂和投资果园的回报率分别为 50% 和 20%，也就是说，每投入 10 英镑，可各自增加 5 英镑和 2 英镑的收入，那么，看着化工厂赢利远远高于自己，果园主就会眼热心跳，把资本逐渐转移到化工行业。慢慢地，化工行业的资本达到饱和，投资回报越来越少，而果园却由于资本的减少，收益率不断上升，最终，两个行业的投资收益率会大致相等。但投资收益相等，并不意味着两个行业新增的社会收益也达到了平衡。因为化工厂会污染环境，果园却可以让蜜蜂采蜜，使附近的养蜂场获利。如果每投入 10 英镑，化工厂使社会因污染损失 1 英镑，而果园使养蜂场多获利 1 英镑，那么，假设两个行业的投资收益在 20% 达到相等时，它们每 10 英镑投资所增加的社会收益，就分别为 1 英镑和 3 英镑。庇古指出，在这种情况下，国家不能袖手旁观，而要采取干预措施，以扯平私人收益和社会收益。比如，对产生烟尘的工厂征税，迫使其想方设法减少污染；而对社会收益高、私人不愿投资的部门，国家要给予补贴，以引导资源合理配置，实现社会福利最大化。

有人认为，庇古的旧福利经济学存在一些缺陷。譬如基数效用论，就是他最大的纰缪，也是后来的新福利经济学将其取而代之的主要原因。在新福利经济学看来，效用是一种主观心理作用，根本不能用数学中的基数，如 1，2，3……来表示，更不可以加总。又比如，庇古主张采取征税或补贴的办法，来缩小边际私人纯产值和边际社会纯产值的偏差。但是，政府未必比市场高明，它往往搞不清某个企业到底是该罚还是该奖，最后反而弄巧成拙。当然，庇古作为"福利经济学之父"，绝不是徒有虚名。实际上，他的许多理论，比如关于外部经济和不经济、私人收益和社会收益、市场优势和不足，以及政府应该适当插手收入分配等，都具有相当的科学性。特别是他的社会成本学说，半个世纪后，成了经济学最为关注的一大热门课题。

《通论》为国家干预鸣锣开道

20 世纪 30 年代的大萧条，对西方国家来说，是一场空前规模的灾难。政治家按照古典经济学的指引，使出浑身解数，也找不到让经济摆脱困境的出路。"帝国主义是垂死的资本主义"，列宁的这一预言，犹如丧钟悬顶，让西方统治者惊恐万状、惶惶不可终日。资本主义到底何去何从，一时成为思想界瞩目的焦点。

当时在西方占统治地位的经济思想，是亚当·斯密的"看不见的手"与萨伊的"供给自动创造需求"理论。斯密认为，市场调节经济，就像冥冥之中有一只"看不见的手"，自会使资源配置趋向合理。而萨伊也认为：供给能自动创造需求，纵有失衡，那也只是暂时、局部的现象。可现实无情，大危机时期出现的过剩与失业，既非局部，也非偶然，这使他们的理论受到了严峻的挑战。凯恩斯对此尤为敏感，为挽救资本主义于水火，于 1936 年出版了《就业、利息和货币通论》一书，他从完全务实的立场出发，力主国家干预经济，反对"自由放任"，对传统经济学进行了系统的批判，史称"凯恩斯革命"。

《通论》一书，主旨是要为失业"把脉"、寻求治病的"药方"。传统经济学也不是断然否认失业，但他们认为，失业只有两种："摩擦失业"（因生产暂时的、局部的失调而引起的失业）和"自愿失业"（工人觉得工资低或工种不好而不愿就业）。而凯恩斯却认为，除以上两种失业外，资本主义还存在一种"非自愿失业"，即人们既不追求高工资，也不刻意挑选工种，但结果还是失业了。为什么会出现这种被迫失业呢？凯恩斯说，这是由于社会有效需求不足引起的。因为需求不足，企业产品卖不出去，资金不能回笼，再生产难以为继，于是企业主不得不解雇工人。那么，有效需求为什么不足呢？为了回答这个问题，凯恩斯把有效需求分为投资需求和消费需求，然后用三个心理规律，分别揭示了消费与投资不足的原因。

关于消费需求不足凯恩斯把它归结为消费倾向递减。所谓消费倾向递减，就是指消费在收入中的比重不断下降。据凯恩斯说，当人们收入增加时，消费也会随之增加，但消费的增长，始终赶不上收入的增长，使消费在收入中的比重越来越低。这样，就导致了社会的消费需求不足。而投资需求不足，则是由"资本效率递减"与"流动偏好"所致。所谓资本效率递减，实际上就是指资本家预期的投资利润率递减。之所以出现这种情况，据称是与资本家对经济前景的预期有关。如果资本家看淡经济前景，预期投资利润率肯定一路走低。假若资本家对未来看好，乐观的预期虽会带动投资一时高涨，但利润率最终还会降低。因为随着投资增加，供给就会增加，一旦供大于求，产品的价格就会下降，于是销售收入也就下降；另一方面，投资增加，对投资品的需求扩大，投资品供不应求，价格上升，从而使生产成本增大。两者结合在一起，销售收入下降，生产成本上升，投资利润率必定下降无疑。对资本家而言，是否投资取决于两个因素：一是投资利润率，二是银行利率。如果前者高于后者，就会考虑投资；否则，投资利润率低于银行利率，办企业无利可图，资本家就会收手，转而去吃银行利息。因此，投资利润率持续下降，是投资普遍不足的根本原因。

既然资本效率递减导致投资不足，那为什么不通过调低银行利率来刺激投资呢？凯恩斯说，这是因为"流动偏好"的存在，使得政府难以首尾兼顾。所谓流动偏好，是说人们都有一种保留现金的爱好。人们所以要保留现金，大凡有三个动机：一是为了应付日常开支，此乃交易动机；二是为了防止意外与突发事件，称为谨慎动机；三是为了寻求更大的获利机会，故为投机动机。据比凯恩斯进一步分析说，由于流动偏好的存在，使得大量的货币收入滞留在人们手中，不能及时转化为储蓄与投资，因而压低了社会总需求，如若要人们放弃流动偏好，就不仅不能降低利率，反而还得提高利率，不然，老百姓是绝不会把手头的现金存进银行的。可见，正是由于资本效率递减与流动偏好交织并存，使得投资陷入了这种万劫不复的"两难"困境。

根据以上分析，产生失业的"病根"是消费与投资不足，而消费与投资不足，又是市场机制自发作用的结果。既是如此，解决失业问题，市场本身无能为力。于是，凯恩斯大声疾呼：政府应该站出来，为扩大需求助一臂之力。那么政府如何扩大需求呢？凯恩斯认为，在扩大消费方面，首选之策是增加工资，因为人们收入增加，购买力才能增加，只有高收入，才能高消费。同时他还指出，由于"消费倾向"递减，富人收入的增加，对消费的拉动作用很小，所以，他建议采用累进所得税的办法，劫富济贫，增加穷人的收入。在投资方面，凯恩斯提出，当经济萧条时，政府应实行赤字预算与适度的通货膨胀政策，通过政府采购与政府投资，来拉动全社会的投资。并且他还认为，刺激投资与刺激消费相比，对扩大需求来说，前者更为重要。因为在他看来，投资不同于消费，它具有连锁的"乘数效应"。如政府投资电网改造，生产电网设备的厂家，就会增加销售收入，这样又可反过来扩大生产、增雇员工；随着就业人数的增加，消费也将增加，于是又会相应地带动了服务业、金融业的发展，结果使总需求不断扩大。至于为什么要实行"适度"的通货膨胀，凯恩斯的理由很简单，政府增发货币，推动物价上涨，既可以刺激购买，压低流动偏好，又可以降低利率，增加投资引诱。一箭双雕，对扩大需求实在是不可多得。

凯恩斯的《通论》出版之后，很快风靡于西方经济学界，并成为居主流地位的一大经济学流派。有人甚至把《通论》与18 世纪亚当·斯密的《国富论》、19 世纪马克思的《资本论》相提并论，一同奉为经典名篇。凯恩斯的学说，也曾一度成为战后西方国家反萧条的主要国策。然而，时过境迁，当 20 世纪 70 年代西方经济陷入滞胀时，《通论》也因此遭到了全面的攻击。至此，凯恩斯主义也就从"国策"的地位上，渐渐地跌落了下来。

回归斯密

《就业、利息和货币通论》1936 年出版，凯恩斯因此大红大紫，声名远播。然 20 世纪 40 年代以来，却不断有经济学家站出来，公开与凯恩斯叫板，反对国家干预，力主自由经济。哈耶克、艾哈德、布坎南、弗里德曼等，皆为这个阵营不同时期的领军人物。

哈耶克率先发难

艾哈德为"竞争"高唱赞歌

布坎南全面阐释"政府失灵"

弗里德曼：新自由主义掌门人

哈耶克率先发难

1974年，当诺贝尔经济学奖名单公之于世时，经济学界一片哗然。人们面面相觑，怀疑瑞典皇家科学院是在与世人开玩笑。哈耶克？这个经济学界的"叛逆者"，竟然会获得崇高的诺贝尔奖？

人们的疑惑和不满，并非没有理由。的确，长期以来，哈耶克一直被人们视为"异端"。本来他早年就已名扬天下，但在20世纪30年代，他孤身一人公开向凯恩斯叫板，然终因一时疏忽，败下阵来。1944年，哈耶克出版《通向奴役之路》一书，结果又触犯了众怒，从社会主义拥护者，到资本主义改良者，甚至到祈求政府救助的贫民，无不对他予以抨击，哈耶克由此声誉日下，以致人们得知他荣获诺贝尔经济学奖时，已然对他有几分陌生，只有那些上了年纪的人，还依稀记得一些他当年单枪匹马，在思想界苦苦拼搏的往事。

二战爆发后，德国和苏联两个中央集权国家，都显示出非凡实力。战争伊始，德国来势凶猛，所到之处，无不一触即溃。而随着反法西斯战争的节节胜利，社会主义苏联的实力又日益凸显，在战场上大显神威，与美国平分秋色。战争结束后，世界格局如何演变？计划和市场究竟孰优孰劣？社会主义究竟何去何从？哈耶克用他那饱含对人类的忧思之笔，写下了《通向奴役之路》一书。

在本书引论中，哈耶克大声疾呼，西方世界的民主国家，有重蹈德国覆辙的危险。因为一股崇尚社会主义之风，正在这些国家到处弥漫，而作为文明基础的个人主义和自由主义，却渐渐被人淡忘。哈耶克这里所说的个人主义，不是指唯我独尊、自行其是，而是充分尊重个人的兴趣和选择，每个人都能各显其能，发挥自己的最大潜能。自由也不意味为所欲为、无所顾忌，而是说人们干每一件事情，都是出于自愿，并不是被强按着牛头喝水，身不由己。

哈耶克认为，社会主义是对自由的最大威胁，它天生就具有独裁主义倾向。当法国作家们在描绘社会主义的蓝图时，就认为只有强有力的政府，才能实现他们的理想。独裁较之政府管制更为有害，它从根本上危及个人自由。因此，以自由为灵魂的民主主义，势必与社会主义水火不容，它们除了"平等"二字以外，别无共同之处，但即便是平等，二者也有云泥之别。民主主义是从自由中寻求平等，而社会主义的平等，只能是从奴役和抑制中实现，因此社会主义的民主，只是徒有虚名。从民主主义和社会主义的对立，哈耶克以冷峻的目光，透视出战后冷战的必然。

哈耶克坚信，私有制是自由的最重要保障。他把实行私有制的社会，称作"富人得势的世界"，而实行公有制的社会，在他看来，是"只有得了势的人才能致富的世界"。在私有制社会，穷人的机会虽然比富人少一些，但只要通过个人努力，同样可以发财致富，虽然每个人的收入不可能均等，但走向致富之路的机会却是均等的。这是真正的社会平等。可在公有制社会里，尽管穷人名义上是公有财产的主人，但实际上，哪一部分财产也没他的份。不仅如此，由于事无巨细都被当局牢牢控制，老百姓只得低声下气，任人摆布，靠当权者的"恩施"过日子。哈耶克于是问道，究竟是一个"富人得势的世界"好，还是"只有得了势的人才能致富的世界"好呢？在哈耶克看来，一切类型的计划经济都是集体主义，社会主义和法西斯主义并没有多少区别，它们都是集体主义。哈耶克认为，迄今为止，对配置资源来说，竞争最为有效，计划是与竞争鲜明对抗的，它只有被用来弥补市场缺陷时，才能与竞争结合起来。如果完全限制竞争，而用计划取而代之，那么结果必将一塌糊涂。哈耶克历数了计划经济的种种弊端。

计划会导致生产效率低下。在市场经济中，信息浩如烟海，情况复杂多变，一个人纵有三头六臂，也无法面面俱到，考虑到所有相关因素，因此，分散决策势在必行，由当局用单一的计划来控制经济，只会弄巧成拙。而且，在计划体制下，企业家的收入和升迁，并不仅仅取决于业绩，而往往由上级主管部门说了算。这样，企业家与其"眼睛朝内"，在企业埋头苦干，还不如"眼睛朝上"，多与上级部门联络感情。加之在计划体制下责权不清，企业无论亏赚，都与企业家没有多大关系，所以，他们在决策时，通常并不从企业利益出发，而是投上级所好，看他们眼色行事。事已至此，企业又何谈经济效益呢？

更糟糕的是，经济计划必然导致政治集权。假如要制定一项登山计划，由于个人的偏好不一致，在选择目的地上，难免意见分歧。或许有人想看泰山的日出，有人想欣赏华山的险峻，也有人想一睹黄山的风姿……结果大家七嘴八舌，吵成一团，计划胎死腹中。要想计划顺利进行，就得推出一个权威，由他独揽大权，最后一锤定音。这样，"独裁"就不可避免。而且，要大规模地推行计划，独裁的效果最为明显。因此哈耶克说，独裁和计划是一对孪生兄弟，相伴相随，形影不离。

政治上的专制，又会产生"当代蒙昧主义"。所谓"当代蒙昧主义"，是指"思想的统一性"。在中央计划体制下，当局为了达到一定目的，总是开动一切宣传机器，日复一日地向人们灌输同样的思想，结果全体人民形成了同样的思想模式，最后某个人或某个集团的思想支配一切。"当代蒙昧主义"之所以站得住脚，主要在于当局炮制了一种"高尚的谎言"，使得人们相信：当局要建立的道德标准，是唯一正确的；当局要努力实现的目标，正是他们所希求的。比如，20 世纪 30 年代德国政府为了消灭犹太人，找出了许多冠冕堂皇的"理由"，大造舆论，在人们头脑中形成一个观念：犹太人是世界上最可恶的，必先诛之而后快。双手沾满鲜血的德国青年，并没有认识到自己的罪孽，反而扬扬自得，充满崇高的使命感。他们空有健康的躯壳，却已经丧失了自己的独立思想。

明眼人不难看出，哈耶克此书多有谬论。比如，他把社会主义和法西斯主义武断地混为一谈，极力鼓吹私有制，将公有制和计划经济视为"通向奴役之路"，显然是一叶障目，有失偏颇。实际上，"尺有所短，寸有所长"，私有制并非万验灵药，公有制也有强大的生命力。不过，在我们耳闻目睹苏联解体、东欧剧变后，就不能不承认，计划经济的种种弊端，都不幸被哈耶克一一言中。在 50 多年后的今天，当你静下心来重读这本《通向奴役之路》时，必会觉得意味深长，感慨良多。

艾哈德为"竞争"高唱赞歌

二战结束后，德国一分为二，山河破碎，田园凋敝，到处是残垣断壁、碎瓦乱石，国民经济处于崩溃的边缘。当时甚至有人估计，每个德国人每50年才有一套衣服，每五个孩子中间只有一个能用得上自己的尿布。作为战争的罪魁祸首，德国受到了应有的惩罚。一下子从"第三帝国"的宝座上重重跌落下来，沦为国际社会的下等公民，往日的威风荡然无存。人们的精神如风中残烛，飘忽欲绝，看不到前面的半点希冀之光。然而，这一切并不意味着德国从此就暗淡无光。仅仅短短几年时间，德国人就重建了自己的家园，再次成为欧洲的"机器车间"和全世界最有生机的"经济超级大国"，再现昔日辉煌。是什么神奇的力量将德国从破败不堪的深渊中拉了出来？

面对满目疮痍的德国经济，当时的经济部长、后任首相的艾哈德临危不惧。他相信"没有过不去的火焰山"，只要实行

"自由市场经济",让人们爱生产什么就生产什么,爱消费什么就消费什么,相互展开充分的自由竞争,国家走向复兴就指日可待。根据这个思想,他制定了一系列政策,最终创造了举世羡慕的"西德经济奇迹"。在总结德国的成功经验时,艾哈德直言不讳:推动德国经济发展的神奇力量并非别的,恰是"德国人民在经济自由原则下,充分发挥其创业精神和智慧才能,辛勤劳动的结果"。1957年,艾哈德出版了《来自竞争的繁荣》一书,详细地介绍了德国的经济改革情况,同时向人们阐述了他信奉的社会市场经济的思想和政策主张。

艾哈德指出,"社会市场经济"是新自由主义(第三条道路)的理论。核心思想是要"克服漫无限制的自由放任和严酷无情的政府管制的矛盾,在绝对自由和极权主义之间寻找一条中间道路"。它的基本目标是实现"全民繁荣",而要达到这一目标,最好的手段是自由竞争。有人曾经对牧羊人说,要想使羊儿长得快、不生病,最好的办法是在羊群中放进一只狼。同样,"生于忧患,死于安乐",个人只有在一个充满竞争的环境中,智慧、胆识、创造力、进取精神才能得到最大限度的释放,推动经济车轮滚滚前进。

艾哈德对自由竞争大加赞扬,但并不盲目地反对国家对经济的干预,他反对的只是包罗万象、飞扬跋扈的国家干预。他形象地把社会市场经济比作"人工培养的植物",把自由放任经济比作"野生植物"。他认为,自由放任的竞争不仅不能实现完全竞争，而且会产生垄断，使市场价格机制失灵。因此，他主张有限的国家干预。

在足球比赛中，裁判员的任务是保证比赛规则不折不扣地得到遵守，而不是亲自下场去踢球，一展脚下功夫，也不是对运动员指手画脚或面授机宜，因为这些都是教练和运动员的事。国家跟裁判员差不多，它的真正任务是维护市场经济秩序，为竞争创造一个稳定适宜的外部环境。比如反垄断、兴办铁路、邮电、教育等公共事业等。但艾哈德再三强调，国家最重要的职能是保持币值稳定。"没有相应的通货稳定，社会市场经济是不可想象的。"艾哈德认为，如果国家不负众望地完成了她该做的事，"社会市场经济"就具备了"社会"的性质。从艾哈德以上的论述不难看出，"社会市场经济"说到底，就是以自由竞争为主，国家干预为辅。

有什么样的理论，就会有什么样的政策。可以说，西德的复兴之路，就是艾哈德在社会市场经济理论的指导下，制定出一系列政策并克服种种障碍，一以贯之的过程。

反垄断是艾哈德一贯的经济政策。他指出，市场经济的秘诀就是要使供求双方趋于平衡。要实现这一点，就要展开自由竞争，并让市场来自由决定价格，离开这两条，市场经济就无从谈起。垄断既排斥自由竞争，又妨碍自由定价，与市场经济是格格不入的，要坚决予以反对。面对工人要求增加工资的要求，艾哈德认为，工资随着国民收入的提高，理所当然应该"水涨船高"。但另一方面，他总是不厌其烦地宣扬他不受欢迎的"真理"：一旦工资的增加超过生产率的增长，必然引发通货膨胀，危害经济的健康，于雇主和工人都是有百害而无一益。他提出了把蛋糕做大的思想：与其大家喋喋不休地讨论分配问题，倒不如齐心协力提高国民收入，只有做大蛋糕，每个人才能利益均沾，如果蛋糕太小，即便是上帝，也是爱莫能助。对福利国家政策，艾哈德持反对态度。他担心如果国家对一个人包揽得太多太广，个人就会缺乏竞争的压力，久而久之，就丧失了进取心。最后，整个社会将滑向危险的边缘，"随之而来的不是什么没有阶级的，而是没有灵魂的机械社会"。因此，艾哈德说，达到"全民繁荣"的最好途径，只能是竞争。

不可否认，艾哈德的理论模式，适应了战后德国的实际需要，取得了显著成效。正如人们把美国同期的经济繁荣归功于凯恩斯主义一样，德国人也把他们在 20 世纪五六十年代的经济成就，归功于艾哈德的理论。然而好景不长，进入 60 年代中期后，西德面临'滞胀'的威胁，经济停滞不前。1967 年，艾哈德内阁倒台，社会民主党执政，吸纳了凯恩斯的理论，强调国家干预。进入 80 年代以后，科尔政府上台，又主张恢复艾哈德的"多市场、少国家"的社会市场经济理论和政策。由此看来，新自由主义和凯恩斯主义之间，没有绝对不可逾越的鸿沟。此一时、彼一时，经济政策应根据经济形势来调整，不可僵化。再次，多国的经验证明，在经济平稳时期，自由主义经济政策较为有效，而经济波动或危机时期，国家干预主义却更为灵验。另外，从 50 年代起，德国就推行各种福利政策，建立起一套比较完整的社会保障体系，这对艾哈德的反福利国家理论，可以说是一个无情的否定。但尽管如此，艾哈德的理论还是给了人们一个提醒，搞社会福利，一定要量力而行。否则，经济发展这部机器，将会失去动力。

布坎南全面阐释"政府失灵"

布坎南作为公共选择学派的奠基人，如今已是声名远播。他最主要的贡献，就是把"经济人"假定引入政治学领域，并使公共选择理论成为经济学中的一个重要分支。布坎南是国家干预理论的反对者，他认为政府并非圣贤，一点不比市场高明，与其政府手忙脚乱，还不如听任市场竞争来得有效。1960年他出版《公共财政》一书，系统地表达了他的这一思想。

在布坎南看来，政府不过是一个特殊的"生产者"，提供的是"特殊产品"。他为我们讲了这样一个故事。在一个孤岛上，住着一群渔民。由于礁石丛生，早出晚归的渔民一直希望有一座照亮海面的灯塔，保证他们安全航行。然而问题在于，谁来为建造灯塔支付成本呢？因为灯塔毕竟不像灯笼，你若花钱买盏灯笼，可以只供自己使用，可灯塔却不同，一人建造，则众人受益。那些过往船只，即使分文不掏，也能借光行船，坐享其成。既然如此，谁也不会当冤大头，去劳神费钱地建灯塔。没有灯塔的日子，自然不好过，于是渔民就希望政府出面，强制征税，代建灯塔，消除"搭便车"现象。可见，提供灯塔一类的"公共产品"，正是产生政府的一个重要原因。

有了政府，就要有人来主事。民主社会不同于专制社会，挑选政府的掌权人，不能少数人说了算，须得公众集体同意。用经济学行话说，就是要通过公共选择。政府市场的公共选择，与经济市场上的私人选择大不相同。当你兜里装着钱，在市场上购买商品时，只要自己看上了眼，就可以拍板，不需与旁人商量。公共选择则不然，人多嘴杂，偏好各异，即便是大家一起去郊游，有人可能喜欢登长城，有人却喜爱爬香山，意见很难统一。所以公共选择，如同体育比赛，要决胜负，必须先建立好规则，没有规则，公众一旦选择起来，就会争论不休，甚至大动干戈。正因为如此，所以布坎南特别看重对"规则"的研究，并把它作为公共选择理论的一块基石。

公共选择，其实就是投票，投票规则说起来五花八门，但最主要的就是两种：即一致同意规则与多数同意规则。一致同意规则，也就是一票否决。最典型例子，是联合国安理会的决议。只要五个常任理事国中有一个反对，决议就会胎死腹中。这种规则的优点，是投票人皆大欢喜，但不足是协调成本太高。俗话说，众口难调。那些大饭店的名厨师，做出的饭菜要让所有客人满意，尚且不易，更别说要做"一致同意"的集体决策。耗时费力不说，最要命的是等大家一致通过之后，"黄花菜"也就凉了。二是，人们只得退而求其次，采用多数同意规则，即所有投票人中，只要半数以上通过就行。多数同意规则，虽然能满足多数人的意愿，但却要牺牲少数人的利益。这样少数人就会感到：自己势单力薄，寡不敌众。既然定不了大局，动不了乾坤，有的人投起票来就无所谓，随大流。如此一来，必然给某些利益集团以可乘之机，它们利用小恩小惠，拉拢选民，为他们所用。可见，两种投票规则，都不是尽善尽美，有利也有弊。

既然投票规则有先天不足，那么通过这种规则选出的"政治家"，自然很难靠得住。可是传统的经济学，对此却不以为然。过去经济学家看"人"，历来用的是"善恶二元论"。在经济领域，他们认为人都是自私的，一副丑恶嘴脸；可一旦到了政治领域，似乎摇身一变，人都成了一个个以天下为己任的正人君子。整天为"正义"而忙碌奔波。布坎南认为，这种二元理论，离现实相去甚远。实际上，官员并没有超凡脱俗，他们也是经济人，同样追求自身利益最大化。而且，官员也非下凡的神仙，没有先知先觉，更不能无往不胜。与普通人一样，他们也会常常犯错，也会好心办坏事。所以在西方社会，政府失灵几乎司空见惯。当然，政府官员与普通人也有不同，他们头脑中通常没有"利润"概念，不像企业家那样，为赚钱去挖空心思。一方面，公共产品的利润很难测定，它所体现的，更多的是社会效益；另一方面，即使政府赚了钱，官员们也不能占为己有，而政府是否赚钱，与政治家的升迁又毫不相干。所以，人们一旦为官，也就无心赚钱。于是，政治家给人的印象，好像真的是大公无私，毫不利己，专门利人。其实不然，政治家也是自私的，不过他们所追求的，不是为政府盈利，而是个人威信与权力。为了追求"威信与权力"，官员们往往会不计成本，不择手段，比起普通人追求金钱，是有过之而无不及。

布坎南认为，现代社会存在的许多弊病，都与政治家的这种"经济人"特性有关。比如，政治家为了追求威信和权力，往往会处心积虑，去争取尽可能多的预算，钱得到手后，又不能老捏在手上，必须找个地方使，结果使得公共产品过多过滥，这不仅浪费了资源，而且也牺牲了效率。在经济市场上，任何一种产品，都会有多家企业生产，货比三家，必然会有竞争；但政府部门提供公共产品，通常只此一家，别无分店。没有竞争对手，官员们自是高枕无忧，效率也就无从说起。同时，官员为了竞选获胜，常常会向选民夸下海口，可当选后要兑现承诺，就得大把花钱，钱从何来？政府最简便的办法，就是搞赤字预算，如此年复一年，财政的窟窿越来越大，最终，政府还得想办法弥补。弥补财政亏空，本可以多征税，可加重征税，易犯众怒，政治家敢想却不敢为；于是为掩人耳目，就打银行的主意，逼着银行发钞票。货币发行过多，又引发了通货膨胀，结果，事情是越搞越糟。

有什么办法矫正政府失灵呢？布坎南的建议是，关键在于强化竞争，即使在公共部门，也应如此。比如将自来水、城市公交等公共部门切割开，分成若干小公司，让他们展开竞争，干得好的，给予嘉奖；干得不好的，就扫地出门。这样公共部门的效率，必定大为改观。再有，政府还应该学会超脱，不可事必躬亲。某些公共产品，如能由私人提供，政府就应顺水推舟，用不着自找苦吃。比如，把军工产品、高速公路等，转由私人经营，既可为财政减负，又能带动民间投资，一箭双雕，何乐而不为？为防止官员滥上项目，笼络选民，布坎南还建议，要将平衡预算原则，写入宪法，彻底摒弃凯恩斯主义，对财政预算实行刚性约束。

弗里德曼：新自由主义掌门人

　　17世纪以来，成千上万的人怀着美好的憧憬，历经千辛万苦，横渡一望无际的大西洋和太平洋，来到美国这个他们心目中的天堂。尽管迎接他们的并不是灿烂的鲜花、遍地的黄金和俯拾即是的钞票，但他们获得了最宝贵的自由。在这里，他们中的大多数人实现了自己的梦想，并吸引着亲朋好友如潮水般地涌进这块土地。

　　是什么创造了美国的黄金时代，使她产生出如此大的魅力？1976年诺贝尔经济学奖获得者弗里德曼，在1979年与夫人合作出版的《自由选择》一书中说，秘诀决不是中央计划经济，而是经济自由和政治自由的结合。东西德的明显反差就是明证。这两个国家原本是一个整体，二战后一分为二，文化水平、经济基础相差无几。但几十年后，却是天壤之别。在墙的一边，街道灯火辉煌，饭店流光溢彩，商品琳琅满目。而在墙的另一边，街道毫无生机、城市灰暗苍白、商品寥寥无几。弗里德曼认为，西德的繁荣富强，主要得益于经济自由政策，而东德的中央计划经济，扼杀了经济活力。

弗里德曼对亚当·斯密的自由市场经济思想充满溢美之词，不惜笔墨地大加褒扬。但他同时也认为，自由经济社会并不意味着天马行空、放任自流。政府应在有限的范围内发挥作用，保证经济有条不紊地运转。在弗里德曼看来，政府有四项义不容辞的责任：保证国家安全；保护社会上每个人不受他人的侵害或压迫；建设并维护公共事业、公共设施；保护那些"不能对自己负责"的社会成员。但是过犹不及，政府权力的集中，必将削弱人们的自由，"把经济和政治权力集中在同一个人手里，肯定会给人民带来暴政。"弗里德曼清醒地意识到，近几十年来，美、英等国政府的作用越来越大，结果不仅造成了经济停滞，而且人们不知不觉地丧失了政治自由。因此，他大声疾呼，人们必须改弦更张，重回自由经济的大道。不然，如果继续往政府干预经济的泥潭里走，必定会越陷越深而最终不能自拔。

1929—1933 年，西方国家曾发生过一次规模空前的经济大危机。关于这次危机，不少经济学家把它归咎于市场的失灵，而弗里德曼却说，市场是无辜的，问题恰恰是出在政府的不当干预。1930 年，位于美国金融中心纽约的一家商业银行倒闭。就像电影院里有人忽然喊起火，人们拼命往外挤一样，存款人担心自己在银行的钱肉包子打狗，纷纷到银行挤提，引发了一场全国性的挤兑风潮。弗里德曼认为，无能的联邦储备系统不仅没能制止储户的挤兑行为，反而在银行现金严重短缺时，往伤口上撒盐，采取了错误的通货紧缩政策，使陷入资金困境的银行如雪崩般倒闭关门，最终造成金融系统崩溃，进而酿成史无前例的大灾难。因此，弗里德曼说："政府是今天经济不稳定的主要根源。"

对于西方国家不断加强的社会福利政策，弗里德曼认为，尽管其目标是崇高的，结果却是十分令人失望。例如，国民保健事业一度被人们奉为福利国家桂冠上的明珠，现在却陷入了欲罢不能的困境：医生罢工、费用猛涨、服务低劣，致使越来越多的人转向私人医院。而且，公共支出的巨额增长，迫使政府增加税收，这等于是火上浇油，越加激发了人们的不满情绪。治疗福利国家病的出路在哪里？弗里德曼认为，必须深入病根，对现行的体制动一次大手术。他建议用一个单一的补贴计划，去替代那些日益烦琐的扶贫政策。即政府划定一条收入标准线，收入高于此线的，缴纳所得税，收入低于此线的不仅不要交税；相反，政府还要根据其收入与标准线的差距，给予补贴。这就是他名噪一时的"负所得税"方案。

作为现代货币主义的创始人，弗里德曼对通货膨胀的分析，可说是入木三分。在他看来，通货膨胀始终是，而且处处是一种货币现象，当货币供应的增长速度，超过商品和服务的增长时，通胀就会发生。弗里德曼还断定，"贪得无厌"的企业家、"得寸进尺"的工会以及"挥霍浪费"的消费者，只会引起部分商品价格上涨，不会引起物价水平普遍的上涨；只会推动通货膨胀的暂时上升，决不会导致长期持续的通货膨胀。把通货膨胀的责任归咎于这些人，只是政府在施放烟幕弹，其真正用意，是试图掩盖责任。对通胀的危害，大家都有切肤之感，可为什么政府还要明知故犯呢？从美国历史上看，货币量的过度投放，大致有三个原因：一是为了应付政府急剧增加的开支。应付开支，政府本可以多征税，可多征税往往会遭到公众的反对，会丢选票，所以政府通常不会采取这种不明智的做法；而增发货币却不同，它不太为人们所关注。二是为了实现不切实际的就业目标，比如政府要实现充分就业，就不得不扩大开支，减少税收。产生赤字后，就增发货币来弥补。三是由于联邦储备系统的错误政策。多年来，联邦储备系统没有把心思放在控制货币量上，而是舍本逐末，去控制利率，结果使货币量和利率两者都大幅度波动。

事实上，早在 1962 年，弗里德曼就出版了《资本主义与自由》一书，《自由选择》与它的基本思想大同小异，但两本书所受的"礼遇"却有天地之别。究其原因，还是时势造英雄。20 世纪 70 年代以前，凯恩斯主义雄踞官方经济学的宝座，一呼百应，傲视群雄。然而从 60 年代后期开始，西方经济却出现了滞胀的顽疾，凯恩斯主义者却对此一筹莫展，于是货币主义者乘机"揭竿而起"，成为与凯恩斯主义分庭抗礼的中流砥柱，其言论为社会所广为关注，也就在情理之中了。

弗里德曼的思想有很多可借鉴的地方。比如，合理定位政府职能，减少对经济的不当干预，利用货币手段稳定宏观经济等。但是，弗里德曼把经济中的种种弊端，归咎为国家干预，并呼吁予以取消，似乎是不太可能。当今世界，有哪个国家能真正对经济袖手旁观呢？即使在崇尚经济自由的美国，人们也普遍认为格林斯潘领导的美联储，为近 10 年来经济的持续增长立下了汗马功劳，其稳健的货币政策，为经济发展造就了一个适宜环境，以至于 2000 年美国大选时有人说，选谁当总统都无关紧要，只要老格继续当美联储主席就成。当初被自己所诟病的美联储，竟一跃而成为人们心目中的英雄，这恐怕是弗里德曼所始料不及的。

制度学派崛起

制度学派起源于 19 世纪末，凡勃伦、米契尔、康芒斯一起被称为旧制度经济学的三大巨擘。20 世纪 50 年代以来，加尔布雷思、诺斯等一批经济学家，承前启后，推陈出新，创立了新制度经济学。作为经济学一个门派，新制度经济学声誉日隆，目前在学界的影响可谓如日中天。

"有闲阶级"批判

康芒斯继往开来

新制度学派推陈出新

从制度层面解释增长

诺斯教授修成正果

"有闲阶级"批判

物竞天择，适者生存，这是自然界的竞争法则。人类社会的发展，也是如此。富人之所以富，是因为他们才能出众；穷人之所以穷，是因为他们技不如人。19世纪，这种流行一时的社会达尔文主义，受到了美国资产阶级的热烈欢迎，他们把它奉为金科玉律，大肆宣扬。一位亿万富翁，就以诗一般的语言大发感慨："玫瑰花只有将它周围环绕的小芽苞牺牲掉以后，才能给观赏者带来芬芳。"扬扬自得之情，溢于言表。有了这种富者至上的理论，富人当然可以尽情享用自己的财富，奢侈浪费、挥金如土，而无惧社会舆论的谴责。然而，美国经济学家凡勃伦，却像一位星外来客，以超然的眼光，冷静地剖析了人们司空见惯的事物.1899年，他出版了《有闲阶级论》一书，对富人的粗俗不堪，进行了辛辣的讽刺和抨击。并由此及彼，由有闲阶级谈到制度，从心理学和历史的角度，阐述了制度的演化，创立了制度经济学派。

在本书一开始，凡勃伦就将目光延伸到历史的源头，顺流而下，探寻有闲阶级的产生过程。他认为，在人类社会的野蛮时代，由于不存在经济特权和社会分工，有闲阶级尚未出现，但在这个时代的末期，孕育了有闲阶级的胚胎。到了人类未开化阶段的初期，有闲阶级已经呼之欲出，这时，社会分工已经出现，一部分人开始不事生产，成了有闲阶级。他们统管政治、战争和宗教等非生产性事务，而且牢牢掌握了对他人的生杀予夺大权。在人们心目中，他们从事的工作，无比光荣神圣，他们的社会地位，更是至高无上，不可动摇。在未开化时代的末期，有闲阶级迅速发展壮大，封建时代的欧洲和日本就是例子。在他们这些国家里，有闲阶级和劳动阶级泾渭分明，划分极其严格。

有闲阶级的产生和所有制的出现，是同步进行的。人为财死，鸟为食亡。私有制一旦出现，人类就围绕财富的占有，展开了旷日持久的争夺。凡勃伦认为，人们之所以要占有财富，与其说是满足生理需求，倒不如说是为了面子。谁拥有的财富多，谁就是社会的优胜者，不仅社会地位上升，还可以获得别人的赞誉，从而使虚荣心得到满足。所以人人都是欲壑难填，永不满足。这一点，我国明代《金瓶梅词话》说得最为刻骨："单道世上人，营营逐逐，急急巴巴，跳不出七情六欲关头，打不破财色酒气圈子。"

有了财富，如果不显山露水，那也只是孤芳自赏，得不到别人的认可，更博不到荣誉，所以有必要以某种方式来炫耀自己的富有。从古到今，有教养的人一直认为，炫耀财富的最好方式，就是享有余暇。凡勃伦举了礼仪的例子。他认为，礼仪的起源和发展，都是因为它能证明有闲。熟谙礼节，需要耗时费钱，劳动阶级起早贪黑，累死累活，自然没有时间去学什么礼节，所以礼节就成了富人的"专利"。尽管礼节也可以表达敬意，表明身份，但刨根究底，还是为了表示荣誉。现代人事务繁忙，行色匆匆，礼仪大大简化，就足以证明礼节是有闲阶级的象征。

随着社会的进一步发展，人口流动性大为加强，人们社交范围也随之扩大，富人要想给陌生人留下富有的印象，最好的办法就是大量消费，所以人们常常可以看到，他们一掷千金，买东西从不讲价，过着佳肴美酒、肥马轻裘、歌舞升平的奢侈生活。当人们对这些变得习以为常时，他们又开始购买爵位，给自己脸上贴金。如理发学徒阿克莱特发明了旧式纺织机，一夜暴富后，不惜重金，买得一个爵位，改头换面，混迹于上层社会之中。

凡勃伦无情地批判了有闲阶级之后，又转而讨论制度问题。在他看来，制度实际上就是人们的思想习惯。私有财产、价格、市场、货币、竞争、企业、政治机构以及法律等，都是"广泛存在的社会习惯"。制度受环境的影响，一旦环境发生变化，它就会随之而变，而它的变化是通过个人思想习惯的变化来实现的。对思想习惯的调整，社会各个阶级的难易程度不尽相同。有闲阶级生来就趋于保守，这已是一个普遍认可的事实。凡勃伦对其中的原因做了分析。他认为，有闲阶级反对变革，主要是出于本能。人都有安于现状、得过且过的心理，对标新立异之事，会有本能的反感，只有在环境的压力下迫不得已，才会去接受它。有闲阶级养尊处优，衣食不愁，恰恰缺乏压力。当然，维持既得利益，也是有闲阶级保守的一个重要原因。任何变革，都会导致利益的重新分配，尽管变革后，整体生活水平可能会有所提高，但对有闲阶级而言，至少在短期内看来，改革有损无益，因此，他们宁愿多一事不如少一事，甚至百般阻挠改革。有闲阶级的保守性，还体现在对他人的间接影响上。在一定时期内，社会财富的增加总有限度，有人拿多了，就有人没得拿。有闲阶级肥了自己的腰包，同时也造成了一个赤贫阶级。这个阶级迫于生计，颠沛流离，没有闲暇去学习、吸纳新的思想与社会习惯。所以，他们与有闲阶级一样因循守旧，这就使得社会更趋保守。可见，在社会发展过程中，有闲阶级非但起不了多大的促进作用，反而是一个障碍，人们甚至把它当作保守、没落、腐朽之代名词。

《有闲阶级论》问世后，震惊了美国上层社会。凡勃伦无比辛辣刻薄的语言，剥去了富人华丽鲜亮的外衣，透视到他们的心灵深处。富人就像当街被人脱光了衣服，羞愧难当，不得不重新审视自己的所作所为。从此以后，再也没有哪一个富人可以挥霍无度而不遭人讥笑。另外，凡勃伦重视制度，主张综合多个学科，来进行经济分析，对后人也有很大的影响。但无论他本人，还是其追随者，都未曾提出一个令人信服的理论体系，因此，由他亲手缔造的旧制度学派，也就只是昙花一现，很快消沉下去，一直到 20 世纪 50 年代，才由加尔布雷斯重整旗鼓。由此看来，就像修房子没有钢筋水泥就不坚固一样，任何一个经济学学派，如果没有自己独到的理论，总难免有日暮途穷的一天。

康芒斯继往开来

美国经济学家康芒斯，与凡勃伦、米契尔一道，被称为旧制度经济学的三大巨擘。虽然三位经济学大师都十分重视"制度"问题，但他们对制度的研究，却各有侧重。凡勃伦强调社会结构的变革，米契尔更青睐于统计分析，而康芒斯所看中的，却是法律制度的作用。康芒斯的经济思想，大致可以归结为三个方面：集体行动控制个人行动、利益协调论、法律制度高于一切。他1934年出版的《制度经济学》一书，就集中阐述了这些思想，并使其一举成为早期制度经济学派的代表人物。

尼采曾经说过，有的人是将自己的伤痛化为哲学，有的人是将自己的富足化为哲学。意思是说，一个人的治学思想与其生活经历密切相关。康芒斯自1883年加入克利夫印刷工会，在此后长达半个世纪的时间里，积极参与集体活动，这对他的思想产生了深刻影响。所以，他虽然像其他制度学派的同行一样，将制度作为研究对象，但对制度的看法别具一格，认为制度就是"集体行动控制个人行动"。

从无组织的习俗，到有组织的机构，集体行动无处不在。小到家庭，大到公司、行业协会、法院乃至国家，都有一个共同原则，那就是个人行动或多或少地受集体行动控制。康芒斯认为，这不仅是因为人们之间的利益冲突，需要集体来调节，更重要的是在于资源的稀缺性。正是由于资源是稀缺的，它们的获取，就必须由集体行动来管理，否则人们就会争论得不可开交，使社会陷入无政府状态。因为集体行动可以形成"行为规则"，告诉人们何者为是，何者为非，什么可以做，什么不可以做，从而使个人依照一定的规范行事。康芒斯特别指出，集体行动在无组织的习俗中，比在有组织的团体中，更为普遍一些。他举例说，支票是现代信用制度的习惯，已经被大多数人所接受，成为共同遵守的习俗。如果一个商人不肯接受支票流通，就很难融入商业社会。

尽管康芒斯的制度理论，在经济学界不同凡响，但在宣扬阶级利益调和上，却又与传统经济学如出一辙。面对资本主义社会激烈的阶级冲突，康芒斯不可能视而不见。他不得不承认，资本主义社会普遍存在着"利益的冲突"。但是，他认为这并非无药可救，借助于各种措施，首先是国家法制，各种利益冲突可以得到协调。

康芒斯独树一帜地提出了"交易"的概念，并把它作为自己阶级利益调和论的基础。在传统经济学里，"交易"一词的含义非常狭隘，仅指商品的实际移交。但康芒斯赋予了交易新的内涵，他认为"交易"是一种法律活动，指的是所有权的转移。在现实生活中，人们的交易活动大致可以分为三类：买卖的交易、管理的交易、配额的交易或政府的交易。人和人之间的经济活动，虽然五彩斑斓，但基本上都涵盖在这三种交易活动之中。

康芒斯对"交易"概念的重新界定，在经济学上是一个重大转变，它使只重视物质产品的传统经济学，渐渐转向重视富有法律色彩的制度经济学。科斯等人，就是站在康芒斯的肩膀上，向制度经济学这个生机勃勃的领域作深层拓进的。但是，与新古典经济学一样，康芒斯仍然沉醉在零交易费用的理想世界里，所以尽管离无限风光之学术巅峰只有一步之遥，却仍失之交臂。而科斯在康芒斯的基础上，提出了交易费用的概念，使得制度经济学有了根本性转折，并由此获得诺贝尔经济学奖。

在交易中，每一个参与者都尽可能多取少予，所以利益冲突无处不在，但是人与人之间，也并不是时时剑拔弩张，相互依存、相互合作的现象也随时可见，冲突与依赖并存，使社会秩序得以维持。因此，只有可以调和的交易冲突，没有不可克服的阶级矛盾。这就是康芒斯的阶级利益调和论。据此，他反对马克思的阶级与阶级斗争理论，不承认工人阶级与资产阶级是两大对立阶级，而只认为存在利益不同的许多阶级。这些阶级之间的冲突，可以通过公正的仲裁人来调解，而理想的仲裁人就是国家，尤其是法院。

康芒斯认为，在现代社会中，有法律、经济、伦理三种利益协调方式，其中法律制度最为重要，它是社会经济发展的决定因素。综观整个资本主义的发展史，法制在每一阶段都立下了汗马功劳。首先，资本主义的产生就应归功于法院，是法院将封建制度打得粉碎，为资本主义的长足发展扫清了道路。而且，无论资本主义从商业资本主义过渡到工业资本主义，还是由工业资本主义发展到金融资本主义，其主要推动力都来自法律。既然法律如此神通广大，那么，资本主义暴露出来的种种缺点和弊病，当然都可以通过它来克服，无须进行什么革命。例如，1848 年的公司法，消除了早期资本主义的缺点，产生了现代资本主义；而 1390 年的反托拉斯法，则抑制了国家垄断资本主义的"缺陷"。

康芒斯特别强调最高法院的作用。在美国的法律制度中，习惯法占有重要地位，法院尤其是最高法院，对任何一个案件的判决，对于一切类似案件都有强制作用。康芒斯认为，了解最高法院的法官是一些什么人，比了解法律是什么更重要；宪法不是它本身说的那么回事，而是最高法院说它怎样就怎样，因此，他建议把法院的判例，作为研究经济问题的基础。

　　康芒斯还认为，美国之所以没有步德国、意大利的后尘，走上罪恶的法西斯主义道路，最高法院起了至关重要的作用，因为它抑制了辛迪加资本主义的发展。在康芒斯看来，辛迪加资本主义是通向法西斯主义的桥梁。所幸的是，最高法院始终认为辛迪加不利于贸易，对它严加限制，所以，在过去30年内，美国产生了金融资本主义，而不是法西斯主义。康芒斯很自豪地说，由最高法院带来的金融资本主义，比共产主义、法西斯主义更具优越性。不过他也认识到，金融资本主义并非尽善尽美，因为它无法摆脱失业这个梦魇的困扰。如何消除失业和经济危机呢？他建议设立一个"全国经济计划委员会"，对国民经济进行统一管理。尽管这种观点与许多经济学家不谋而合，但康芒斯还是意识到："全国经济计划委员会"很容易导致专制和独裁，产生法西斯主义，意大利就是前车之鉴。在今天的美国，也存在这样一种危险，要避免它，除了完善法律制度外，别无他途。

新制度学派推陈出新

    提起新制度学派，人们就自然要想到加尔布雷斯。这位集经济学家、政府官员、文学家于一身的哈佛教授，不仅学识渊博，而且善于从复杂事物中拨云见日，提出独到见解。他一生著述甚丰，其《丰裕社会》与《新工业国》，曾经轰动一时，为他在经济学界奠定了坚实的地位。不过，能真正系统反映加尔布雷斯思想的，当属 1973 年出版的《经济学和公共目标》一书。

    在许多经济学家的想象中，资本主义是人间天堂，可现实无情，当历史行进到 20 世纪 60 年代末，西方国家又一次跌进了"地狱"。失业久治不愈，通胀又同时爆发，贫富鸿沟日益拉大，环境污染愈演愈烈。何以如此？人们忧心忡忡，百思不得其解。有人把它归罪于企业主，有人把它归罪于工会，也有人把它归罪于凯恩斯。加尔布雷斯认为，资本主义所以遭此劫难，是由于人们错误地把"经济增长"当成了社会的"公共目标"，以为经济增长可以本领通天，只要经济增长，其他一切都不在话下。其实不然，增长并非万验灵药，更不能一俊遮百丑。相反，单纯追求增长，必然导致为生产而生产，使失业、环境污染、收入悬殊等问题，不仅不能缓解，反而会变本加厉。所以，必须正本清源，重新定位"公共目标"，否则，上述诸多社会问题，就会像挥之不去的幽灵，让人们永远不得安宁。

一个社会的"公共目标"，按理讲，就应该是"追求公众利益"。可在实际经济生活中，它却被人为地扭曲了。加尔布雷斯认为，"公共目标"之所以错位，"祸首"是畸形的社会结构。现代资本主义的社会，存在着一个"二元体系"：一是由大公司组成的"计划体系"，二是由小企业和个体经营者构成的"市场体系"。如果从"产值"方面看，两大体系难分高低，但它们的社会地位，却有天壤之别。一个最明显的事实是，大公司可以支配消费者，而小企业却无能为力。大公司实力雄厚，它们的广告铺天盖地、营销网络无孔不入。即便消费者闭目塞听，到头来还得听它们"摆布"。加尔布雷斯引用了一个例子，来说明这种"大公司"的魔力。商界巨子希尔先生向女士们推销一种香烟，开始时屡屡受挫。究其原因，原来是香烟的绿色包装盒与女装的颜色不配。于是有人提议，更换一下包装盒的颜色，没想到希尔先生听后大发雷霆："我们为什么不想办法，使绿色成为女装的流行色？"果然一年后，绿色女装风行全美，希尔的公司，由此赚了个钵满盆满，而小公司却只能在一旁垂涎欲滴。

市场竞争，讲的是优胜劣汰。胜者为王，败者为寇。可是大公司高高在上，市场份额大，并且大公司之间，很容易串通一气，联手操纵价格，在市场上为所欲为。而小企业却势单力薄，胳膊拧不过大腿，只能像那没根的浮萍，随波逐流，任人宰割。贫富差距，自然是越拉越大。还有，大公司谋求发展，虽然促进了经济的进步，但也同时引发大量的社会问题。因为大公司所从事的，大多是军工、汽车、钢铁等行业，由于家大势大，往往发展过头；而亟待发展的交通运输、环境卫生等城市服务业，却因为"赚头"小，大公司很少问津。结果又使得城市配套设施发展滞后，生存环境每况愈下。更令人头痛的是，大公司虽然日进斗金，但仍希望借"权"牟利；政府官员虽然大权在握，但竞选起来，也需要大公司拿钱。于是大家各怀私心，"财神爷"和"乌纱帽"一拍即合。这样一来，大公司的目标，也就堂而皇之地成了政府的目标，而真正的"公共目标"，却反而被人遗忘了。

在现代大公司里，掌权人本应是股东，可由于才能和精力的限制，他们越来越难以驾驭企业了，所以现在的股东，基本上已是大权旁落，而那些掌握专门知识的所谓"技术结构阶层"，成为事实上的当权者。这种权力的转移，也导致了公司目标的变化。"技术结构阶层"首先追求的是"稳",在"稳"的前提下,力求发展。因为"技术结构阶层"的收入,主要是薪水和奖金,不是股息,他们只要保持一定的盈利,不至于让股东卖掉股票,就可万事大吉。所以,他们犯不着自找麻烦,去为股东追求最大化的利润。为了息事宁人,面对工人加"薪"要求,他们也每每有求必应。成本增加后,他们就用涨价的办法,转嫁到消费者头上,商品价格上涨,工人还会要求加工资。这样,水涨船高,工资物价轮番攀升,通货膨胀不可避免,要是碰上经济不景气,还会形成"滞胀",整个社会因此大难临头。

如此看来,要矫正社会的"公共目标",必须改革现行这种积弊深重的社会结构,实行"新社会主义"。那么,什么是"新社会主义"呢?加尔布雷斯说,就是扶弱抑强,使权力均等化的社会。一方面,政府要为小企业撑腰,利用财政金融手段,尽量减轻价格波动对小企业的损害。另一方面,抑制大公司,使其不能仗势欺人,剥削小企业。为此,加尔布雷斯对症下药,提出了一揽子具体措施。比如,政府应实行累进的所得税制,以消除收入不均等;应直接管制物价和工资,以防止大公司用提价的办法,嫁"祸"消费者;应增加国家预算拨款,以推进社会结构改革,特别是应将部分大企业国有化,以充分利用计划经营的好处,更好地维护公共利益。

按加尔布雷斯的说法,在这种"新社会主义"下,政府将不为"金钱"所动，大公司不再颐指气使，小企业也得以翻身；同时，令人心仪的"公共目标"，将被重新树立起来，"公众利益"将得到普遍尊重。加尔布雷斯为人们描绘了一幅未来的美好图画：生活福利大大提升，医疗保健日趋完善，生存环境清洁优美、文教事业一日千里，二元体系的缺陷将得到补救，一切都会尽如人意。

从制度层面解释增长

对近代西方崛起的原因，长期以来，经济学家众说纷纭，莫衷一是。大多数人认为技术变革应记头功，并把近代产业革命，当作欧洲经济增长的起点。稍后，又有经济学家强调，是人力资本在经济增长中发挥了决定性的作用。到了20世纪60年代，经济界又开始探讨市场信息成本下降对经济增长的影响。然而，致力于经济史研究的诺斯教授认为，如果以上这些因素是经济增长的主要原因，那么用它们来解释经济增长应该是无懈可击。但是，经济学家却无法回答这么一个问题："如果经济增长需要的就是投资和创新，那为什么有些社会具备了这种条件，却没有如意的结局呢？"

西方世界的兴起，究竟靠的是什么神奇力量？为回答这个问题，1977年，美国经济学家诺斯与他的合作者，联手出版了《西方世界的兴起》一书，在这本仅有10万字的小册子中，他另辟路径，提出了自己的见解，他说："除非现行的经济组织是有效率的，否则经济增长不会简单发生。"也就是说，有效率的经济组织，是经济增长的关键。西方兴起的原因，正是得益于有效率经济组织的蓬勃发展。那么，怎样才能使经济组织富有效率？诺斯认为要从制度上作出安排，明确产权，促使个人积极工作。因此，诺斯的经济增长理论的核心，可以归结为一句话：有效率的产权制度，是经济增长的决定因素。

17 世纪，欧洲大部分地区处于经济衰退的泥泞之中，但位于北部的荷兰却是一枝独秀。它不仅成功地摆脱了经济停滞的阴影，实现了人均收入的持续增长和经济的长期繁荣，而且一跃成为欧洲的货物集散地和国际商业中心。诺斯认为，荷兰的自然资源并不丰富，它的成功靠的不是大自然的恩赐，而是来源于有效率的经济组织。在这里，政府英明而有远见，敢为人先，大力鼓励各种创新活动，想方设法降低交易费用，从而提高了经济组织的效率，而经济组织的效率反过来又降低了交易费用，这就像是脚气和霉菌的关系，不过形成的却是良好的互动。

近代荷兰兴起的原动力是商业贸易的极大发展。任何交易都需要或多或少的费用，这些费用可以分为信息搜寻、谈判、合同实施三大块。在商业贸易中，对买者来说，迅速获得足够的信息，降低搜寻费用是最为重要的。大型市场商品琳琅满目，品种应有尽有，买者不用跑东跑西，在一个地方就能找到自己所需的各种东西，搜寻费用大大降低。同时，由于市场上价格、质量等信息较为充分，且交易方式早已约定俗成，谈判水到渠成，不用多费口舌，谈判费用也降低了。鉴于市场对减少交易费用的巨大作用，当地政府采取了许多扶持政策，促进其形成和发展。往往是市场"才露尖尖角"，政府早已"立上头"。另外，政府通过立法和严格执法，来确保交易合同如期切实得到执行，使那些欺诈行骗的不法商人没有立足之地，正当商人不必花大力气来监督合同的实施，既降低了交易费用，又解除了后顾之忧，生意做得安安心心。

与此同时，商业组织形势发生巨大变革，意义深远的股份公司和代理商出现了。在暂时性组合中的资金入股，使许多小商人的资金聚少成多，以前为巨额资金所困的远洋航行终于得以圆梦，并且风险也分散了。另外，小商人付出一定佣金，就可以利用其他市场的同行商人，进行本地市场以外的贸易。这些组织技术，使以往个人无法完成的冒险事业成为可能，跨大陆贸易成为现实。

资本市场和商业中心是一对连体婴儿，二者紧密相连，你荣我兴。因为市场越有效率，达成一笔贷款所需的交易费用越低。随着一个个商业中心的兴起，资本市场也如影随形，蓬勃发展起来。在合理的制度框架下，新的金融媒介不断出现，大大降低了利率。从 15 世纪到 17 世纪，利率由 20%—30%减少到 3%甚至更低。资本要素相对于其他要素来说，价格大幅度下降，逐渐取代了其他要素，对经济发展的影响至深。

在农业方面，荷兰实行了土地私有和自由劳动力制度。庄园被分给小农，土地私有制保证了投资收益大部分归投资者本人所有，于是个人积极性倍增，人人争先恐后，不辞劳苦，技术革新不断涌现，生产工具不断推陈出新，结果产量不断突破原来的极限，跃上新的历史水平。从上可见，正是有了合理的制度，尤其是有了极大刺激个人积极性的产权制度，荷兰才能逃脱"马尔萨斯陷阱"，成功地实现了经济的起飞，成为欧洲经济一片黑暗中的璀璨明星。后来，英国效仿了荷兰的所有权和制度规定，后来居上，取代荷兰而成为世界上最有效率、发展最快的国家。而法兰西和西班牙因为上层领导集团尔虞我诈，争权夺利，未能作出有效的制度安排，在竞争中一落千丈，沉沦下去。

《西方世界的兴起》的出版，一石激起千层浪，引起了西方经济学界的震动。经济理论和经济史"本是同根生"，但不知道从什么时候起，被撕成"两张皮"，不隔行也如隔山。经济史学家埋头收集整理资料，忙于考证注释，将经济理论抛在一边，结果连具体的经济史过程也说明不了，更不用说"一国经济兴衰"的重大问题了，落入遭人讥笑的境地。而理论学家则认为他们从事的研究档次最高，对史学不屑一顾。当他们得知两位经济史学家诺斯和福格尔，分享了 1993 年的诺贝尔经济学奖时，开始很有几分惊愕，几分不以为然。但是，当他们了解诺斯的理论后，又不得不为他的深刻、独到所折服。

诺斯教授修成正果

在《西方世界的兴起》一书中，诺斯教授提出了有效的产权制度对经济增长至关重要的观点，尽管这一观点是革命性的，但还不够完善。为此，诺斯继续潜心钻研，最终形成了包括产权、国家和意识形态在内的严密的理论体系。1981年，他的又一代表作——《经济史中的结构和变迁》出版，标志着诺斯教授的这项工作大功告成。

如果产权制度富有效率，就能促进经济增长。但诺斯颇有点令人沮丧地说："有效率的产权在历史上并不常见。"之所以如此，是因为产权的界定不是免费的。众所周知，产权的界定是一件很扯皮的事，有关纠纷无论在国家之间，还是在日常生活中都屡见不鲜。据称，海湾战争的原因之一，就是伊拉克和科威特关于石油的产权之争。两国的油田在地下是相通的，并且向科威特倾斜，伊拉克觉得自己吃了大亏，在双方争执不下的情况下，竟然诉诸武力，酿成了战争悲剧。在日常生活中，关于一片树林、一条河、一处矿产的争端也是时有所闻，电影《老井》，就是描写两个村子的村民为争一口井而大动干戈的事。再说，即使产权得以明晰，但有时实施起来，代价也相当高昂，令人不堪承受。对此，诺斯举了一个海洋运输的例子。在茫茫大海上，武装的海盗十分令人憎恶，他们神出鬼没，随时觊觎着过往商人的钱财，使人惶惶不安。在这里，产权是明晰的，商人们拥有船上货物的产权，但要实施这种权利，却很困难。无论商人自己成立一支武装来保驾护航，还是花钱雇用护航队，费用都相当高，甚至超过海盗掠夺造成的损失。可见，产权完全由私人来界定和实施，成本会很高。所以，必须凭借国家之力。我们可以把国家看作我们的用人，当然，她的作用不只是端茶送饭、洗衣刷碗，而且还要为我们建立和实施产权，作为回报，我们付给她税收。由于国家拥有暴力机器和至高无上的权威，与私人相比，实施产权时的成本要低得多。

既然产权制度的好不，决定了经济增长与否，而国家在制定产权方面又是大权在握，所以，无论经济是增长还是衰退，与国家都有很大的关系。正所谓"成也萧何，败也萧何"，故而诺斯教授提出了一个悖论："国家的存在是经济增长的关键，然而国家又是人为经济衰退的根源。"经济衰退肯定会造成人们收入下降，税收减少，于国家有百害而无一利。可是国家明知如此，为什么会"飞蛾扑灯甘就火"，设计出效率低的产权呢？这还得从国家的性质说起。

国家究竟为何物？学者们有形形色色的说法，但归结起来，主要有两种。一种认为国家是统治者剥削被统治者的工具；另一种则认为，国家是公民达成契约的结果，她要为公民效力。而在诺斯看来，这两种观点都有片面性。他认为，对国家来说，剥削和契约两种属性，"皆备于我"。国家有两个目的：一是使统治者的收入最大化。二是使社会总产出最大化，从而增加国家税收。然而，这两个目的并不是并行不悖，而是时常冲突。诺斯举了西班牙近代初期土地政策的例子。随着人口的增长，土地的日益匮乏，提高农业生产率显得更为重要，但西班牙国王早就授予羊主团在西班牙放牧羊群的专有权。地主料到迁移的羊群随时会来吃掉或践踏他们的庄稼，不愿精耕细作。土地产出率自然高不到哪里去。国王为什么不废除羊主团的特权，代之以一种有效率的产权，使社会产出最大化呢？因为国王的大部分收入来自羊主团。尽管取消他们的特权后，社会收入可能增加，但短期内将危及国王的利益。可以说，正是由于统治者和整个社会的利益冲突，引起了对抗性行为，导致历史上战争、政变、暴乱绵延不断，政权更迭频繁，统治者"你方唱罢我登场"，社会动荡不安，国家也就由此时兴时衰。

在经济学家看来，斤斤计较，患得患失的"经济人"总是无时无处不在，他们满脑子个人私利，一有机会就想贪便宜，搭别人的"便车"。比如一些人认为，既然不交税也照样可以享受国家提供的公共服务，自己何不搭搭其他纳税人的"便车"。于是绞尽脑汁，玩弄各种手腕来逃避税收。要避免"搭便车"行为，必须确定产权并不打折扣地实施，比如打击偷税漏税、保护知识产权等，但这些需要大量费用，有时甚至费了九牛二虎之力还徒劳无功。因此，要借助于另外一种力量，即意识形态来达到目的。

其实，关于意识形态对经济的影响，马克斯·韦伯早已作过论述。他所说的"资本主义精神"，总结起来便是"从牛身上榨油，从人身上赚钱"。他认为，正是这种社会观念，促使人们拼命地去追求利润，个人潜力发挥得淋漓尽致，从而造就了西方资本主义文明。而在中国和印度等东方社会，"农本商末""学而优则仕"等传统观念根深蒂固，人们心里排斥商业活动，因而抑制了经济的成长。但是，诺斯绝非人云亦云之辈，他高明地将意识形态和产权理论有机地结合在一起。他所说的意识形态，指的是人们的世界观。它告诉人们什么是对错，什么是美丑，从而促使人们在价值判断和行为判断上取得一致看法，并提高人的诚实、信赖、良心等优秀品质。因此，它具有教育功能，使人不再老是一心打着自己的小算盘，减少"搭便车"行为。例如，纳税人会主动申报纳税，小区居民会积极参与公共设施建设等，这些都将大大降低实施产权的交易费用。正因为如此，各国政府对向意识形态教育投资都乐此不疲。

诺斯的国家和意识形态理论给人们很多启示。既然国家可为"救世观音",又可为"洪水猛兽",我们就要趋利避害,将政府行为纳入制度化的轨道。否则,政府官员的寻租行为尽管增加了他们自己的收入,却损害社会整体利益。另外,诺斯也提醒人们,意识形态是一把"双刃剑",对经济发展举足轻重,所以人们在重视物质生产的同时,千万莫忘了抓意识形态的改进。

20 世纪四大假说

大胆假设，小心求证，是科学发现与发明的基本程式。经济学作为实证科学，每一个新的理论，也都是先基于某种假说而提出来的。20 世纪，经济学有四大假说，对世界产生了深远影响，它们不仅拓宽了经济学的研究领地，而且主导了经济学发展的进程。

熊彼特创新假说

持久收入假说

交易费用假说

理性预期假说

熊彼特创新假说

迄今为止，经济学仍然对垄断者抱怨得很多，他们把价格定得太高，又将产量压得过低，以赚取超乎寻常的利润；他们总是无比贪婪，靠损害消费者的福利，来塞满自己的腰包。所有这些，曾经把那些垄断者们搞得声名狼藉。然而，就在一片此起彼伏的责难声中，有一个人的观点却与众不同，他就是美籍奥地利经济学家、哈佛大学教授熊彼特。这位一生都在追求标新立异的学者，用诗一般的语言谆谆告诫人们："不断的创新就像是跳动的琴弦，演奏着经济成长的美妙乐章，而拨动琴弦的正是那些领导市场的巨型公司，我们有什么理由去指责我们的乐师呢？"

熊彼特的话无疑开阔了我们的思路，当我们重新审视垄断对社会福利是否带来了损害时，首先必须回答这样一个问题，技术创新重要吗？大约在 200 多年前，斯密、李嘉图就讨论过技术变动的经济学，然而直到工业革命以后，特别是科学技术突飞猛进的当代，经济学家才开始大力从事这个课题的研究。比较一致的看法是，科技进步降低了成本，提高了质量，扩大了产出，使得人们可以花费更低的价格去享用性能更为优良的产品。一句话，技术进步的确增进了整个社会的福利。美国卡特总统的经济顾问委员会主席舒尔茨曾在他提交给总统的备忘录中写道："从长远来看，科学知识，以及将它转化为新的更先进的产品和生产方式，的确是推动经济增长的最重要的力量。如果世界主要工业国家在过去两个世纪只是积累资本，而仍然使用18世纪的科学和技术，那么，今天的产出、收入和生活水平，恐怕只能是现在实际情况的一个零头。根据索洛的估计，美国经济增长80%到90%是技术变动引起的。"

既然技术创新的作用是如此的重要，那么，究竟是谁在拨动创新的琴弦呢？人们传统的看法是，在一个充满竞争的市场上，生存的压力必然迫使企业开展研究和开发，这正是自由竞争使得经济生活充满活力的原因之一。熊彼特对此表示异议，并提出了他自己的假说：科研开发在生产集中的行业中，要比自由竞争的行业表现得更为明显，唯有巨型公司和不完全竞争才是技术变革的源泉，是经济动态创新与技术增长的发动机，这一观点似乎已经部分地得到了实证资料的支持。1972年，在美国全部非官方的技术开发投资中，5 000人以上的企业提供了87%，而与这一数字相比，250万个中小企业所占的比重只有 4%。贝尔实验室是一个更为典型的例证，这个巨型的科研机构，直接从属于世界上最大的垄断组织——美国电报电话公司。在贝尔公司体系被迫拆分以前的 40 年中，贝尔实验室在晶体管和半导体、电磁波和光导纤维、泡沫记忆材料和程序语言、卫星和电子导航技术等诸多方面，进行了开创性的研究，它所拥有的科研经费，占美国全部基础研究的 10% 之多。另外，杜邦公司、美国无线电公司、国际商用机器公司、通用电气公司、通用汽车公司和其他许多大公司的科研活动，也有力地说明了熊彼特的观点。

为什么巨型公司比中小企业更加热衷于技术开发呢？我们总结一下熊彼特及其支持者的论述。科研开发与一般的生产活动有很大的差别。当贝尔实验室发明了晶体管时，技术的进步扩散到了整个世界。日本的电视、德国的汽车、美国的微型计算机以及每个人戴的数字手表，所有这些产品都从晶体管和半导体中得到了巨大的好处。然而相比之下，贝尔实验室却只以专利税的形式得到了微不足道的货币收入。用一个经济学的术语来说，这就是科研开发活动的外部性。它有助于说明，为什么大厂商更愿意从事研究与开发。如果国际商用机器公司（IBM）的计算机占据整个市场份额的 65%，那么，任何一项计算机方面的创造发明，都会给它带来巨大的好处，它对投资于研究和开发无疑具有强大的动力。反过来，如果你在计算机市场上占有的份额微不足道，让你花费巨大的投资，去开发一种新型的键盘，即使能够开发成功并在市场上得到推广，你又能得到多少好处呢？

推动技术进步不仅需要创新的热情，更需要黄金白银的实力。技术创新的成本太高了，只有大公司才有能力支付。而且，许多开发活动都是旷日持久的，即使小企业能够看到它的市场前景，但囿于财力的不足，也可能无法将研究维持到得到报酬的那一天。说到这里，你可能要问，既然小企业从事技术开发存在巨大的资金障碍，那么，对于一些私人发明或政府资助的科研项目，小企业染指的障碍是不是大大减小了呢？其实不然，任何一个最初的发明构想，要让它最终具有商业价值，都需要企业的支持，需要投入大量的资金。蒸汽机和复印机的出现就说明了这一点。蒸汽机是詹姆斯·瓦特在 1765 年发明的，但在此以后相当长的一段时间里，瓦特却找不到必要的支持将它进一步完善，直到 11 年后马修·博尔顿提供了资金，这项发明才开始变成商业实践。复印机的发展也遇到了类似的问题，早在 1938 年，切斯特·卡尔森就完成了这个发明，但它在最后由施乐公司发展为大批量生产以前，共花费了 21 年时间和 2 000 多万美元。

即便是在目前建立了比较完善的专利制度的国家，先进的技术和工艺也是很容易被窃取和模仿的，这就是知识产权的"泄露"现象。在一个充满竞争的市场上，泄露是经常发生的，发明者不大能够确立其信息财产的所有权。而减少竞争却可以使新发明得到更大的保护，从而为研究和开发提供相应的刺激。而且，科研开发可能会得到各种不同的结果，常常会失之东隅，收之桑榆，在一个领域的探索性研究，最终导致另一个领域里新的发现。开发投资的这种不确定性，对多样化经营的大厂商有着更高的刺激，却使小厂商面临着更大的风险，它们毕竟不愿意"将所有的鸡蛋都放在一个篮子里"。

有一段非常具有煽动性的话，经常被巨型公司的敌视者们挂在嘴边："我们应制止资本的大量聚集，因为在资本的大量聚集面前，人民除了容忍更多的盘剥之外，是无能为力的。"在美国的历史上，这段话曾经不止一次地引来公众狂热的欢呼。然而，熊彼特却向狂热的人群迎面泼去一盆冷水：请睁开眼仔细地看一看，那些高度集中的市场——计算机、电信、飞机制造，同时也是最具有创新性的。虽然有人认为垄断维持了较高的价格，但相生于其他行业而言，这些垄断行业的价格却是不断降低的。

持久收入假说

经济学家在分析、解释某个经济现象时，通常都需要作出一些必要的假定，然后以此为前提，进行符合逻辑的推理，提出自己新的理论主张和政策建议。米尔顿·弗里德曼的"持久收入假说"就是其中一个极具代表性的例子。

经济学家研究收入问题，最终目的是要探讨人们收入与货币需求之间的关系。其实，在弗里德曼之前的经济学家也早已认识到，人们的收入与货币需求是一种联动的因果关系，然而他们注意的只是现期收入，并没有对收入作更深层次的研究，而弗里德曼认为，要正确分析人们的消费行为对社会经济生活的影响，就必须严格区分两种收入：一种是一时性收入，另一种是持久性收入。与之相适应，消费也应该区分为一时性消费和持久性消费。一时性收入是指瞬间的、非连续性的、带有偶然性质的现期收入，如工资、奖金、遗产、馈赠、意外所得等等；而持久性收入是与一时的或现期收入相对应的、消费者可以预期到的长期性收入，它实际上是每个家庭或个人长期收入的一个平均值，是消费者使其消费行为与之相一致的稳定性收入。至于这个持久期限究竟长到何种程度，弗里德曼认为最少应是三年。

让我们一起来看一个极端的例子：假设有 7 个人，他们的周薪都是 100 元，且发薪的日子并不确定，有可能是除星期天外的任何一天。如果以这 7 个人为对象，并随机地选取一天来调查他们的现期收入和现期消费，那么，也许星期三这天仅只有 1 个人的收入为 100 元，其余 6 个人的收入为零；如果现期收入即为现期消费，则记录上收入 100 元的人当天的即期消费为 100 元，其余 6 个人的消费支出为零。但实际情况如何呢？事实上另外 6 个人也有消费，某些人在当天的消费支出甚至超过了 100 元。同样的情况也会出现在星期天，在这一天中，7 个人的收入都为零，但他们消费的平均值却可能是一个正数。由此，弗里德曼对运用现期收入这一指标所进行的短期静态分析提出了诘难：该方式由于不恰当地使用了收入和消费的概念，所以其导出的结果可能是毫无意义的。因为，人们并不一定要使他们在消费方面的现金支出与他们的现金所得相适应，当人们认为可以动用预计到的未来收入时，那么在一定时期内消费者的预期支出可能会大大超过他的现期收入，例如现实生活中人们的信贷消费、汽车分期付款、住房按揭等等。而且，人们在短期内的现金支出也无法显示出他们所消费掉的劳务的价值。可见，一时收入与一时消费之间是没有固定的比例关系的。但如果从一个长期的时间来看，人们消费支出的平均值却与他们总收入的平均值大体一致，即持久收入与持久消费之间有固定的比例关系。这样，弗里德曼便把"持久收入假说"作为自己理论的基石。

而为什么必须用持久性收入概念来分析货币需求量呢？弗里德曼所遵循的是这样一个逻辑：货币需求主要取决于总财富，但总财富无法测量，只能用收入来代表。然而现期收入很不稳定，它不能确切地代表财富，如果采用"持久收入"来代表总财富，则基本上可以反映总财富状况。因此，可以认为，货币需求主要取决于持久收入，货币需求的变动主要受持久收入变动的支配。由于从长期趋势来看，持久性收入是稳定增长的，因而人们对货币的需求也就会是稳定增加的。正因为如此，在货币供应量一定的条件下，货币的流通速度就会在长期中呈现出递减的趋势。为了保证货币流通的正常速度，以满足人们对货币需求逐步稳定增长的需要以及经济和收入增长的需要，就有必要实行一种与经济增长速度相配合的、稳定增长货币供应量的货币政策，即所谓"单一规则"的货币政策。

但"持久收入假说"对弗里德曼整个经济理论的重要意义还不仅仅在此。按照持久收入假说，凯恩斯提出的边际消费倾向递减的"规律性"便不一定存在，因为人们一旦愿意预支未来收入作为现期消费支出，消费倾向就会发生不规则的变化，而不一定是递减的。所以，政府如果以此"规律"为根据，用刺激需求的办法来刺激消费则很可能会带来滞胀的恶果。

由此还可以看到，如果政府出于应付经济萧条的需要，采取临时性的减税措施，以便增加居民的可支配收入和刺激消费，那么，按照持久收入假说，这一临时性的减税措施是无效的，因为居民这种临时性的额外收入只有很少一部分作为实际消费，其余全部转化为储蓄。因此，政府减税的结果不可能达到刺激消费的目的。反之，如果政府出于应付通货膨胀的需要，采取临时性的增税措施，以便减少居民的可支配收入和抑制消费，那么按持久收入假定，这一临时性的增税措施也是无效的，因为临时性增税的结果将使居民预期一生收入总数有所减少，而当年的实际消费只占其中一小部分，增税所减少的其余部分都是储蓄，所以政府增税的结果也不能抑制消费。总之，只要家庭的消费主要同预期的未来收入、一生收入相联系，而不是与同期收入相联系，那么，凯恩斯主义的相机调节税收（增税或减税）的政策，被认为对于现期消费只有很小的影响。

交易费用假说

　　大凡天才，往往能从平凡之中发现真话。平常人对苹果落地熟视无睹，牛顿却由此大发灵感，发现了"万有引力定律"。20世纪30年代，经济学界也出了一个"牛顿"，他就是著名经济学家科斯。不过，引起科斯兴趣的不是苹果落地，而是人们每天要与之打交道的企业。企业为什么会存在？普通人可能觉得这个问题有点可笑，但科斯对此兴趣盎然，并展开了深入研究。他的研究成果，为现今如日中天的新制度经济学奠定了坚实的理论基础。有人评价，科斯对经济学的贡献，几乎不亚于爱因斯坦对物理学的革命。

　　经济学鼻祖亚当·斯密在《国富论》中，提出了脍炙人口的"看不见的手"理论：在价格机制的引导下，整个经济体系能有条不紊的运转，不需要任何人为干预。斯密以后的经济学家，大多为价格机制的完美而心驰神往，以至于一叶遮目，不见泰山，对经济运行其他方面视而不见。年轻的科斯却与众不同，他不受任何成见的束缚，思绪如天马行空一般。他发现了一个被经济学家忽视了的现象：按传统经济理论，生产要素的流动，是在价格机制的指引下进行。比如，如果甲部门的工资比乙部门高，乙部门的人就会"见钱眼开"，纷纷"跳槽"到甲部门去，一直到两部门的工资水平相等为止。但是，在企业内部，工人从一个部门转到另一个部门，不是因为工资高，而是上司命令他这样做。为什么企业内部不按价格机制配置资源呢？年仅 21 岁的科斯，对此百思不得其解。1931 年，科斯拿到了学士学位，并获得了旅美奖学金，于是离开英国前往美国调研。

科斯在美国参观了大批企业后，思路渐渐清晰起来。他进一步发现，在企业以外，价格机制可以"手眼通天"，充分反映生产要素的稀缺状况，从而引导生产要素从价格低的地方，向价格高的地方流动。在企业内部，情况则迥然不同。这里不存在市场交易，价格机制没有用武之地，生产要素，全凭企业家用行政手段来配置。也就是说，市场并非配置资源的唯一方式，企业照样可以一显身手。科斯就此向传统经济理论提出挑战：按传统的说法，价格机制是"法力无边，无所不能"，可为什么还需要企业来配置资源呢？通过一番苦苦思索，他提出一个大胆假说——交易费用使然。1937 年，他将自己的所思所想，写成论文《企业的性质》，发表在《经济学季刊》上。

人们为什么要建立企业，来替代市场呢？在科斯看来，大千世界，芸芸众生，皆是熙熙为利来，攘攘为利往。人们之所以建立企业，无非是因为有利可图。为什么建立企业会有利可图呢？科斯指出，这是因为价格机制的运行，并不是毫无摩擦、畅通无阻，而是要花费一定成本，建立企业则可以降低这些成本。下面的例子，可以清楚地说明科斯的观点。假设张三是一个奶酪生产商，他要购买牛奶做原料。首先，他要多方打听何处有牛奶购买，如有可能，还要打听相关情况，比如供货者的信誉、产品质量和价格等。然后，为了眼见为实，又会不辞劳苦，亲自跑一趟，以便当面看个究竟。如果货真价实，如他所愿，就开始讨价还价，先是小心翼翼，尽量报低，以免被狠宰一刀，越到后来，砍价越艰难，甚至会为一分钱的价差争得面红耳赤。好不容易谈拢价格后，还得就数量、交货时间、交货地点达成一致，签订合同。然而，事情到此还没完，他必须随时睁大眼睛，防止对方出尔反尔，违背合同。可见，人们在交易时，做的不是"无本生意"，而是要花费相当的代价，这种代价，就是科斯所说的"交易费用"。如果人们都跑到市场上去交易，那么，在茫茫人海之中，要找到自己的交易对象，就无异于大海捞针，交易费用也会因此高得使人望而却步。这时，人们就会联合起来组成企业，以降低交易费用。因为企业实际上是一个小的计划经济，它取消了个人之间的交易，改由企业家来配置生产要素，所以可以节省交易费用。

　　既然企业有如此神通，为什么不把所有的生产放到一个企业去进行呢？换句话说，为什么市场交易会依然存在呢？科斯指出，这是因为企业组织生产也要成本，所以不能随心所欲地扩大，以致完全替代市场。就拿企业的管理来说，当企业扩大到一定规模时，由于家大业大，事情会变得纷繁复杂。企业家纵有三头六臂，在千头万绪之中，也难免顾此失彼，失误会越来越多。那么，企业的规模到底多大合适呢？这就要比较企业组织成本和市场交易费用。当企业达到一定规模后，如果它再多组织一项交易的费用，等于在市场上进行这项交易的费用，它就会在这一规模上停止扩张。因为如果同一项交易，在企业内完成要花 50 美元，而在市场上完成只需花 49 美元，企业就应该"拱手相让"。

　　企业之所以会存在，只是因为市场运行存在交易费用，这个答案实在是简单明了。但正是这种平淡无奇，才真正体现了大学者的智慧之光。古典经济学一直假设交易费用为零，然而，正如著名经济学家斯蒂格勒所说，这就像物理学假设自然界不存在摩擦力一样，过于理想化，以此出发来分析现实，自然难免捉襟见肘。科斯成功地引入了交易费用概念，使经济学从理想走向了现实，能够更加真实地再现丰富多彩的经济生活，从而更具说服力。更重要的是，科斯发现了制度对于经济分析的重要意义。以往经济学家，之所以没有发现制度的重要性，是因为他们不了解不同的制度安排，会产生不同的交易费用。而科斯利用交易费用这把钥匙，打开了制度经济学的大门。然而，交易费用学说并非万能，它尚有不足之处。比如，在科斯的理论体系中，交易费用举足轻重，但是由于它的概念模糊不清，而且难以量化，所以很难用它的高低，来评判不同制度的效率，这就妨碍了人们对制度的合理选择。另外，科斯把交易费用看作企业存在的根本原因，也有夸大其词之嫌。从实际来看，企业产生的原因复杂多样，决不只为降低交易费用。

理性预期假说

1980 年，美国著名的经济学家萨缪尔森，在其《经济学》第 11 版中，对 20 世纪 70 年代末西方经济论战的新动向作了一个引人注目的提示：过去，经济论战只是在货币主义和后凯恩斯主义两个学派之间进行，但现在，论战却是在三派之间进行了。这突然闯入的第三派，就是从货币主义学派中分离出来的理性预期学派。

20 世纪 70 年代末，美国芝加哥大学的年轻教授罗伯特·小卢卡斯崭露头角。人们正在猜测他是否可能成为弗里德曼的学术继承人时，他却与美国明尼苏达大学的托马斯·萨詹特、尼尔·华莱士及一些年轻学者一起，树起了"理性预期学派"的旗帜。

所谓"预期"，就是指对未来的预测。从经济学的角度讲，从事经济活动的人为了自己的利益，总是要先对未来经济形势的变化作出估计和判断，然后再决定自己如何行动，这种行为即是预期行为。

西方经济学十分重视研究人的预期行为。在凯恩斯的经济理论中，厂商和消费者的预期对经济的影响，就是他就业理论不可缺少的有机组成部分。但是，凯恩斯所论述的预期，只是人们对未来经济形势的主观估计和预测，而这种估计和预测通常是不可靠、不确定的，甚至由于人的情绪的突然波动，盲目乐观可以瞬时变为盲目悲观。因此，凯恩斯把这种预期因素，看成是经济不稳定，甚至是周期波动的原因之一。

货币学派在论述自然失业率及通货膨胀问题时，也很重视人的预期行为，并用人们对未来经济活动变化的预期，来说明动态经济一定可以趋于稳定。但是他们所说的预期，也是指人们在没有足够信息的基础上，"骑驴看唱本——走着瞧"，随时准备着修改自己对未来前景的看法和计划，以适应物价等经济形势的变动。因此，这种预期只能叫作"适应性预期"，而不能说是理性预期。

而理性预期学派所指的预期，却有一个大的前提，即参与经济活动的主体都是具有完全理性的、明智的，以追求利益最大化为目的的所谓"经济人"，因此他们在对经济形势进行判断时，就一定会尽力地获取最完全的信息，在充分掌握经济信息的基础上，主动地利用一切可用的统计、历史、逻辑以及经济变量之间的因果关系等知识，经过周密的思考和冷静的分析，最后作出对未来经济情况的预测。而这种预期能够完全符合未来将会发生的经济活动的事实，所以，经济学家称此为"理性预期"。

预期概念大前提的变化，在西方经济学界引起了极大的震动。一些人将该理论的出现称为"预期革命"，也有不少人将此看作是西方经济学说史上的"第六次革命"。而这个新参战的第三者在经济论战中，究竟有哪些独到的见解惊动了整个西方经济学界呢？

在小卢卡斯等年轻学者看来，斯密的"经济人"像幽灵一样，仍然主宰着人类的一切经济活动。为了私人利益，经济人在进入市场之前，已经对市场情况进行了充分的了解和研究。由于这些人的决策是经过深思熟虑的，因而不会轻易改变。这样，政府准备采取什么行动，往往在尚未实行时，公众就已了如指掌，并采取了预防性措施。因此，政府在财政、货币政策上无论怎么花样翻新，在人们的理性预期面前都会失效，人们决不会在困惑中仓促决策。也许突然颁布的新政策，由于以前从来没有这样做过，会出乎人们预料，他们也可能上当受骗，使政府暂时达到某种政策目标。但是，公众会"吃一堑，长一智"，第一次错了，第二次决不会再错，从而使国家干预的预期效果被抵消掉。所以，小卢卡斯等人在经济学界已经习惯于倾听"政府干预"的好处时，向他们发出了这样的疑问：政府究竟有多大作为？

　　这个问题是严肃的。试想一想，政府对经济进行干预，用扩大政府支出、增加货币供应、促进经济增长的办法，来试图降低失业率，行得通吗？小卢卡斯的观点是，由于公众对未来的经济变动已经有了理性的预期，因此，必然会形成"上有政策，下有对策"的局面，比如在物价上涨之前，他们出于自身利益，就会把货币工资提高，或在放款之前先把利息率提高。这样，政府的上述政策在如此抵制下，既不能促进经济增长，也无法减少失业，反而追加的货币只会导致更大幅度的物价上涨。如果说，货币学派还勉强承认在人们的适应性预期没有跟上来之前，凯恩斯的干预政策在短期内还会起一些作用，那么，在理性预期学派那里，凯恩斯的政策连暂时的刺激作用也没有，在明智的经济人面前，政府的反危机措施一律无效。

　　理性预期学派出现之前，在对宏观经济进行总量分析的诸学派笔下，政府都具有垄断者的权力，一国之中，似乎没有什么经济力量能与之相对抗。但理性预期被引入经济学之后，在宏观经济学研究的主体——国家或政府面前，却出现了一个个的抗衡者。每个抗衡者看起来都不像政府那样吓人，但是为了自身的利益都十分明智和理性。他们是单独行动的，可是他们的行为却会产生共同的、力大无穷的效果。他们掌握的信息不比政府少，他们预期的合理程度也不比政府差，政府的所有意图他们都能预测到，防范的措施往往走在政府动手之前。而且，企业主和劳动者之间、企业主和企业主之间、债权人和债务人之间，也都要根据合理预期进行高水平的竞争。所有这一切都将产生一种意料不到的共同效果，使政府干预劳而无功。

既然政府不能有什么作为，那么在经济生活中政府应当怎样行事呢？理性预期学派根据以上命题，提出了与凯恩斯主义和货币主义迥异的政策主张：市场比任何模型都更聪明。政府对经济应当不进行任何干预，让市场去自行调节。政府的主要任务就是制定一些永恒不变的规则，比如固定的货币供应量的年增长率，能使预算平衡的税率等等，为经济提供一个稳定的、可以预测的环境。以此取信于民，消除"人人预防，人人自保"的信任危机。只有公众解除了防范心理，不再与政府相对抗，经济自然就会趋于稳定。

弗里德曼的经济自由主义思想早已在西方经济学界驰名。他只主张政府采取"单一规则"的货币供应量的调节政策，除此之外，政府尽可以放手。然而，理性预期学派却强调人的预期对国家干预政策的抵消作用，主张推行更为彻底的不干预主义。正因为如此，所以西方经济学界说他们"比弗里德曼还弗里德曼"。

疑点与发现

由于经济学家的不懈努力，经济学长足发展，日臻完善。然尽管如此，却仍有不少疑点悬而未决，至今还困扰着经济学界。而有些疑点，一旦被人解破，经济学就会借风行船，开始一段新的航程。所谓"特里芬难题""里昂惕夫之谜""丹尼森残差"等，就是典型的范例。

马歇尔冲突

阿罗悖论

特里芬难题

里昂惕夫之谜

丹尼森残差

马歇尔冲突

　　人们总是难以避免在两难中选择，对 19 世纪英国经济学家马歇尔来说，又何尝不是如此。这位剑桥学派的掌门人在对价格机制的诠释方面，表现得才华横溢，但面对规模经济和竞争活力两者之间顾此失彼的矛盾，却显得一筹莫展。是去追求规模经济而宁愿扼杀竞争的活力？还是为了保持竞争的活力而去牺牲规模经济？马歇尔将这道世纪难题留给了后人。在此之后，围绕着这个问题，经济学家们展开了一场旷日持久的辩论，并逐步形成了一门新的经济理论——产业组织理论。

　　经济学的中心义题是资源的配置问题，即如何将有限的经济资源做最佳配置，以满足人类的需要。古典经济学的开山鼻祖亚当·斯密认为，人们追求自身利益的竞争就像一只无形的手，支配着人、财、物等资源在各产业间移动，从而使社会需求和社会生产相均衡，使资源的利用趋于合理，这就是西方经济学中"看不见的手"的原理。

　　具体地说，一个社会有限的经济资源是如何达到最合理分配的呢？西方经济学认为，担此大任的是价格和竞争。价格以及由价格而来的利润就像一盏信号灯，指示着哪种商品生产、哪个产业部门的资源分配过多或资源分配不足。分配过多则生产过剩，价格下跌，无利可图；分配不足则供不应求，价格上涨，获利丰厚。这样，在价格机制的引导下，追求个人利益的竞争就会使资源从无利可图的地方转移出来，投向获利丰厚的部门，从而达到资源在产业间的合理分配，使社会生产和社会需求趋向均衡。同时，在生产同一种商品的劳动者之间，还存在着劳动生产率进而表现在生产成本上的差别。那么，成本较低的生产者就可以较低的价格出售产品，赢得更多的顾客和市场占有率，从而使它的生产能够进一步扩大，占有更多的资源。相反，那些成本较高的生产者就会在竞争中失去顾客，失去市场，并最终失去手中的资源。这样价格和竞争又可以向效率更高的生产者分配资源。由于价格机制的引导作用是自动的，无须任何人费心劳神，因此，只要保持充分的竞争，经济资源的配置最终总能达到最优。正是基于这种看法，西方经济学认为，自由竞争是一切经济活动和经济进步的原动力。这一信条后来经过马歇尔的包装和诠释，显得更加完美和诱人，以至于时至今日，人们仍然把维护自由竞争作为经济学的第一要务。

经济学归根结底是一门指导人们如何作出选择的学问，作出选择之所以必要，首先是因为现实世界存在的诱惑太多。19世纪后半叶，工业革命的飓风席卷整个世界，致使企业规模的迅速扩大在技术和物质上成为可能。于是，人们开始对规模经济怦然心动。所谓规模经济，通俗地讲就是大规模生产带来的好处，这里所说的经济，实际上是指节省、效益或者好处的意思。经济学的研究表明，很多的工业部门具有规模节约的特点，即随着经济规模的扩大，其单位产出的平均成本是不断下降的，生产越多，平均成本越低。在这种具有规模经济的产业中，与其让很多企业相互竞争，每家都生产一点，谁都吃不饱，平均成本居高不下，倒不如把全部生产都交给少数几家，甚至是一家企业，让它（们）开足马力，社会需要多少就生产多少，把平均成本降到最低。比如长途电话，如果允许许多企业开展竞争，去铺设各自相互重叠的通信网，无疑会导致经济资源的巨大浪费。让其中的一家企业扩大规模，将所有的业务都交给它经营，反而对整个社会都是有利的。充分享有规模经济，对提高一个企业，乃至整个国民经济的经济效益，都具有不可估量的意义。根据 1959 年英国学者马克西和西尔伯斯通对汽车工业的研究，当一种车型的年产量从 1 000 辆增加到 10 万辆时，单位成本将下降 55%。第二次世界大战以后，特别是近十几年来，国际企业兼并浪潮风起云涌，一个重要的原因就是追求规模经济。

　　不幸的是，每个产业的市场规模都不是无限的，当有限的市场规模和企业追求规模经济的行动碰在一起时，必然导致生产越来越集中，企业的数目不断减少。最终有可能形成一个独霸市场的垄断寡头，从而使它获得人为操纵价格的力量。即使在少数几个企业占有某一产业大部分生产的垄断市场上，它们为了避免在竞争中两败俱伤，也常常可以通过合谋或组成卡特尔等形式，控制这一产业的价格，扭曲市场配置资源的机制。比如某一产业的生产能力出现了过剩，如果让市场机制充分发挥作用，一部分资源就应从该产业中退出，但由于市场垄断扼杀了自由竞争，处于垄断地位的企业就有可能通过在暗地达成协议，来限制产量，维持固定价格，使这些企业在开工不足、设备闲置的情况下安然无恙地生存下去，不发生资源的移动。这显然是一种巨大的浪费。反过来，如果某一产业的生产能力不足，垄断寡头又通过设置种种壁垒，阻止资源的流入和新企业的出现，从而使自己安享超额利润。这样，一旦垄断价格得以形成，企业间的价格竞争就不存在了，垄断企业的市场地位就会相对稳定下来。竞争的压力大大减小了，企业追求技术进步的动力也就相应地减弱了。列宁在他的《帝国主义是资本主义的最高阶段》一文中曾举过一个非常生动的例子，"美国有个欧文斯发明了一个能引起制瓶业革命的制瓶机，德国制瓶工厂主的卡特尔收买了欧文斯的专利权，可是把这个发明品搁起来迟迟不用"。

一句话，大规模生产的好处令人垂涎欲滴，但追求规模经济的结果往往导致垄断的发展。它将使价格机制失去作用，资源的市场配置机制遭到扭曲，自由竞争这一经济发展的原动力被人为地扼杀，整个经济活动失去了活力。规模经济和竞争的活力之间这对难分难解的矛盾，最早是由马歇尔在他的名著《经济学原理》口揭示的，因此后人称这对矛盾为"马歇尔冲突"。

阿罗悖论

　　我们在日常生活中，总是面临着许多的选择。不过，只要稍加分析你就不难发现，所有这些选择活动，总的来说不外乎有两类：一类是私人选择，另一类是公共选择。私人选择完全可以根据私人的意愿作出，没有必要非得争取别人的同意。比如说你早上到菜市场买了1斤萝卜，回家的途中遇到了你的邻居，他绝不会责备你买萝卜没跟他商量。因为这纯属私人选择，选择的结果完全由你自己承担，无论萝卜是买贵了还是买贱了，都与他没有关系。相比之下，公共选择则必须由多个人共同作出，一个人就力不能及了。举个例子，你与你的一位同学素来不睦，现在你愿意跟他摒弃前嫌，言归于好，那就得需要你们两个人协商决定。大致说来，经济个体在市场条件下作出的决策，都是私人选择，而公共选择则大量地发生在政治领域，如制定或修改法律，选举政府官员，充实国防力量等等。

经济学有一个分支——公共选择理论，专门来分析上述发生在政治领域中的决策行为，阿罗不可能性定理就是有关决策效果的一个重要结论。

市场条件下的私人选择，实际上是经济个体利用自己手中的"货币选票"，直接表达他们对各种产品的意见。对于这种行为的研究，一直是经济学的核心内容。比较一致的结论是，市场条件下的私人选择，通常可以导致有效率的结果，能够引导资源实现合理配置，但也存在着市场失灵的情况。而在政治领域中，个人意愿的表达，必须经过公共选择这个过程，在民主制度下，最为常见的办法就是投票。那么，它是否也能导致一种有效率的结果呢？这便跟投票的规则有很大的关系。

公共选择理论的创始人布坎南认为，一致同意规则是公共选择的最高准则。"任何一个有理性的人都不会同意那些预期会给他带来损害的事情"，因此，一个人一旦同意了某一选择，他一定认为这是对他有利的，至少不会受损。市场机制之所以有效，就是因为在市场中达成的任何一笔交易，都是以交易双方一致同意为基础的，哪怕有一方不同意，交易都无法达成。这一原则对公共选择来说也是适用的，只要某一集体决策获得了一致同意，那就表明，它肯定没有使任何一个参与者受损，却至少对其中的一个人有利。用经济学的术语来说，这就是一种帕累托效率的改进。然而，令人遗憾的是，"一致性是件好事，但却太昂贵了"。各参与者之间的利益差别不可避免，而每项议案的通过，却都要征得所有人的同意，这就需要付出巨大的努力，去说服每一个人，直至最后一个怀疑者。更糟糕的是，一旦这个最后的怀疑者认识到他有如此巨大的威力，他就有可能以投否决票相要挟，去敲诈那些支持议案的人。通常的情况则是，在马拉松式的讨价还价中，达不成任何协议。

既然一致同意规则代价高昂，人们就转而求其次，降低同意的"百分比"，将一致同意的100%，降为80%、70%，或者是51%，这样就产生了多数同意规则。相对于一致同意来讲，多数同意规则无疑是降低了决策的成本，但由于每项决策都可能在有人反对的情况下通过，这就使公共选择带有了强制的色彩。尽管作为一个和平主义者，你不赞成军备扩张，但却必须跟那些鹰派人物一样，为扩张军备而纳税，为别人的选择支付成本。对此，人们通常的看法是，少数服从多数是一种"民主"的公共选择过程，它虽然使少部分人受损，但同时却让大部分人获益。因此，从整个社会的角度看，这个决策还不失为一个"好"的决策。然而，"民主"真的万无一失吗？让我们来看一个例子：有三家企业属于同一主管部门，上级决定将它们合并为一个大公司，公司的总经理从三家企业的现任厂长中产生，他们是牛厂长、杨厂长和马厂长。可供选择的方案有：职工普选（A）、主管部门任命（B）、按企业的资金实力来确定权力的分配（C），三位厂长将采用投票的方式，决定最终采用哪种方案。在这三个企业中，牛厂长的企业职工人数最多，资金实力最弱，牛厂长本人与上级的关系还行。因此，牛厂长希望职工普选，最反对按资金实力来分配权力。杨厂长的企业职工人数最少，资金实力居中，但杨厂长跟上级主管领导是"铁哥们儿"，因此他最支持上级任命，反对职工普选。马厂长的企业资金实力最为雄厚，但马厂长跟上级领导积怨很深，因此，他最支持按资金实力来分配权力，反对上级任命。于是，便出现了一个奇怪的现象：在3个投票者中，总有2个人认为，方案A优于方案B，方案B优于方案C，方案C又优于方案A，支持每个方案的大多数总是循环出现的，这便是"循环投票之谜"。在循环投票的情况下，哪一个方案最终获得通过，不是依据是否符合多数人的意愿，而是依据投票的程序。比如说，先就A和B进行表决，牛厂长和马厂长将更偏爱A，于是A方案当选，再就A和C进行表决，马厂长和杨厂长无疑更倾向C，于是C方案就最终获得通过。但如果从对A和C表决开始，最后获胜的就不是C，而是B。若从B和C的比较开始，最终当选的方案又变成了A。这样一来，如果哪个人能够影响投票的次序，他就可以决定表决的结果，少数服从多数的原则也就失效了。

循环投票现象最早是由法国人孔多塞特发现的，后来美国经济学家肯尼斯·阿罗又进行了更进一步的研究。他发现，如果两个以上的投票者，就两个以上的方案进行表决，循环投票就总有可能出现，出现的概率随着投票人数和供选方案的增多而增大。在此基础上，阿罗经过严格的数学证明，得出了一个令人吃惊的结论：任何一种多数同意规则，都不可能万无一失地保证投票的结果符合大多数人的意愿。这就是著名的阿罗不可能性定理，又称阿罗悖论。

阿罗悖论使我们对公共选择和民主制度有了新的认识，正如市场存在着失灵一样，民主也有它失效的时候。尽管失效的概率可能很小，但这并不意味着阿罗的警告无足轻重。飞机失事只有不足万分之一的可能，但它一旦掉下来，对乘客来说就是百分之百的灾难。

特里芬难题

天才无须制造。当有史以来第一个国际货币制度——布雷顿森林体系刚建立不久，并且正在给世界经济带来繁荣的时候，有人竟神奇地指出了它的先天不足，并预言了它的"死期"，从而给全世界出了一个难题。这个人就是美国耶鲁大学教授、著名国际金融专家特里芬。

第二次世界大战结束时，美国不仅是军事上的战胜国，而且在经济上也以胜利者的姿态崭露头角。当时它拥有250多亿美元的黄金储备，约占世界总量的75%，成为国际上实力雄厚的经济大国。这样，财大气粗的美国就"挟黄金以令诸侯"，建立一个体现自己意志的货币合作协定——布雷顿森林体系。其核心内容之一就是美国以黄金储备为保证，向世界各国提供美元，由美元来充当唯一的国际货币。美国政府承诺"美元和黄金一样可靠"，各国可以按照1盎司黄金等于35美元的官方价格，随时用美元向美国兑换黄金。

这一揽子货币安排有什么问题呢？让我们先听一段故事：从前有个媳妇，心灵手巧，贤淑能干，深得婆婆的欢心。后来婆婆让她主持家务，负责给全家人煮粥。由于土地贫瘠，每年打的粮食很有限，然而这一家的香火却异常兴旺，年年添丁进口。为了让全家人都吃饱，媳妇只好不断往锅里加水，结果是粥越来越稀，家人的怨气越来越大，最后，婆婆怀疑她把粮食偷着背回了娘家，一气之下，将她赶出了家门。这个例子可以很好地说明特里芬难题。在布雷顿森林体系中，美国承担着两个基本的职责，一是要保证美元按固定官价兑换黄金，以维持各国对美元的信心；二是要为国际贸易的发展提供足够的国际清偿力，即美元。然而这两个问题，信心和清偿力却是有矛盾的，美元过少会导致清偿力不足，美元过多则会出现信心危机。原因在于，美国要持续不断地向其他国家提供美元，只能让自己的国际收支始终保持赤字，由此留下的"大窟窿"，唯一的填补办法就是开动印钞机，印刷美元现钞。这无异于往锅里加水，结果是美元越来越多；然而另一方面，收支赤字却意味着美国的黄金储备不仅不能增加，反而会由于别国的兑换而减少。这样，一边是美元越来越多，一边是黄金越来越少，势必会造成"粥越来越稀"，美元兑换黄金失去保证，美元出现信心危机。时间一长，布雷顿森林体系自然也就无法维持。关于清偿力和信心之间的这种两难境地，最早是由特里芬提出的，因此被称为"特里芬难题"。实际上，由任何一种主权货币来充当唯一的国际货币，特里芬难题都是存在的。

事实不幸被特里芬言中。在二战结束后的最初几年里，欧亚各国百废待兴，需要从美国进口商品，但由于缺乏美元，所以形成了"美元荒"。从 20 世纪 50 年代开始，美国的赤字缓解了国际清偿力不足的矛盾，但在 50 年代中期之前，美元基本上还是比较紧缺，各国仍然愿意积累美元，没有出现美元的信心问题。1958 年以后，"美元荒"变成了"美元灾"，美国持续的收支赤字引起了许多国家的不满。其中尤以法国总统戴高乐的言辞最为激烈，他认为，美元享有"过分的特权"，它的国际收支赤字实际上无须纠正，可以用印制美钞的方式来弥补。而其他国家，一旦发生了赤字，只能采取调整措施，蒙受失业和经济增长下降的痛苦，甚至不得不勒紧裤带，省吃俭用地节省外汇。

对于这些不满情绪，美国始终置若罔闻，不愿意为此付出调整国内经济的代价来减少国际收支的赤字，依然对发行美钞乐此不疲。其原因在于，美元可以用于国际支付，因此，只要印钞机一转，不但能够轻而易举地抹平赤字，而且其他国家的商品和劳务也可以滚滚而来。

20 世纪 50 年代末期，美国的黄金储备大量外流，对外短期债务激增。到 1960 年，美国的短期债务已经超过其黄金储备，美元的信用基础发生了动摇。当年 10 月，爆发了战后第一次大规模抛售美元、抢购黄金的美元危机。美国政府请求其他国家予以合作，共同稳定金融市场。各国虽然与美国有利害冲突和意见分歧，但美元危机直接影响国际货币制度，也关系到各自的切身利益，因而各国采取了协调冲突、缓解压力的态度，通过一系列国际合作，来稳定美元。除合作性措施之外，美国还运用政治压力，劝说外国政府不要拿美元向美国财政部兑换黄金，并曾就此与当时的西德政府达成协议。但有些西方国家，比如法国政府就对美国的施压手法非常反感，丝毫不买美国的账，仍要求兑换黄金，带头冲击美元的霸主地位。

60 年代中期，越南战争爆发，美国的国际收支进一步恶化，到 1968 年 3 月，其黄金储备已降至 120 亿美元，只够偿付短期债务的 1/3。结果在伦敦、巴黎和苏黎世黄金市场上，爆发了空前规模的美元危机，在半个月内美国的黄金储备又流失了 14 亿美元，巴黎市场金价一度涨至 44 美元 1 盎司。于是美国政府被迫要求英国关闭伦敦黄金市场，宣布实行"黄金双价制"，即各国中央银行之间的官方市场，仍维持 35 美元 1 盎司的官价，私人黄金市场的价格，则完全由供求力量自行决定。到 1971 年夏天，美国黄金储备已不足 100 亿美元，美元贬值的形势越来越明显，由此引发了一场资金外逃的狂潮，并于当年夏天达到了顶点。面对着各国要求兑换黄金的巨大压力，1971 年 8 月 15 日，尼克松总统被迫宣布实行"新经济政策"，切断美元和黄金的联系。其他国家所拥有的 700 多亿美元，到底还值多少黄金，美国政府从此再也没有作出回答。

美元不再和黄金挂钩，实际上等于废止了布雷顿森林协议，宣告了布雷顿森林体系的崩溃。从此以后，美元不再兑换黄金，美国政府也不再承诺"美元和黄金一样可靠"，对美元的信心要求不存在了，信心和充足性之间的矛盾也最终消失了，历史终于以这样一种代价惨重的方式，破解了特里芬的难题。

里昂惕夫之谜

　　20 世纪 30 年代，瑞典经济学家俄林创立了著名的要素禀赋说，得到了西方经济学界的普遍接受。这一理论的核心内容是：如果一个国家的某种生产要素比较丰富，在生产中密集使用这种要素的产品就具有出口优势，应该成为该国的出口品；而进口品则是那些比较密集地使用了本国比较稀缺的生产要素的产品。依照这一原理，像美国这样资本比较丰富的国家，它在生产机器、设备等资本密集型产品方面有较大的优势，应该出口资本密集型产品，进口劳动密集型产品。然而第二次世界大战以后，美国知名经济学家里昂惕夫利用统计资料，对美国贸易结构进行考察，却得出了完全相反的结论。理论和现实之间的这个矛盾，一时震惊整个西方经济学界，被称为"里昂惕夫之谜"。

　　里昂惕夫早年出生在俄国，15 岁上大学的时候，就读遍了列宁格勒各大图书馆的所有经济学著作，成为一名"优秀经济学家"。1927 年由于被指控"参加反政府的阴谋活动"，里昂惕夫被迫离开苏联，辗转来到美国，任哈佛大学经济学教授，后来凭借在投入产出分析方面的杰出贡献，获得诺贝尔经济学奖。里昂惕夫起先对俄林的要素禀赋说是深信不疑的，20 世纪 50 年代初，他利用 1947 年美国对外贸易的统计资料，分别计算了每 100 万元出口品和进口品中包含的资本和劳动，本意是想对这个理论加以验证，然而计算的结果让他大吃一惊：美国出口品中的资本含量比进口品少 30％，这意味着，美国出口的竟是劳动密集型产品，进口的却是资本密集型产品。用里昂惕夫的话来说"美国参加国际分工，是建立在劳动密集型生产专业化基础之上的。换言之，这个国家是利用对外贸易节约资本和安置剩余劳动力，而不是相反。"这个研究结果公布后，引起了轩然大波，有人指责里昂惕夫使用 1947 年的贸易数据不够典型，因为当时二战刚结束不久，贸易格局极可能歪曲。于是，里昂惕夫就使用 1951 年的贸易数据又计算了一次，结论仍然相同。后来另一位经济学家鲍德温再用 1958 年和 1962 年的数据检验，结论还是相同。不仅如此，其他经济学家又纷纷检验别国的贸易结构，结果有的符合要素禀赋说，有的则存在里昂惕夫之谜。这样，里昂惕夫之谜时隐时现，此有彼无，西方经济学界为此伤脑筋，开始了 20 多年旷日持久的探讨和辩论，许多人都试图解开这个"谜"。

里昂惕夫最早做了尝试，他认为，这可能是由于美国的劳动生产率较高造成的。根据他的计算，美国工人的劳动生产率约为外国工人的 3 倍，运用同样数量的资本，美国工人的产出比较多。虽然从表面上看，美国资本丰富，劳动力短缺，但由于美国工人可以以一当三，经过换算以后，实际上美国的劳动力丰富，资本相对短缺。因此，它应出口劳动密集型产品，进口资本密集型产品。对于这个解释，很多经济学家并不接受。1965 年，克雷宁研究跨国公司在美国本土和欧洲的劳动生产率，结果显示，美国工人的效率，最多比欧洲同行高 1.2—1.25 倍，而按照这样一个比例来测算，里昂惕夫之谜仍然存在。

另外两名经济学家凯伍斯和琼斯则另辟路径，试图用人力资本的理论来解释这一问题。他们通过研究发现，美国出口部门中熟练劳动的比例大于进口部门，而非熟练劳动转化为熟练劳动，需要投入大量的教育和培训费用，这种投入也是一种资本投入。比如说出钱让工人培训 6 个月，同样的钱也可以用来买机器、买设备、建厂房；另一方面，机器厂房等有形资本一旦形成，就可以重复取得收益，技术熟练的劳动者也能不断得到较高的收入，与有形资本完全是类似的，因此劳动者的技能也是一种资本，称为人力资本。在总资本中加入人力资本的因素，再来比较美国出口品和进口品的资本含量，他们发现，里昂惕夫之谜消失了。我们也可以把人力资本理论看作是对俄林要素禀赋说的进一步扩展，它将人的劳动技能当作是一种新的生产要素，引入俄林的分析框架中。凡是人力资本比较丰富的国家，这种生产要素就具有相对优势，因此应出口技能密集型产品。

受人力资本理论的启发，经济学家基杰宁提出了第三种解释——技术进展理论，他认为，技术和人力资本一样，能够改变土地、劳动和资本在生产中的相对比例关系。人力资本能够提高劳动生产率，而技术可以提高土地、劳动和资本三者的生产率，或者提高三者作为一个整体的全要素生产率。人力资本是过去对教育和培训事业投资的结果，而技术是对研究和开发投资的结果。因此，技术和人力资本一样，可以看作是一种资本或一种独立的生产要素。通过研究发现，美国运输、电器、工具、化学和机器制造等五个重点出口产业，同时又是出科研成果、推出新产品的重点产业，在产品的设计、生产和销售等过程都投入了高水平的技术力量。这就是说，如果把技术看作是一个生产要素，那些注重科研和发展的行业，它的科研密集型产品就具有高度的出口优势，由于技术创新来自对科研和发明创造的投资，因而出口科研密集型产品的国家，一般都是资本相对丰裕的国家。

里昂惕夫之谜的实质是理论和现实的矛盾。在 20 世纪二三十年代之前，生产中投入的要素主要是土地、劳动力和机器设备，其他因素的作用并不明显，要素禀赋说能够对当时的国际贸易作出较好的解释。然而第二次世界大战以后,科学技术、熟练劳动在生产中的作用日益加强,已经成为一种非常重要的生产要素,而这些并没有包含在原有的理论之中,里昂惕夫之谜就反映了这种理论和现实的差距。除了以上几个方面的内容之外,对里昂惕夫之谜的解释还很多,它们或是修改俄林假设的前提,或是在俄林的分析中引入新的生产要素,总之都使要素禀赋说更加丰富、实用、立体化和动态化了,从而为国际贸易理论迎来了一个新的发展阶段。

丹尼森残差

　　在整个 20 世纪 50 年代，美国经济的增长率远远低于西欧和日本，这引起了美国国内的不安。到了 50 年代末期，经济增长问题在美国成了一个紧迫的"政治问题"，引起了全国上下的普遍关注。为了促进美国经济的增长，经济学界开始着手分析经济增长的来源问题，希望能从中找到美国增长率低下的原因。在这方面，丹尼森作出了突出的贡献，成为对经济增长"最有卓见分析"的经济学家之一。

　　丹尼森对经济增长问题的研究，跟他的经历有关。1941年获得哲学博士学位后，丹尼森即进入美国商务部工作，曾任商业经济学室助理三任。他在商务部工作了 21 年，接触了国内外大量的经济资料。1962 年，丹尼森出版了他的第一本专著：《美国经济增长的原因和我们面临的选择》，破天荒地提出了增长核算的问题，这使他声名鹊起。同年，丹尼森离开政府部门，到华盛顿的布鲁金斯研究所任高级研究员。

所谓增长核算，就是研究影响经济增长的各个要素，并分别确定它们对经济增长的贡献。《美国经济增长的原因和我们面临的选择》这本书，就是丹尼森根据历史资料，对美国经济增长进行核算的结果。在核算的过程中，丹尼森发现，国民产出的增长，有很大一部分不能用资本和劳动的增长来解释。这就是说，经济的实际增长幅度，在扣除了资本的贡献和劳动的贡献之后，总有一部分剩余。以美国为例，1929—1948 年的19 年间，美国国民收入的年平均增长率是 2.9%，其中，只有48%是资本和劳动增长的贡献，其他 52%的增长是如何发生的，似乎无从说起，被称为残差。由于这个残差最早是由丹尼森作出了比较完整的解释，因此，我们称之为"丹尼森残差"。

残差是怎么产生的？丹尼森指出，残差的背后有三个因素：即规模经济、资源配置和知识进展。这三个因素作用的结果，是提高劳动和资本的生产率，使原来相同的投入，能够带来更多的产出，从而推动经济的增长。在论述规模经济的贡献时，丹尼森继承了斯密的观点，认为经济规模的扩大，最终要受到市场范围的制约。经济规模和市场范围之间存在着某种对应关系，因此可以用市场范围的扩大来表示规模经济的效益。市场可能是世界性的、全国性的，也可能是地区性、地方性的，但不论哪一种情况，经济的增长必然意味着产品市场的扩大。而这又能够提高社会分工的专业化程度，扩大企业的规模，扩展产品的生产过程，使包括零售和批发在内的几乎所有行业，在销售和运输方面进行更大批量的交易。所有这些都有利于扩大就业、降低成本、增加产出。因此规模经济的效益是经济增长的一个重要因素。丹尼森根据测算指出，在美国历史上总产量的增长中，规模经济的贡献约占 10%—15%。

资源配置效率的改进，是指资源从低效率行业转入高效率行业。丹尼森起初主要研究了劳动力配置效率的改进，主要包括两种情况：一是劳动力从农业部门转移到非农业部门；二是个体经营者从自己的企业转移到其他行业中就业。这些劳动力在原来的行业中生产效率低、收入少，转移到其他行业就提高了生产率和收入，使国民收入增加。后来，出于研究西欧经济增长的需要，丹尼森又计算了降低国际贸易壁垒的影响。在《经济增长的因素》一书中，他指出，关税和进口限额都保护落后的行业，少受外来竞争的威胁，使得本来应转移的资源无法流动，得不到有效的利用。这会影响资源的配置效率，进而降低经济的增长速度。西欧共同市场建立起来以后，由于成员国之间逐步取消了关税和进口限额，资源的配置效率得到了改善，因而对西欧的经济增长作出了不小的贡献。

丹尼森所说的知识进展是一个比较综合的概念，它既包括技术的进步，又包括管理的改进。技术进步是指产品制造方法和工艺的创新，而管理则泛指企业的组织技术和管理技术，这方面的改进同样可以降低成本，提高效率。在推动经济增长的因素中，知识进展的作用最大。根据丹尼森的测算，美国历史上的经济增长，知识进展的贡献高达 39%，这是任何其他因素都无法与之相比的。因此丹尼森认为："对于单位投入产出量的持续长期增长来说，知识进展是最大的和最基本的原因。"

丹尼森关于经济核算的研究，开创了以因素分析寻求经济增长对策的先河，在整个 20 世纪 60 年代，赢得了 10 年空前的成功。他所创立的分析方法，曾被应用于世界上的许多国家——富国和穷国、资本主义国家和社会主义国家。特别是丹尼森对残差的解释，致使 60 年代美国政府对教育的支出剧增。著名经济学家、尼克松政府的内阁成员舒尔茨对此给予了高度评价，他说："从长远来看，科学知识，以及将它转化为新的更先进的产品和生产方式，的确是推动经济增长的最重要的力量。如果世界主要工业国家在过去两个世纪只是积累资本，而仍然使用 18 世纪的科学和技术，那么，今天的产出、收入和生活水平，恐怕只能是现在实际情况的一个零头。我们将只能靠马匹、驳船和帆船进行运输，只能从水力驱动的工厂得到少量的动力。我们将没有任何冷冻食品和电力照明，没有人造材料、炼油厂，或者铝合金冶炼厂，没有抗生素、X 光设备或者无菌生产设备，没有杂交水稻和农业机械。确实，如果没有科学知识方面的进展，本来能够进行的有效益的投资，可能很早就萎缩了；本来能够达到的产出，我们根本就无法获得。"

经济学定理

经济学定理，是经济规律的理论提炼与表达。200 多年来，一代代经济学家呕心沥血，终于从复杂纷繁的经济生活中，抽象出了一些对世界具有普遍解释力的理论（定理）。而这些定理一经确立，经济学家也就具备了观察与分析经济问题的参照系。

配第—克拉克定理

李嘉图—巴罗等价定理

霍夫曼定理

筱原的基准

科斯定理

配第—克拉克定理

人们最早对经济现象的研究，是从个量分析入手的。以此为基础建立的微观经济学，在很长的一段时间中，一直为西方经济学家所顶礼膜拜。然而，20 世纪 30 年代的大危机，将"看不见的手"的神话击得粉碎，凯恩斯趁机建立他的宏观经济理论，试图为医治危机和解除失业开出一剂药方，并一度获得了空前的成功。不过，凯恩斯的药方也并非屡试不爽，70 年代以来出现的滞胀局面，又宣告了凯恩斯主义的破产。于是，人们便开始在个量分析和宏观分析两个端点的连线上寻找出路，将目光投向社会再生产的中观层次，去探索解决问题的方法和途径，最终形成了一套非常实用的经济理论——产业经济学。配第—克拉克定理就是其中一个很著名的理论。

配第—克拉克定理是对产业结构演化规律的经验性总结，克拉克对这个定理的描述，建立在三次产业分类法的基础之上。所谓三次产业分类法就是把全部经济活动划分为第一产业、第二产业和第三产业。其中第一产业主要是农林牧渔，其劳动对象直接取自于自然；第二产业包括制造业、建筑业等工业部门，是对自然品生产物的再加工。第一产业和第二产业都是有形的物质财富生产部门，第三产业则被解释为繁衍于有形财富生产之上的无形财富的生产部门，即广义上的服务业。有人形容这三个产业的关系就像一棵大树，第一产业如同树根，第二产业如同树干，第三产业则好比茂密的树叶。三次产业分类法的发明者并非是克拉克，而是大洋洲人。在 20 世纪 30 年代初，澳大利亚的一位经济学家费希尔鉴于第一产业和第二产业并没有涵盖所有的经济活动，就把除上述两个产业以外的其他经济活动，统称为第三产业。因此，三次产业分类法的确立，实际上是由费希尔完成的。从 1937 年到 1953 年，克拉克曾长期在当时的澳大利亚政府经济部门任职，因此后来他便继承了费希尔的研究成果，并在搜集和整理若干国家经济资料的基础上，进一步总结了产业结构的演化规律。他发现：随着人均国民收入水平的提高，劳动力首先从第一产业向第二产业转移，当人均国民收入水平进一步提高时，劳动力便向第三产业转移。因而劳动力在产业间的分布状况是，第一产业减少，第二和第三产业逐步增加。这就是所谓的配第—克拉克定理。

关于这个定理，17 世纪的英国经济学家威廉·配第，在他的名著《政治算术》中已经作过描述。配第认为，制造业比农业，进而商业比制造业能够得到更多的收入，比如英格兰的农民，每周只能赚 4 个先令，而海员的工资加上伙食费和其他形式的收入，每周实际要达到 12 个先令，也就是说，一个海员的收入，抵得过三个农民。配第还指出，人口大部分从事制造业和商业的荷兰，其人均国民收入要比欧洲大陆其他国家高得多。这种不同产业间相对收入的差异，会促使劳动力向高收入的部门转移。配第的这种看法，比较直观、朴实，尽管论证并不充分，但已包含了产业间劳动力结构变化的趋势，所以仍很有价值。克拉克本人认为，他的发现只不过是印证了配第的观点，因此将它命名为"配第定理"，后人则把配第和克拉克并列起来，称"配第—克拉克定理"。

继配第、克拉克之后，美国著名经济学家，1971 年诺贝尔经济学奖获得者西蒙·库兹涅茨又从劳动力和国民收入两个方面，对产业结构的演化进行了详细的研究，进一步深化和完善了配第—克拉克定理。库兹涅茨将三次产业分别称为"农业部门""工业部门"和"服务部门"，关于各国劳动力和国民收入在产业间的演变趋势，他认为：第一，农业部门实现的国民收入在整个国民收入口的比重，以及农业劳动力在全部劳动力中的比重，随着时间的推移会不断地下降。第二，工业部门的国民收入比重，大体上是上升的，然而其劳动力比重，大体不变和略有上升。第三，服务部门的劳动力比重几乎在所有国家都是上升的，但国民收入的相对比重却大体不变或略有上升。

配第一克拉克定理只是对产业结构演化规律的经验总结，那么产业结构演化背后的诱因是什么呢？一般认为，第一产业，即农业部门主要向人们提供生活必需品，而生活必需品的需求，有一个重要的特性就是，随着人均国民收入水平的提高，人们对必需品需求的增长速度，要越来越落后于人的增长速度。1875 年，德国社会统计学家恩格尔调查了比利时和萨克森两个国家劳动家庭的生活开支情况，发表了题为《萨克森王国的生产与消费状况》的论文，指出，越是低收入家庭，其饮食费用在整个家庭开支中所占的比重，即恩格尔系数将越高。我们可以据此得出推论，随着收入的增长，人们对农产品的需求将会相对减少。另外从供给的角度看，农业部门技术进步的速度相对较慢，而且，农业生产周期长、不稳定，受自然因素的制约严重，是个天然的弱质产业，在土地规模有限的条件下，其产量很难实现快速增长。这样，供给和需求两个方面作用在一起，必然使农业实现的国民收入的比重减小，劳动力转向其他产业。对第一产业变化趋势的分析，实际上已经从反面说明了第二产业国民收入比重的上升。不过当工业化达到了一定的水平之后，一方面工业部门的扩张会吸纳劳动力就业，另一方面工业技术的迅速进步，以及工业部门资本有机构成的不断提高，又会排斥工业部门本身的劳动力，这两个方面达到了平衡，劳动力的相对比重就会趋于稳定。随着经济的发展，人们对"服务"这种产品的需求无疑将越来越大，有人将这种现象称为消费需求的"超物质化"，这样看来，第三产业国民收入的比重理应上升。由于第三产业本身是劳动密集型行业，所需要的资本规模一般不大，进入这个产业的障碍较少，可以大量地安置就业，因此，它的发展必将带来劳动力比重的上升。

李嘉图—巴罗等价定理

　　19 世纪初，拿破仑在欧洲大陆挥师南北、征战东西，德意志伏在他的脚下，奥地利屈从于他的军刀，土耳其苟延残喘，西班牙唯命是从，俄国沙皇亦步亦趋，大英帝国也被他搞得焦头烂额。为了对抗法国，英国使用金钱和外交手段，组建了反法同盟，这使它军费开支日趋庞大，国库入不敷出。如何解决军费的筹措问题，是课税还是发行公债？英国国会为此展开了激烈的争论。争论的焦点就在于，这两种筹资方式，其经济效应有什么差别，哪种方式对减少居民的消费支出，紧缩国内经济的负面影响更大一些。李嘉图认为，无论是以征税的方式来筹措军费，还是用发行公债的方式来应付支出，其效应都是等价的，即政府选择哪种融资手段，与其最终的经济效果无关。20 世纪 70 年代，美国预期学派经济学家巴罗继承并发展了这一观点，于是后人便称之为李嘉图—巴罗等价定理。

在这两种筹资方式的选择中，以马尔萨斯为代表的一派认为，大量地征税会紧缩国内经济，相比之下，发行公债的负效应可能会更小一些。比如说，每年的军费开支需要 2 000 万英镑，平均每人每年要缴纳 100 英镑，如果采用课税的方式，劳动者就得设法迅速从收入中节约 100 英镑，这无疑会减少消费需求，导致需求不足，带来严重的经济紧缩。然而，如果发行公债，则每个劳动者只需支付这 100 英镑的利息，在年利率为 5% 的情况下，政府只要向每个人增加 5 英镑的税收，也就是说，每个人只需在支出方面节余 5 英镑，即可解决问题。这样一来，劳动者仍像以前那样富足，不会大幅度地减少消费，因此其副作用会更小一些。李嘉图则认为，这纯粹是一种错觉。发行公债与课税的差别，仅在于公债要偿付利息，但利息的偿还，只不过是将一部分人的收入转移给另一部分人，即把纳税人的收入转移给公债的债权人，并不改变英国财富的总量。不论采取哪种方式，英国每年筹集 2 000 万英镑支援其他国家，它自己都会损失 2 000 万英镑。这无疑会减少劳动者的收入，降低个人的消费支出，所以，这两种方式的经济效果是完全相同的。

对于李嘉图的等价定理，我们也可以换一个角度来理解。假定政府决定用公债来代替税收，一方面减税，使每个家庭的收入增加 100 英镑。另一方面，为了弥补税收收入的减少，发行年利率为 5%、偿还期为 1 年的公债，发行公债与减税总额相当，这些公债虽然不是每个家庭都必须购买，但平均到每个家庭头上，仍然是 100 英镑。面对这样的变化，每个家庭的消费支出会作出什么样的反应呢？照李嘉图的观点，由于每个家庭都会意识到，将来政府会用增加税收的方式，偿还公债的本金和利息，因而它们会把因暂时的减税而增加的 100 英镑储蓄起来，以保持原来的消费计划不变。到了第二年，当政府为还本付息而增加 105 英镑的新税时，劳动者正好可以用 100 英镑储蓄的本金和利息缴纳，其原来的消费计划仍然继续保持。由此可见，当政府为某一支出项目而筹措资金时，究竟是增加税收还是发行公债，对消费者来说是无所谓的，其行为不会因公债税收的替代而发生变化。

西方宏观经济学非常重视李嘉图的等价定理，因为宏观经济理论的创始人凯恩斯主张"相机抉择"，就是在需求不足时，政府应采取赤字预算，用发行公债的方式筹措资金，增加政府的支出，带动国内需求的增加；相反在经济高涨时则保持预算盈余，以便抑制通货膨胀。如果李嘉图的等价定理成立，即发行公债和增加税收一样，会带来个人消费支出的减少，那么，政府预算赤字所增加的需求，就会被居民消费的减少所抵消，相机抉择就不起作用了。正是站在反对凯恩斯主义的立场上，美国预期学派经济学家巴罗坚持并发展了李嘉图的观点，他的发展表现在，李嘉图的等价定理面临着一个基本的困难，就是公债的偿还毕竟是未来的事情，也就是说，用公债来替代税收，有一个延期支付的问题，对一些长期公债，比如 10 年期、20 年期的公债而言，延期的时间还是很长的。但每个居民都不会长生不老，如果他们意识到，死亡可以逃避将来的税负，那么消费者从利己的角度出发，必然会在公债代替税收以后，增加现期的消费支出，而不是保持不变，这样，等价定理就不成立了。

为了推广李嘉图的等价定理，巴罗发表了一篇著名的论文——《政府债券是净财富吗？》，文中提出了一个独创性的观点，就是消费者有将一部分财产留给后代的动机，这种动机是利他的。即消费者不仅关心自己的消费，而且关心其子孙后代的消费，这样一来，是由他本人来承担偿还公债本息的税负，还是由他的后代来承担，就没有区别了。比如，由于政府用公债来代替税金，一个消费者在初期减少了 100 英镑的税负，在巴罗看来，即使这个消费者知道自己活不到偿还公债的那一天，也不会增加自己当前的消费。因为这个人是个利他主义者，深知自己的后代要偿还公债的本息，所以他会将这 100 英镑储蓄起来，留给后代，而不是自己将它消费掉。这时，等价定理仍然成立，也就是说，纳税和买公债一样，会减少个人的消费。尽管经过巴罗的发展，等价定理仍然是有问题的。原因就在于，无论是李嘉图还是巴罗，都将消费者作为一个整体，而没有分析其中的结构性因素。比如对那些富人来说，他们的收入很多，在扣除了消费支出以后，还有一些剩余，在这种情况下，如果政府对富人发行公债，然后用所得的收入来接济穷人，就不会减少富人的消费，而增加了穷人的支出，站在全社会的角度来看，发行公债的结果就不是减少消费，而是增加了消费。但等价定理的这一点缺憾，并没有使得它黯然无光，因为它仍然留给我们一些有益的启示，解释了公债的本质。今天的公债，就是明天的税收，它的本金归根到底要用课税的方式来清偿，这一点无论是对内债还是对外债来说，都是适用的。

霍夫曼定理

1765 年，瓦特改良了蒸汽机，以此为标志，第一次工业革命便像飓风一样，横扫整个世界。自然力的征服，机器的采用，轮船的行驶，铁路的发展等等，工业开始以亘古未有的气魄和实力，历史地成为社会经济生活的主体，充当起引导和推动国民经济发展的"火车头"。于是，工业化成了许多国家梦寐以求的目标。然而，回顾一下西方国家工业化的历史，英国的工业化花费了近 100 年的时间，美国用 70 多年走完了工业化的历程，而作为后起之秀的日本，1955 年还被贫穷所困扰，但经过短短 20 多年的时间，弹指一挥，便跻身世界经济强国之列，超越了工业化的阶段，进入了"后工业化"时期。各国工业化的时间表为什么有如此大的差别？究其原因，跟人们对工业结构的认识不无关系。正如一个优秀的司机，应该熟知汽车的结构和性能一样，要能动地推进工业化的进程，必须对工业结构的演化规律作一番了解。

在西方经济学家中，有一个人曾因对工业结构演化规律的开创性研究而成名，他就是德国人霍夫曼。1931 年，霍夫曼出版了他的《工业化的阶段和类型》一书，该书根据 20 多个国家的经济资料，对制造业中消费资料工业和生产资料工业的比例关系进行了详细的研究。这个比例关系实际上是消费资料工业的净产值与生产资料工业的净产值之比，后人称其为霍夫曼比例。霍夫曼认为，在工业化的进程中，霍夫曼比例是不断下降的，这就是所谓霍夫曼定理。参照霍夫曼比例的变化趋势，霍夫曼本人将工业化进程划分为四个阶段：第一个阶段，消费资料工业的生产在制造业中占统治地位，生产资料工业不发达，霍夫曼比例约为 5；第二个阶段，霍夫曼比例约为 2.5，生产资料工业已经取得了很大的发展，但相对于消费资料工业，仍有很大的差距；第三个阶段，生产资料工业的发展，已经达到了与消费资料工业相当的程度，霍夫曼比例约为 1；第四个阶段，生产资料工业的规模，已经超出了消费资料工业，霍夫曼比例小于 1。霍夫曼关于工业结构演化规律及其阶段划分的理论，在它问世以后 30 多年的时间里，一直保持着广泛的影响。但与此同时，也曾遭到许多经济学家的诘难，正因为这样，才将人们对工业结构演化规律的研究推向了一个新的水平。

需要指出的是，霍夫曼所谓的生产资料工业和消费资料工业，与今天的说法有着很大的不同。在霍夫曼定理提出的年代，消费资料工业基本上是轻工业的代名词，而生产资料工业则是重工业的同义语。那时，重工业和生产资料工业是一致的，重工业的增长直接表现为生产资料工业的增长。然而，时至今日，重工业的产品结构已经发生了变化，重工业产品和生产资料也很不一致了。比如在重工业中居于主导地位的机械工业，其产品就不再仅仅是生产资料，还包括许多消费资料，像汽车、家电等迅速膨胀的耐用消费品，就都是机械工业的产品。追本溯源，霍夫曼对消费资料工业和生产资料工业的划分，实际上相当于今天我们对轻工业和重工业的划分。因此，霍夫曼定理的确切含义应该是，在工业化的进程中，轻工业的比重会逐步降低，重工业的比重则趋于上升。如果我们无视重工业产品结构的上述变化，仍然简单地从字面上去把握霍夫曼定理，那就等于刻舟求剑了。

众所周知，工业革命首先发生在轻工业，主要是纺织业中。随后，重工业在整个工业总产值中所占的比重逐步上升，目前发达工业国家已经达到了 60% 左右，这就是所谓的"重工业化"，这一发展趋势印证了霍夫曼定理。不过，霍夫曼定理毕竟是在 20 世纪 30 年代初提出的，相对于生生不息的产业结构的演化而言，重工业化只是演化过程的第一幕。在重工业化的过程中，产业结构还会发生第二次演变，即无论是轻工业还是重工业，都会由以原材料为中心的结构，向以加工、组装为中心的结构发展。这就是人们常说的工业结构的"高加工度化"。原材料工业与加工组装工业是相对的，纺织对服装、服饰来说，前者是原材料工业，后者是加工组装工业；同样，钢铁、有色金属冶炼工业是原材料工业，以此为原料的各类机械工业则是加工组装工业。由纺纱织布转化为生产服装，由生产木材转化为生产家具，由金属冶炼转化为汽车制造等等，都是工业加工程度不断深化，即高加工度化的表现。例如日本1955年到1975年的20年间，服装工业的发展速度是纺织业的4倍，木器家具业是木材工业的2倍多，机械工业的发展速度是钢铁工业的2—3倍，其工业结构高加工度化的趋势是非常明显的。它意味着工业体系以生产初级产品为主，向生产高级复杂产品为主的阶段过渡，意味着工业结构日趋高级化了。

与重工业化一样，高加工度化也只是工业结构演化过程中的一个阶段，随着工业化的不断进展，工业结构将进一步表现出"技术集约化"的趋势。它不仅体现在工业部门采用越来越先进的技术和工艺，而且体现在以技术密集为特征的尖端工业的兴起，如新材料工业、信息技术、生物工程、航天航空、海洋开发等等。这样，随着工业结构由加工组装向技术集约化的转变，工业的发展将从依赖资金为主，转为主要依靠科学技术，长期困扰人们的环境问题、能源问题等社会公害，就有望得到逐步解决。完成了这个阶段，一个国家就走完了工业化的历程，从"工业社会"进入了"后工业社会"。

筱原的基准

巴顿将军早年曾当过骑兵师的师长，他指挥骑兵可谓是得心应手。然而，随着欧洲军事技术的发展，将军敏锐地意识到，在未来的战争中，装甲部队将发挥更大的威力。于是，他毅然决然地与自己所钟爱的骑兵分手，说服国会去组建装甲部队。在二战中，巴顿就是指挥这支部队横扫整个欧洲，屡建奇功，使他成为二战的英雄。这使人们自然地联想到一个经济学问题：一国经济包括许多产业，但它们的发展也是不平衡的，其中的新兴产业"战斗力"很强，而一些"夕阳产业"则正在逐步走向没落，如果我们能像巴顿将军用装甲部队取代骑兵那样，对新兴产业加以引导和扶持，同时加快对"夕阳产业"的调整，无疑可以提高国民经济增长的速度和效益。而这一点，正是产业结构政策追求的核心目标。

在西方世界，产业结构政策最早出现于日本。20 世纪 50

年代中期，战后的日本经济迎来了一个转折时期，工农业生产基本上摆脱了第二次世界大战后所处的窘境，并全面恢复到日本有史以来的最好水平。这样，日本经济就面临着一个如何选择发展战略的问题。自明治维新以来，一直以追赶欧美发达国家为梦想的日本，怎样才能加快其经济增长的步伐，以实现其夙愿呢？当时有一种见解认为，日本经济落后，劳动生产率低下，不仅是工艺、技术和管理水平不高的结果，而且也是产业结构的后进性所致。1957年，日本政府发表的《产业合理化白皮书》，明确表达了这种观点，指出，"打破我国产业结构的后进性，将它提高到国际先进水平"，是产业结构合理化的目标。应从推动产业结构合理化转变的过程中求效益、求速度。在此之后，日本经济快速发展，引起了西方经济大国的广泛关注。一方面，强大起来的日本经济，将优质、廉价的各种商品大量倾销于西方各国市场，这自然要遭到欧美各国的白眼，以至于许多人对日本政府执掌产业政策的通产省冠之以"臭名昭著"这个贬义词，以示不满；而另一方面，在这些国家的官员中，对"促进和诱导"日本经济发展的"产业政策"，又抱有难以掩饰的羡慕之情。于是，"产业结构政策"这个名词开始为西方各国所普遍接受，合理地规划自己的产业结构，也就随之成为许多国家经济政策的核心内容之一。

在规划未来的产业结构时，要想详细地确定各部门、各行业的规模，实际上是难以做到的。而且，对于经济发展的各种可能，比如科学技术的进步、消费需求的变化等等，人们是无法准确预料的。在这种情况下，产业结构的规划就不可能也没有必要作得太细。真正有意义的是，一要肯定产业结构中、长期的演变趋势和方向，二要明确带头的先导性产业部门，即所谓战略产业。由战略产业的发展来带动国民经济各部门的增长。那么，如何选定战略产业，也就是说，战略产业的选择基准是什么呢？日本经济学家筱原三代平最早在这方面进行了开创性的研究。1957年，筱原在一桥大学《经济研究》杂志第8卷第4号上发表了题为《产业结构与投资分配》的著名论文，提出了规划日本产业结构的两条基准：一是收入弹性，二是生产率上升率。这两个指标都比较高的产业，在未来有着广阔的发展空间，应该被列为战略产业。于是，后人将这两个指标并列起来，称作"筱原的基准"。

所谓收入弹性，就是在价格不变的前提下，某一产业产品的需求增长率与人均国民收入的增长率之比。比如，当人均收入增长了10%时，如果饮食费用增长了5%，耐用消费品的支出增长了10%，而用于学习和娱乐的费用增长了15%，那么，根据以上收入弹性的定义，食品的收入弹性是0.5，耐用消费品的收入弹性是1，学习和娱乐开支的收入弹性是1.5。筱原指出，那些产品的收入弹性比较高的产业，随着经济的发展，其产品的需求将会快速增长，因而它就有可能在未来的产业结构中占据更为重要的地位。如果说收入弹性这个指标，是从产品的需求角度来确定战略产业的，那么，生产率上升率这个指标，则是突出了战略产业供给方面的特点。一般来说，在国民经济的各个产业部门中，生产率上升的速度是不同的，那些生产率上升较快的产业，其生产费用的降低也较快。这样，资源就会向这个产业流动，该产业就会在国民经济中占据越来越大的优势。影响生产率上升率的因素很多，其中具有决定意义的是科学技术的进步，因此，所谓生产率的上升率，主要是指技术进步率。人们通常用剩余计算法来测定它，即在总的经济增长率中，扣除劳动增长的贡献和资本增长的贡献，剩余的部分就是技术进步率。比如，一国某一时期的经济增长率是6%，其中有1%是劳动增长的结果，2%是资本增长的贡献，那么技术进步率就是3%。应该指出的是，收入弹性和生产率上升率是相互联系的，对于战略产业的确定来说，这两个指标缺一不可。从供给方面看，如果仅有较高的生产率上升率，而没有较好的销售为基础，那么，生产率的上升最终将受到抑制。反过来，从需求方面看，如果一个产业，其产品具有较高的收入弹性，但由于受技术条件的制约，生产却很难随着需求增长而扩大，那么，该产业也将无法成为未来的主导产业。筱原所提出的这两条基准，具有普遍的指导意义，曾对日本战后的产业结构调整起过重要的指导作用，也的确收到了令人瞩目的成效。

实践证明，合理地确定战略产业，并采取措施，适时推动产业结构的转换，对一个国家经济的发展是十分重要的。在这方面，日本的成就可以说是有口皆碑。与日本相反，英国曾是世界第一经济强国，但由于英国政府没能未雨绸缪，迅速地将产业结构的重心从纺织业转向重工业，特别是转到机械工业上，致使英国丧失了可贵的经济发展机遇，从 20 世纪 20 年代起开始沉沦，经济长期陷入停滞状态，后人称这段历史为"20 年代黑暗的英国"。

科斯定理

在当今国际顶尖级经济学家中，唯有美国芝加哥大学罗纳德·科斯教授的成就能同时征服整个经济学界和法学界。虽然与那些著述丰厚的学者相比，科斯谈不上"硕果累累"，终其一生，他只发表过 18 篇文章，然而正是这 18 篇文章中的两篇：《企业的性质》及《社会成本问题》，为他赢得了国际声誉：1991 年，瑞典皇家科学院把诺贝尔经济学奖的桂冠授予了他，表彰他对产权问题研究的重要贡献。

科斯教授产权理论的核心，就是用他的名字命名的"科斯定理"。那么，何为"科斯定理"？让我们先来看一个经常发生在我们身边的例子：一个工厂在给社会创造财富的同时，也带来了环境污染，它的烟囱每天冒出滚滚的黑烟，使得 5 户居住于工厂附近的居民深受其害，他们晒在外面的衣服经常被熏得又臭又脏，如果按照最低损失计算，每户人家起码损失了

75 元，从而 5 户的损失总共为 375 元。5 户居民对此非常不满，他们联名请求，呼吁政府出面干预，那么，政府此时应采取何种对策呢？

在科斯之前，英国经济学家庇古曾提出过解决此类问题的方案。庇古最早注意到经济生活中的外部影响问题。即一个经济主体的活动对其他经济主体带来的利益或损失。如果带来利益，则叫作"外部经济性"；如果带来损失，则叫作"外部非经济性"。前者的标准例子是果园旁边的蜜蜂养殖场，蜜蜂在果园里四处飞舞采集花蜜，不仅使养殖者得到收益，而且也为果树传播了花粉，从而提高了果园的产量。后者的标准例子是沿着同一条河建立的化工厂与养鱼场，化工厂排放的废水给河流带来了污染，使下游的养鱼场产量下降。因此，化工厂给养鱼场带来了损失，产生了外部非经济性，而且化工厂的产量越大，给养鱼场带来的外部非经济性亦越大。庇古认为，外部影响的产生来自于私人效益与社会效益、私人成本与社会成本的差异。而从社会的角度，要使整个社会的资源配置达到最优即最有效率的状态，就必须令市场价格等于社会成本。否则就会使产品的生产量低于或高于最适水平。因此，在外部经济性的情况下，国家应给予当事人（如蜜蜂养殖者）津贴，使私人效益与社会效益相等，以鼓励其发展。相反，在外部非经济性的情况下，国家应对当事人（如化工厂）课以税负，使私人成本与社会成本相等，以抑制其发展。这就是西方传统的关于解决经济活动的外部影响特别是污染问题的"庇古方案"。

但科斯教授并不认为这种分析问题的方式和解决污染的方案就是最好的。用我们开始所举的例子来说，既然工厂烟囱放出的黑烟使 5 户居民总共损失了 375 元，那么，按照庇古的方案，国家就应该对工厂征收 375 元的税款，以便补偿居民晒衣服的损失。但是，这并不是一个最优方案，假定现在还有两个解决污染问题的办法：一是给每户居民提供一台价值 50 元的烘干机，使他们不需要去晒衣服。则购买 5 台烘干机的总费用为 250 元。二是在工厂的烟囱上安装一台除尘器，其费用为 150 元。显然，从治理污染所付出的成本来看，这两种方案都比庇古方案节约。因此，政府对造成污染的人征税或对受到损失的人进行补贴并不是最好的方法，最好的办法应该是成本最低、资源浪费最少的办法。在上述例子中，给工厂烟囱上安装除尘器无疑是最有效率的解决方案。

政府用什么方法才能让安装除尘器这个理想结果得以实现呢？科斯教授指出，其实很简单，政府既不必去亲力亲为，也不必去硬性要求当事人。只要你在法律上把经济物品的产权，即物品的使用、处置和收益权界定清楚，那么，无论给工厂排放烟尘的权利，还是给予 5 户居民晒衣服不受烟尘污染的权利，只要工厂与 5 户居民在有关治理办法上的协商费用为零，那么，双方进行自由选择的结果，必然是在烟囱上安装除尘器。为什么会如此？因为，如果把排放烟尘的产权给予工厂，即工厂有权排放烟尘，那么，5 户居民便会联合起来，共同给工厂安装一台除尘器，因为除尘器的费用低于 5 台烘干机，更低于晒衣服受到的损失。如果把晒衣服不受烟尘之害的产权给予 5 户居民，那么，二厂便会自动给自己安装除尘器，因为在居民具有不受污染之害的权利下，工厂有责任解决污染问题，而在两种解决办法中，安装除尘器的费用较低。因此，科斯宣称，只要通信、谈判、签约、保证等等交易费用为零，政府明确界定产权，然后听任有关各方在市场上自由地进行交易（或协商），那么自由的市场机制便能导出最有效率的结果。这一结论，就是"科斯定理"的全部内涵。

尽管科斯定理已经得到西方经济学界乃至社会各界的普遍认同，但它的应用价值近年来却不断受到人们的怀疑与挑战。因为现实生活中的交易（协商）费用根本不可能为零。这个假设条件不成立，科斯定理所预期的最有效率的后果当然不会在现实中出现。即便是交易费用为零，社会上存在的自私自利、投机钻营、"搭便车"等"策略性行为"，也会使科斯定理所指出的最优状态难以实现。这些疑问，都值得人们在研究产权问题时予以特别注意。

曲线与模型

自马歇尔肇始，经济学家通常喜欢用一些几何曲线或模型描述经济学原理，因为曲线与模型的使用，不仅使抽象的理论变得直观，而且让复杂的现象变得简单。拉弗曲线、菲利浦斯曲线、哈罗德—多马模型、二元经济模型等反复被人们引用，正是因为它们直观而简单。

拉弗曲线与税率"禁区"

菲利普斯曲线

马克西—西尔伯斯通曲线

哈罗德—多马模型

二元经济模型

拉弗曲线与税率"禁区"

    20 世纪 30 年代的大危机促成了凯恩斯主义，其所提出的需求管理政策被西方不少国家长期奉为"国策"。但是，"玫瑰色的繁荣期"过去后，"服用"凯恩斯药方的国家却纷纷得了相同的后遗症："滞胀"，即经济停滞与通货膨胀并存。这一令人头疼的现代顽症弄得各国政府顾此失彼，进退两难：如果继续按照凯恩斯的主张刺激需求，那么，就要设法增加政府收入，提高税率和实行更大的赤字预算，这将使通货膨胀更加恶化；如果与凯恩斯政策决裂，采取紧缩措施以抑制通货膨胀，又会导致生产失去引诱力而萎缩，最后造成经济衰退。在这种情况下，如何医治"滞胀"这个恶疾，便成了现代西方经济学家研究的重点。在这其中，南加利福尼亚商学院研究生院教授阿瑟·拉弗提出的"拉弗曲线"理论因被里根政府采纳而轰动一时。

    有一则逸闻谈到"拉弗曲线"的诞生：为了说服当时福特

总统的白宫助理切尼，让他明白只有通过减税才能让美国摆脱"滞胀"的困境，宴会上的拉弗即兴在餐桌上画了一条抛物线，以此描述高税率的弊害。他指出，当税率提高到一定程度后，不仅增加财政收入的愿望要落空，而且也使通过刺激需求来刺激生产的初衷适得其反，最终导致经济衰退与通货膨胀并存。这个理论得到同来赴宴的《华尔街日报》的副主编贾德·万尼斯基的极大赞赏，他利用记者身份在报纸上大肆宣传，很快便使减税的主张博得社会各界的认同，"拉弗曲线"的影响从此遍及欧美大陆。

拉弗全面否定了凯恩斯的需求管理政策，指出正是由于人为地、经常地刺激需求，使物价不断上涨。这一方面带来了严重的通货膨胀，另一方面又削弱了社会购买力，致使经济增长缓慢甚至停滞。因此，他认为，应该刺激的恰恰不是需求，而是供给。企业家之所以扩大生产规模，主要的诱因还是利润，特别是除去纳税和各种杂费之后的净收益。因此，对收入增加部分所课的税率，对企业主考虑扩大投资规模是否合算，是一个举足轻重的关键因素。所以，政府应该确定一个合理的税率，使其既刺激企业主投资，又不会减少政府太多的收入。这便是"拉弗曲线"致力于说明的内容。

如果在纸上画一个开口朝下的抛物线，令抛物线的高度表示税收，两个底端的连接线表示税率，再把这横竖两条直线交叉成一个直角坐标，这便构成了一个标准的"拉弗曲线"，它表明了税收与税率之间的关系：当税率为零时，税收自然也为零。而当税率上升时，税收额也逐渐增加。当税率增加到一定点时，税收额达到抛物线的顶点，这就是最佳税率。如进一步提高税率，则税收额将会减少，因为税率过高使企业只有微利甚至无利，于是他们便会心灰意冷，纷纷缩减生产，使企业收入降低，从而削减了课税的基础，使税源萎缩。当税率达到100%时，就会无人愿意投资和工作，政府税收也降为零。

可见，税收并不是随着税率的增高总在增高，当税率高过一定点后，税收的总额不仅不会增加，反而还会下降。因为决定税收的因素，不仅要看税率的高低，还要看课税的基础即企业收入的大小。过高的税率会削弱经济主体的活动，从而缩减了课税的基础，最终导致税收总额的减少。因此，高税率不一定有高税收，而较低的税率反而可以获得最大的税收。拉弗把超过最佳税率点的部分称为"禁区"，认为当税率进入禁区后，降低税率是政府刺激生产、鼓励投资，从而增加税收的唯一可行政策。

拉弗进一步指出，美国当时的税率已高得使私人企业只有削减生产，而政府要增加收入以扩大开支，又不得不使这个高税率再提高，于是，政府税收不但没能增加，反而继续下降。因为高税率使商品的生产成本增加，净利润减少，从而严重地挫伤了人们的劳动热情；另一方面，高税率致使储蓄下降，而储蓄减少将使利率上升，高利率又使企业投资萎缩，进而导致生产率增长缓慢，出现商品的供给不足。若这时再人为地扩大需求，通货膨胀必因此加剧，从而使投资进一步萎缩，生产更加停滞……因此，根本的出路在于削减政府开支，用大幅度减税的政策代替刺激需求政策，大力降低税率。这样，经过一定时间的阵痛后，政府的税收便会有较大程度的增长。因为税率降低，可使私人企业的利润增加，这不仅可以鼓励私人投资，还可以提高私人企业的投资能力。于是，"经济供给面"将受到刺激，生产增加，征税面扩大，税源充足。虽然就单项产品而论，税收看似减少了，但由于征税的产品数量大大增加，政府的税收总额将远比减税前大得多，这样，既可复兴经济又可改善财政与就业，一举多得。

这个在餐桌上诞生的经济学理论，得到了美国前总统罗纳德·里根的支持。在1980年的总统竞选中，里根将拉弗所阐述的这条曲线作为"里根经济复兴计划"的重要理论之一，并提出了一套以减少税收、减少政府开支为主要内容的经济纲领。里根执政后，又任命了一些主张减税的人士进入他的经济管理班子，而其减税的幅度，在美国历史上实为罕见。当华盛顿的大钟敲响了1984年12月31日24点之后，美国政府在回顾四年期间的通货膨胀率连连下降、经济增长出现当时少有的景气时，不少人认为"拉弗曲线"理论立下了汗马功劳。而以拉弗为代表的、主张以大幅度减税来刺激供给从而刺激经济活动的人，便统统被称为"供给学派"。

菲利普斯曲线

"通货膨胀"与"失业",这两把寒光闪闪的达摩克利斯之剑,自 1929—1933 年世界性经济危机后就一直高悬在西方各国政府的头上,令政府当局深为苦恼和不安。自凯恩斯开始,保持充分就业和物价稳定,实现既无通胀,又无失业的理想境界,一直是西方各国政府的一个梦想。但不幸的是,无论经济学家如何煞费苦心,他们也没能帮助政府梦想成真:失业和通货膨胀就像"跷跷板",按下这端,另一端便跷得老高;抚平那头,这头又高居不下。各国政府忙得大汗淋漓,到处访医求药,可似乎也不见有什么效果。难道他们孜孜以求的理想境界只是镜中花、水中月?

不甘心归不甘心,但问题的答案却是无情而令人沮丧的。1958 年,一篇发表在英国《经济学报》上的文章给这一梦想判了死刑。这位严谨而深刻的作者,是伦敦经济学院的教授菲利普斯。他在其《1861—1957 年英国的失业和货币工资变动率的关系》一文中，根据英国 1861—1957 年的统计资料，利用数理统计方法计算出一条货币工资变动率与失业率的依存关系的曲线，这就是后来被西方经济学家奉为替政府提供了"一张政策选择的菜单"的著名的菲利普斯曲线。

菲利普斯曲线其实很简单，在由纵坐标代表通货膨胀率，横坐标代表失业率的平面直角坐标系上，标准的菲利普斯曲线表示为一条从左上方向右下方倾斜、凸向原点、凹口朝上的光滑曲线。这条曲线表明，货币工资变动率与失业率之间存在一种此消彼长、互为替代的逆向变换关系。在一定限度内，当失业率较低时，货币工资率的增长就变得较高；失业率较高时，货币工资率的增长就变得较低，甚至成为负数。菲利普斯根据他的研究所得出的结论是：在英国，要是能保持5%的失业率，货币工资水平就会稳定；而如果保持2.5%的失业率，货币工资增长率就会超过劳动生产率的增长率。

由于货币工资变动率与物价上涨率相关，而通货膨胀率又用物价上涨率来表示，因此菲利普斯曲线事实上描绘了通货膨胀与失业之间的关系：即当失业率较高时，通胀率便较低；而当失业率上升时，通胀率便会下降。失业和通货膨胀的"跷跷板"关系是与生俱来、无法克服的，政府必须认清现实，丢掉幻想，做自己力所能及的工作，即努力使两个"痛苦指数"都保持在社会可以接受的安全范围之内，便是政府作出的最大贡献了。

而为何通胀与失业之间会存有此消彼长的关系呢？用下面

这个实例来说明一些问题：如果假定劳动生产率每年递增 2%，因此，当工资增加 2% 时，不会使产品成本增加，从而不致使物价上涨，即年物价变动率为零。但当工资变动率超过 2% 以后，就会引起物价相应地上涨。即工资增加 3%，物价上涨 1%；工资增加 4%，物价上涨 2%。而工资上涨，就意味着对劳动力需求的增加，失业率减少，反之则相反。因此物价的变动率与失业率之间有着此消彼长的"交替换位"关系。这就好像是一个同时患上肝病和糖尿病的人，如用糖来护肝，则肯定糖尿病会加重；而如果服用医治糖尿病的药，肝的功能又会被损害。因此，最好的办法就是在肝病和糖尿病之间寻求一个平衡点，使两种病都能得到力所能及的控制。美国经济学家萨缪尔森和索罗曾对此做过一个尝试，他们对美国 20 世纪 60 年代以前的有关统计资料进行分析后得出结论：在美国经济生活中，要实现充分就业，即把失业率保持在 3% 或以下，那么，就必须把通货膨胀率控制在 4%—5% 以内的水平。

看来，菲利普斯曲线的确是一个十分有用的工具，根据它所反映的失业率与通货膨胀率之间的关系，政府可以有意识地运用财政金融政策和收入政策，在失业率、工资变动率和通货膨胀率三者之间寻找平衡点，从而在一定范围内选择社会经济可以接受的通货膨胀与失业率的组合。寻求通货膨胀与失业的平衡组合，关键是要首先确定通货膨胀和失业率的最高临界值，而这两个临界值通常都是由各国政府根据本国具体情况确定的。在 20 世纪 60 年代的美国，经济学家一般认为 3%—4%的通货膨胀率和 3%—4%的失业率就是"社会可以接受"的临界值，在这个界限之内，政府可以任其存在。但如果超过了这个界限，政府就必须立即运用财政政策和货币政策予以调节。让我们举一个例子，假定 3%的失业率和 3%的通货膨胀率是临界值，当失业率为 5%，便被认为是出现了社会不能接受的过多的失业，因而需要立即实行松弛的财政政策和货币政策，以扩大需求，增加就业；当通货膨胀率为 5%，又被认为是出现了社会不能接受的过高的通货膨胀，因而需要立即实行紧缩的财政政策和货币政策。如果用菲利普斯曲线来指导政府的宏观调控，那么就要求政府运用财政金融政策，以临界值为中心去调节社会总供求，并在两难中权衡利弊作出选择：或者以较高失业率去换取较低的通货膨胀率，或者以较高的通货膨胀率去换取较低的失业率。

20 世纪 70 年代以后，菲利普斯曲线所表现出来的交替关系开始恶化。曲线的位置向右上方移动，这种上移的菲利普斯曲线表明：要压低失业率，必须付出比以前更大的通货膨胀率的代价。另一方面，随着西方国家的经济陷入"滞胀"，菲利普斯曲线又出现了失灵的情况，即曲线并不是向右上方移动，而是与横轴垂直，即无论通货膨胀率提高到什么程度，失业率也不下降。这一新情况的出现，不能不承认菲利普斯曲线当前正面临着严峻的挑战。

马克西—西尔伯斯通曲线

　　1959 年，英国学者马克西和西尔伯斯通共同出版了《汽车工业》一书，该书依据当时的生产技术和工艺水平，研究了汽车生产线的平均费用和产量之间的关系。指出，当汽车年产量从 1 000 辆增加到 5 万辆时，单位成本将下降 40%，从 5 万辆增加到 10 万辆时，单位成本下降 15%，从 10 万辆增加到 20 万辆时，单位成本下降 10%，从 20 万辆增加到 40 万辆时，单位成本下降 5%。根据这一变化趋势，马克西和西尔伯斯通描绘了一条汽车生产成本随产量不断下降的曲线，这就是举世闻名的马克西—西尔伯斯通曲线。实际上，马克西—西尔伯斯通曲线不仅适用于汽车产业，而且适用于很多其他的工业部门，它的经济含义是，大规模生产具有规模节约的特点，即人们常说的规模经济。

　　形成规模经济的原因，从根本上说是由于生产活动的"不可任意分割性"。任何的生产设备和生产活动，都必须在加工对象达到了相当的数量之后才能进行。不可想象，一个上万立方米容积的高炉，仅为生产几吨铁而启动，这种带有不可分割性的生产活动要取得效益，客观上必然要求一定的规模做支撑。具体地说，大规模生产带来的好处，可以从以下三个方面得到解释：首先是技术、工艺上的原因。大批量生产体系的发展，必定是同采用更先进的工艺，使用更大型、高效率的设备相联系的，这无疑会降低平均费用。这种情况在化工、石油、钢铁、水泥等所谓的装置产业表现得最为明显。其次，大规模生产有利于实现生产过程的标准化、专业化和简单化。古典经济学的开山鼻祖亚当·斯密在论述专业化分工时，曾援引过一个著名的例子："一个劳动者一天难以生产一根针，但多数的人分工进行生产，一天每个人能生产 4 800 根针。"是分工前的 4 800 倍。而且，从产品、工艺到管理过程的标准化、专业化和简单化，使生产对熟练工人的依赖程度降低，使得专用工具、生产线和流水作业的采用成为可能。最后，大规模生产有利于原材料的节约和利用。以火力发电机组为例，35 万千瓦机组的热效率为 5.5 万千瓦机组的 1.47 倍，重油消耗定额可下降 26%；60 万千瓦机组，其热效率为 5.5 万千瓦机组的 1.54 倍，重油消耗定额可下降 28%。不过，应该注意的是，规模扩大带来的"经济"，即平均成本下降的趋势，并不是无限的。规模达到了一定的程度，如果继续扩大生产，规模经济就不再出现了。而且，不伴随着技术、工艺的进步，没有分工、协作及"三化"的进展，单有批量的加大，规模经济也是无法取得的。

实现规模经济，主要依靠两个方面的努力：一是充分实现生产和管理过程的标准化、专业化和简单化，发挥分工和协作的效益；二是通过企业间的合并和联合，增强企业实力，不断进行技术和设备的更新改造，扩大产出规模。如果说前者是实现规模经济的组织与管理条件，后者则是物质和技术条件，他们都是取得规模经济所不可缺少的。企业联合的方式很多，归纳起来说，不外横向联合和纵向联合两种基本类型：横向联合就是把经营同类商品的企业合并在一起，实现企业的资产扩张，扩大市场占有份额；纵向联合则是将处于生产工艺过程不同水平的企业合并，通过将连续加工生产统一起来，获得所有产品的效益，即"全产品生产线效益"。大量的研究表明，不同行业的生产技术和工艺流程不同，企业联合的形式和途径也有很大差别，在钢铁、石油、化工等装置工业中，最适于"一贯制"，即从原料到成品生产集中在一个企业中的纵向联合方式。而在食品、服务等行业中，横向联合的方式则较为多见。值得注意的是，企业联合，不一定非要形成一个经济实体，很多时候，"企业系列"在利用规模经济方面也有不俗的表现。所谓企业系列就是，许多中小企业围绕着一个实力雄厚的大公司，或者经营上比较稳定、技术上具有专长的优良企业，通过资金、技术和其他方面的业务联系，形成一种松散的、多层次的依赖关系。比如汽车工业，需要 20 000 多个零部件才能组装为成品，就可以采用企业系列这种方法，对这些零部件实现分散的专业化生产。尽管许多中小企业的规模不大，但由于产品简单，品种不多，因此无碍于规模经济的利用。同时，它们以大企业为中心，还可以在资金、信息和技术方面获得许多便利，从而弥补企业规模较小的不足。

充分享有规模经济，对提高一个企业乃至一个国家的经济实力，都有非常重要的意义。在这方面，日本的成就可谓举世瞩目。第二次世界大战结束以后，在美军占领期间，日本推行了一系列"经济民主化"措施，其中包括"解散财阀"和"禁止垄断"等内容，从而造成了日本中小企业丛生的局面。但日本政府很快注意到，这样一种市场结构，虽然可以维持充分的竞争性，但由于企业规模过小，不利于发挥规模经济，也不利于提高日本企业在国际上的竞争力。因此，从 20 世纪 50 年代中期开始，日本政府逐步将产业组织政策的重心，转移到促成发挥企业规模经济这个议题上。尤其是在有些战略产业中，由政府进行强烈干预，甚至制定有关法律，强制性推动企业兼并、联合，建立专业化的协作体系。很多学者认为，这一着棋，是日本经济迅速发展，以至跻身世界经济大国之列的重要秘密之一。

哈罗德—多马模型

把经济增长作为一个专门的、独立的研究领域，是从英国经济学家哈罗德和美国经济学家多马开始的。在此之前，经济学家还没有给经济增长理论另立门户。

经济增长早就被人们所关注，但增长理论的确立却一波三折。从 19 世纪下半叶到第二次世界大战前期，西方经济学家恪守着萨伊的信条，即任何人卖是为了买，因此，供给能够自动创造等额的需求。生产过剩的危机永远不会出现，经济的稳定增长可以自动地趋于实现。于是，经济学家们便把眼光转向了微观领域，着重研究资源配置的问题，即怎样把土地、劳动和资本这些有限生产要素，有效地分配到各种用途上去。这一时期的经济学，被研究经济学说史的专家们称为"新古典经济学"。

新古典经济学的乐观情绪，被 1929 年的大危机一扫而光。

面对着空前严重的失业和经济萧条，人们不得不放弃萨伊的教条，寻找解决危机的新的经济理论。1936 年，英国经济学家凯恩斯出版了他著名的《就业、利息和货币通论》一书，提出了一整套克服萧条的理论，对西方经济生活产生了重大的影响，人称"凯恩斯革命"，宏观经济学应运而生。不过，凯恩斯的理论也有缺憾，他的分析是短期的、静态的。在他的理论世界里，人口、资本和技术都不能变动，事实上，从长期来看，这都是些可变的因素。因此，凯恩斯虽然可以解释短期的经济萧条，但对说明长期的经济增长无能为力。

凯恩斯理论的这个缺憾后来由他的学生——哈罗德给予了弥补。哈罗德早年毕业于牛津大学，后转入剑桥大学，在凯恩斯的指导下从事经济研究，成为凯恩斯的门生。哈罗德不愧是一位出色的学生，他继承了老师的衣钵，又发展了老师的理论，把凯恩斯的分析长期化、动态化，从而开创了经济增长理论的先河。1939 年，哈罗德发表了《论动态理论》一文，对长期的经济增长进行了考察，并在 1948 年出版的《动态经济学导论》一书中，在理论上进一步加以系统化。几乎与此同时，美国经济学教授多马也进行了类似的研究，并建立了一个与哈罗德非常相似的模型，后人将它们合二为一，称为哈罗德—多马经济增长模型。

哈罗德和多马的经济增长模型，分别利用不同的假设，试图说明一个共同的问题：什么条件下的经济增长，既能保证充分就业，又不会导致通货膨胀，而且能够长期、稳定地持续下去。为此，他们使用了三个增长率：

实际增长率。实际增长率是经济运行的客观结果，它是两个因素相乘的结果：一个是储蓄率，另一个是投资效率系数。一个国家的国民产出，可以分为两部分，一部分被当前消费掉，另一部分被节省下来，被称为储蓄。储蓄在国民产出中的比重，就是储蓄率。投资效率系数代表着投资的效果，在一个相当长的时期内，可以看作是一个稳定的常数。假设一国的储蓄率是 20%，投资效率系数为 0.25，则我们可以预计，该国经济的实际增长率是 5%。

有保证的增长率。这一增长率是从凯恩斯的理论引申而来的。在凯恩斯的理论中，经济要实现稳定增长，需要满足一个重要的条件，就是储蓄等于投资。理由是如果储蓄太多，消费不足，企业的产品必然会出现积压，企业就会压缩生产，致使经济走向萧条；反之，如果储蓄不足，消费旺盛，企业的产品就会供不应求，企业就会扩大生产，从而使经济走向高涨。只有储蓄等于投资，企业的生产既不扩大，也不缩小，经济的稳定才是有保证的。在这种情况下实现的经济增长率，就是有保证的增长率。

自然增长率。有保证的增长率强调储蓄和投资的相等，实际上是突出了资金对经济增长的影响，并没有考虑就业和技术进步的作用。自然增长率则是"人口增长和技术进步的范围内所允许达到的增长率"，是适应人口增长和技术进步，实现充分就业所需要达到的增长率。假如一国的人口按1%速度增长，技术进步使劳动生产率按2%的速度增长，该国经济的自然增长率就是3%。

有了以上三个增长率，哈罗德进一步分析了经济稳定增长的条件。首先实际增长率必须等于有保证的增长率。如果不等，必然是经济的不稳定。比如说，实际增长率低于有保证的增长率，这时企业投资的动力减弱，投资额减少，经济必然会走向萧条。而且，经济越萧条，企业的投资越少，从而出现连锁反应，导致实际增长率不断降低。这很像一辆汽车在沙地上行驶，如果低于某一特定的速度，车轮就会陷入沙土中，车速越慢，陷得越深，直到开不动为止。反过来，如果实际增长率高于有保证的增长率，经济就会走向持续高涨，两个增长率之间的差距越来越大。

从长期来看，哈罗德认为，考虑到人口增长和技术进步，只要求实际增长率等于有保证的增长率是不够的，还必须使实际增长率等于自然增长率。理由是，如果实际增长率低于自然增长率，说明投资的增长低于人口的增长和技术进步的速度，从而会造成失业；反之，如果高于自然增长率，就会造成劳动力短缺，机器设备不能充分利用，致使生产能力过剩。因此，经济增长要保持长期稳定，就必须满足以下条件：实际增长率＝有保证的增长率＝自然增长率。这时，既不会出现失业，也没有通货膨胀。而且，储蓄全部转换成投资，资本的积累恰好与人口增长和技术进步的步调相协调。如果这样的情况果真出现了，那将是经济增长的"黄金时代"。

哈罗德为其稳定的经济增长提出了一个条件——十分苛刻的条件。然而问题在于，满足这个条件的增长路线真的存在吗？如果存在，经济真正沿着这条路线增长的可能性又有多大呢？哈罗德的理论问世以后，人们纷纷提出质疑。罗宾逊指出，哈罗德的理论所描述的"是一个没有历史的世界……也是一个没有政治的世界，在这个世界中，没有利益的冲突……"甚至连哈罗德本人也承认，以上三个增长率之间并没有内在的联系，它们往往是不相等的，相等的情况只是一种"侥幸的偶然"。而且，这种偶然根本不可能稳定下来，一旦出现了细微的背离，与均衡状态的差距就会越来越大。看来，经济长期稳定增长的路线是如此的狭窄，以至于一些经济学家称之为"刀刃"上的增长。

二元经济模型

西方经济学界中最早提出系统的人口流动理论的，是著名的黑人学者刘易斯。他早在 1954 年以《无限劳动力供给条件下的经济发展》为题写成文章，论证了劳动力由乡村向城市转移的问题。该文后来成为现代经济学家经常引证的经典文献之一。甚至到今天，发展经济学的大部分内容仍可说是对刘易斯在此文中提出的"二元经济结构"模型的进一步阐述。1979 年，刘易斯因对发展经济学所作的卓越贡献而与西奥多·舒尔茨分享了诺贝尔经济学奖。

刘易斯认为，劳动力从农村流向城市，本身即为经济发展的一个重要标志。劳动力从传统农业中释放出来，重新配置到城市工业部门，使城乡的产业有了明显分工，这既促进了工业化，又促进了城市化，还解决了农村的失业问题。因此可以说，工业化的过程，就是农村剩余劳动力向城市工业部门转移的过程，通过这种转移，现代工业得到了扩大，而传统农业则相对缩小。由此便可使发展中国家经济增长的速度大大加快。

而为什么劳动力会从乡村大量涌向城市呢？刘易斯认定是发展中国家存在的"二元经济结构"所致。正如位于汪洋大海中的小岛一样，少数城市工业化经济部门，被大量的农村传统部门包围着，这就组成了发展中国家一般具有的"二元经济结构"：一个是仅足糊口的、只能维持最低生活水平的、以土著方法进行生产、自给自足的传统农业部门；另一个是以现代化方法进行生产、技术先进、劳动生产率高、以追求最大利润为目的的城市工业部门。

在农业部门中，存在着只有极低的，低到零甚至负数生产率的"过剩劳动力"。按照刘易斯的定义，"过剩劳动力"就是劳动力中的这样一个部分，把这部分除掉以后，尽管其他生产要素投入不增加，而产出总量却并不减少，甚至还略有增加。这部分劳动力，形式上是就业的，但实际上对生产并未起任何作用，或者只能起极其微小的作用。当这部分劳动力有机会得到其他工作而离开这个部门之后，余下的劳动力可以保持产出总量并不减少。因此，这部分劳动力在这个部门中是过剩的劳动力，或者说，他们处于就业不足或隐蔽的失业状态。在没有失业救济的条件下，这部分劳动力的生活是靠劳动人口自己维持的。

在城市中的现代化工业部门中，劳动生产率自然远远高于农业部门的劳动生产率，从而工人的工资水平远远高于农民的工资水平。工农业工资水平的差异对农村过剩人口向城市转移产生了巨大的吸引力。同时，城市现代工业资本家也愿意雇用这些劳动力，因为他们的工资低，可以赚取更高的利润。这样，两种工资水平的差异，促使"过剩劳动力"由农业部门向工业部门流动，并由此而引起种种经济结果。

在农业劳动力向工业部门转移的过程中，由于农村劳动力充裕，因此其供给是"无限"的，不会发生供不应求的现象。因此，资本家可以把他们的工资始终压低到一个最低生活水平，并保持不变。这样，工业资本家便可以不停地赚取高额利润，然后再把利润转化为资本，使工业生产进一步扩大，以便再增雇新的工人来创造更多的利润。只要农业部门尚有"过剩劳动力"存在，这一过程将反复循环进行下去，直到农业部门的"过剩劳动力"被工业部门吸尽为止。

例如，假定工业部门的最低工资水平是人均 300 元，由于它仍然高于传统家庭农业的人均收入 200 元，因此，前来受雇的农村劳动力络绎不绝。最初，工业资本家只雇用了 10 个劳动力，一个生产周期后，他获得了 6 000 元的总收入，赚取 3 000 元的利润。资本家接着把这笔利润转化为投资，可以增雇到另外 10 个劳动力，此时，总劳动量增加到 20 个。第二个生产周期后，资本家的总收入扩大到 12 000 元，利润随之增加到 6 000 元。他再把这笔利润转为投资，则又会有 20 个新人补充进工人队伍，随着利润的进一步增多，工业部门对劳动力的需求又进一步提高。这一过程反复进行，城市的工厂和就业量将继续增加。这一方面可使工业规模扩大，工业化逐步得以实现，另一方面农业过剩劳动力被吸收，农业劳动生产率逐步提高，农村劳动者的收入将逐步上升，且和工人工资的差距逐渐缩小。这样，工农业将得到协调均衡的发展，其结果是国民经济结构逐渐转变，二元经济结构转变为现代化的一元经济结构。可见，二元经济中的劳动力，是按照最低生活水平决定的一个不变工资，提供给城市工业化部门的。而由于农业中"隐蔽性失业"的存在，实际上有无限的劳动力供给可用于发展工业化，至少在发展初期是如此。当二元经济发展到一个历史阶段时，剩余劳动力的供给将会枯竭，从而工业部门只有令工资率上升才能将更多的劳动力从农业中抽出来。这便是刘易斯所论证的工业化发展模式，经济学界一般把它称为"无限过剩劳动力发展模式"或"二元经济结构发展模式"。

后来，美国学者拉尼斯和费景汉两人在刘易斯模式的基础上又作了进一步的分析和推演，指出农业劳动力向工业流动必须有个先决条件，即农业由于生产率的提高而出现了剩余产品，可以为工业化的扩大提供必需的消费资料，从而发展了刘易斯模式。拉尼斯—费模式，把二元经济结构的演变分为三个阶段。第一阶段类似于刘易斯模式，农业部门存在着隐蔽性失业，劳动力的供给是无限的。在第二和第三阶段中，拉尼斯和费景汉注意到，农业部门逐渐出现了生产剩余，这些生产剩余可以满足非农业生产部门的消费，从而有助于劳动力由农业部门向工业部门移动。因此，农业对促进工业增长所起的作用，不只是消极地输送劳动力，还积极地为工业部门的扩大提供必不可少的农产品。

现在，经济学界把这两个模式合称为刘易斯—费—拉尼斯模式。这个模式由于比较简单明白地说明发展中国家二元经济结构变化的一些情况，并突出地论证了经济发展过程中诸如城市工业部门和乡村农业部门在经济结构上的差异；把城乡两个部门连接起来的劳动力转移过程的重要作用；农业劳动力大批转向非农业部门对于改变劳动力就业结构以及对于产业结构现代化、工业现代化以及农业现代化的深远意义等几个重要问题。因此，刘易斯—费—拉尼斯模式作为西方发展经济学中具有分析价值的理论而受到了不少发展经济学家的赞扬。而对于当今大部分第三世界国家所施行的进口替代的工业化增长战略来说，刘易斯模型提供了最好的依据。

最优分配原理

分配事关人们切身利益，不仅重要，而且敏感，故对分配问题，经济学家历来重视。虽然效率优先、兼顾公平已成为人们研究分配普遍接受的准则，但何为检验分配效率最大化的标准，如何使分配效率最大化，经济学家对此却众说纷纭，见解各异。

萨伊的"三位一体"公式

帕累托最优状态

卡尔多—希克斯标准

负所得税方案

奥肯的漏桶原理

萨伊的"三位一体"公式

19世纪初，在西方政治经济学的"王国"里，出了一位"王子"，他就是法国资产阶级政治经济学的主要代表——让·巴蒂斯特·萨伊。

萨伊出生于富商家庭，早年经商，后来到英国求学，接触了英国古典政治经济学体系的伟大创始人亚当·斯密的学说，从此踏上了研究政治经济学的道路。萨伊转向经济研究，对整个萨伊家族都有影响。萨伊的兄弟路易·萨伊、长子豪雷斯·萨伊、孙子里昂·萨伊后来都成了法国有名的经济学家。萨伊家族由此获得了"一个完整的经济学皇朝"的美称。

萨伊最三要的著作是《政治经济学概论》。这部书1803年在巴黎出版，比李嘉图的《政治经济学及赋税原理》要早问世14年。萨伊生前曾再版五次，并译成了德文、西班牙文、意大利文和英文，成为欧洲设有这个学科的大学教科书。《政治经济学概论》法文第四版的编者比德尔曾这样评论这部书：自从亚当·斯密的《国民财富的性质和原因的研究》这一部深奥的独创性著作问世之后，在欧洲出版的政治经济学论著，得到人们普遍注意和受到权威批评家显著称赞的，没有一本比得上萨伊的《政治经济学概论》。

萨伊的《政治经济学概论》，选了一个这样的副题："财富的生产、分配和消费"。他反对把研究人与人之间关系的政治学与研究财富的政治经济学混同起来。在他看来，政治经济学与物理学一样，是一门技术科学，专门研究财富的增长，在剔除了人与人的关系之后，萨伊把政治经济学分为三个相互独立的部分：财富的生产，财富的分配，财富的消费。

对于财富的来源，萨伊不同意斯密的劳动价值论。他认为，物质是一个既定的量，不能增加也不能减少，并非人力所能创造。人力能够做的，只是改变已经存在的物质形态，使之提供以前所不具有的效用，或者扩大原有的效用。效用作为物品满足人类需要的内在力量，是物品价值的基础，人们之所以承认某东西有价值，完全是因为它的有用性。财富就是由各种具有效用的物品组成，因此，创造效用便是创造财富。

既然生产就是创造效用，那么，在生产过程中对效用作出贡献的，不仅有劳动，还有资本和土地。因此，物品的价值，是由资本、土地和劳动这三种生产要素协同创造的。在此基础上，萨伊得出了他的分配理论：既然价值由三种生产要素共同创造，那么，三要素的所有者理应取得相应的报酬，即工人得到工资，资本所有者得到利息，土地所有者得到地租。因为工资是劳动创造效用的收入，地租是土地创造效用的收入，利息是资本创造效用的收入，所以这三种收入便是效用的生产费用，生产费用是对生产三要素进行生产性服务所支付的代价，是它们各自贡献的合理报酬，至于生产费用的价格，则由市场供求决定。这样，萨伊建立了他的三位一体公式：资本—利息，土地—地租，劳动—工资。

萨伊认为，资本、土地、劳动都是生产必需的要素，这些生产要素的所有者，按照各自的动机把要素投向企业进行生产，实际上是以损失该要素的其他用途作为代价的，如资本所有者推迟自己的消费，而将资本交与企业处置，其所得到的偿付便是利息；地主放弃土地的直接经营，因而他应得到补偿，即租金；劳动者为工作割舍了休闲，所以他有权利获取工资，等等。因此，每个生产要素的所有者，当他把其拥有的生产要素投入价值生产过程，实际上就有理由凭借要素所有权，参与产品和价值分配，弥补其损失。同时，萨伊明确指出，利息与利润是两个不同的概念，利润是企业主承担企业资本经营的风险所得，是对他的事业心、才干、甘于冒险的精神品质及高度熟练劳动的报酬。而真正对使用资本所付的租金，则只是利息。

通过萨伊的这一番描述，人们便看到了如下的画面：以

"三分法"为特征的政治经济学体系；以"生产三要素"为核心的财富生产理论；以"三位一体公式"为准则的财富分配理论。这些，就是被尊为"政治经济学王子"的萨伊的经济学说。

值得一提的是，提出效用价值说的人，萨伊并不是最早的一个。18 世纪意大利神父孔迪亚克和加里安尼，就曾对效用是价值的源泉问题作过清楚的表述。再早还可以追溯到亚里士多德。但是，在古典学派的阐释者中，萨伊是第一个用效用价值论代替劳动价值论的人。半个世纪以后，他的效用价值说为奥地利学派所继承，发展成了在当今还很有影响的边际效用理论。他的生产三要素论成了奥地利学派归算论的渊源。生产费用论为不少学派所沿用。他的资本进行"生产性服务"的理论，发展成了后来的资本生产力说。

不过，萨伊对西方经济学所作的最大贡献，是他创立的按生产要素分配理论。他所提出的工资是劳动的报酬、利息是资本的报酬、地租是土地的报酬以及利润是企业家才能的报酬这一整套分配理论，至今仍是西方经济学的信条，并在实践中得到广泛深入的实施。

帕累托最优状态

100多年前，意大利有一位名叫帕累托的经济学家，他在其《政治经济学原理》一书中，最先考察了资源的最优配置和产品的最优分配问题。结果他发现，生产资源的配置和财富的分配如果已达到这样一种状态，即任何重新改变资源配置或财富分配的方法，已经不可能在不使任何人的处境变坏的情况下，使任何一人的处境更好。这种状态即是效率的最佳状态，也称"帕累托最优状态"或"帕累托适度"。后来，这一"帕累托标准"便成为经济学家判断经济总体运行效率与社会福利大小的一个重要准则。

按照"帕累托标准"，如果经济运行已达到最高效率时，一部分人要进一步改善处境，就必须以另一些人的处境恶化为代价。反之，当资源配置是低效率时，那么通过改变资源的配置方法，至少可以提高一部分人的福利水平，而不会使任何人的境况恶化。由此，经济学家又引申出了"帕累托更优"或"帕累托改进"的概念。即如果把改变资源配置之后与之前相比，同时符合"至少有一个处境变好"和"没有一个人处境变坏"这两个条件，那么，我们就称改变资源配置可达到"帕累托改进"，当某一种资源配置方式不可能达到"帕累托改进"时，就是一种"帕累托最优"的资源配置。

举一个最简单的例子：假如有 10 个人在等同一辆车，当车开到时，他们发现这辆只能装 10 个人的车已经坐上了 9 个人，仅余下一个座位。在这个情况下，什么样的资源配置才是帕累托最优呢？10 个人都上车固然可以改进这 10 个人的福利，但却使车上的 9 个人受挤，损害了他们的福利（事实上，让两个人上车都损害了车上乘客的福利）。10 个人都不上车也不行，因为这样会浪费掉一个座位，未能最佳利用现有的资源。只有让一个人上车，才算做到了"帕累托改进"，因为这样可使一个人的福利变好，又不会使任何一个人的处境变坏。当车上已坐满了 10 个人时，资源配置方式便达到了"帕累托最优"，因为在这种状态下，已经没有办法在不损害车上乘客福利的同时让任何一个等车人上车以改进他的福利。全社会的经济运行和资源配置也如同此理。

既然"帕累托最优"是经济运行和资源配置的一种最佳状态，那么，如何才能达到这种状态呢？简单地说，要实现"帕累托最优"，必须同时满足以下三个条件，即交换的最优条件、生产的最优条件和生产与交换的最优条件。

使交换双方得到最大满足的条件即为交换的最优条件。按照西方经济学的观点，物品的价值表现为效用，而效用则是人们从消费物品中获得的满足程度。消费者感到愈满足则表明该物品的效用愈大，反之，则表明愈小。如果一个人的欲望和偏好不变，他消费的某种商品越多，则他从继续增加的单位商品中所得到的效用就越小，这就是"边际效用递减"，一直递减到零甚至出现负效用。例如，一个饥肠辘辘的饿汉在吃第一块面包时可以获得巨大的效用，而在吃到第三块面包时所得的效用就很小了，在吃到第五块时或许会感到肚胀难受，因而是负效用。由于存在边际效用递减规律，当某种商品的边际效用降到一定水平时，人们就不会再继续购买和消费这种商品，而是转向购买和消费其他商品，以获得较多的效用。这种为增加一单位甲商品而愿意放弃的乙商品的数量，叫作"边际替代率"。现假设有甲乙两人，他们的边际替代率是不一样的。甲认为一块面包可以代替两个苹果，乙认为一个苹果可以代替两块面包，这时如果甲拿一个苹果换乙的一块面包，则对甲乙都是有利的。甲得到一块面包，相当于两个苹果，其边际替代率为 2；乙得到一个苹果，相当于两块面包，其边际替代率也为 2，这时，双方得到了最大的满足。可见，交换的最优条件，就是对于全体社会成员来说，每一对商品的边际替代率都相等。

生产的最优条件，就是在生产要素存量一定的条件下，使产出达到最大的条件。现代经济学把投入与产出的关系称为"转换率"，而增加的投入与增加的产出之间的比例关系被称为"边际转换率"。如果一个企业生产两种产品，并且这两种产品的边际转换率不等，那么，企业就会减少成本高、收益低的产品的生产，增加成本低、收益高的产品的生产，以便增加收益总量。例如使用同量的生产要素，生产面包可以获得 100 元的收益，生产苹果可以获得 200 元的收益，那么企业就会将生产要素投入到苹果上，使生产资源在不同产品之间重新配置。同样的道理也适用于不同的企业。例如使用同量的生产要素，甲企业可以生产 100 块面包，乙企业可以生产 200 块面包，当然将生产要素交给乙企业使用为好。因此，生产的最优条件，就是对于所有的生产者来说，使用资源生产任何两种商品的边际转换率都相等。

要达到帕累托最优状态，分别满足了生产的最优条件与交换的最优条件还不够，还必须同时将生产的最优条件与交换的最优条件结合起来。即要求任何一对可以再生产的产品，它们的边际转换率必须等于它们的边际替代率。这是因为，边际转换率反映了生产的效率，边际替代率反映了消费者的偏好，边际转换率等于边际替代率，说明社会生产结构与社会需求结构相一致，生产出来的产品都是可以满足社会需要的，不存在滞销和积压。

以上三个条件全部满足后，社会的福利若要想再增加一点，似乎就是不可能的了，也就是说达到了效率最大或资源配置的最佳状态，帕累托适度最终得以实现。

卡尔多—希克斯标准

经济学作为一门工具，从它诞生的那一天起，就肩负着不断改善人们生活的神圣使命。但这一目的，在庇古之前，却并未显现得十分明显。直到庇古建立了福利经济学体系，并专门把怎样才能使国民的经济福利达到最大化，作为他这门分支学科的研究对象时，才使得经济学对人类正义和幸福的关注逐渐清晰和深刻起来。

对于福利的理解，庇古所作的说明一直被西方经济学界视为经典。他认为，一个人的福利寓于他自己的满足之中，这种满足可以由于对财物的占有而产生，也可以由于其他原因譬如知识、情感、欲望等而产生，包括所有的这些满足称为社会福利。但是，含义如此之广的福利是难以研究的，也是难以计算的，因此庇古把研究的主题局限于能够用货币计量的那部分福利，即经济福利之内。

而判断一个社会的经济福利是否有所增进，庇古认为检验它的标准有三个：一是国民收入是否大量增加；二是国民收入在社会各阶层间的分配是否平等；三是国民收入是否稳定。不过，他在说明这些增进国民福利的原因时，试图通过比较和计算个人得到的满足即物品的效用来算出整个国民的福利。他认为，个人的满足是由效用构成的，而效用可以通过商品价格计算出来，从而个人的经济福利就能够被计算出来。个人经济福利的总和等于一国的全部经济福利，所以个人福利就等于个人收入，国民福利就等于国民收入。

但恰恰因为这一点，庇古的福利标准受到了前所未有的攻击和批判。因为，效用都是当事人个体的心理感受，个人所体会到的效用或满足程度是不能测量的，更无法相互比较。例如，1 000元钱对于张三也许有着巨大的效用，但对于李四恐怕反应平平。再比如，穷人有烦恼，富人也有烦恼，很难说富人的烦恼就比穷人小。因此，个人的经济福利根本无法用收入来进行统一的评判和测定，而以不能测定的个人福利简单相加作为基础来论述国民福利，事实上等于空谈。这样，庇古的理论体系被动摇了，有许多人开始避开效用测定和收入分配问题，来重建福利经济学体系。

新福利经济学的奠基工作是由意大利经济学家帕累托完成的。帕累托指出，由于效用无法确切计量，因此国民福利应该是全社会每个个人福利的集合，而并非总和。尽管效用无法计量，但对它却可以进行排列，以此表示消费者选择的次序。例如，张三对于电视的偏好胜过录音机，而李四认为衬衫比黄油能带给他更大的满足，等等。在这一论题的基础上，帕累托得出结论：社会的经济福利就是个人效用的排列与组合，而不同的排列与组合便构成了不同的福利状况。按照这一思路，他继续考察庇古曾经考察过的问题，即如何检验国民的经济福利是否得到了增进？由于个人收入无法作为检验福利的标准，他撇开了收入分配对福利最大化的影响问题，只探讨资源配置对福利最大化的影响。最后，他得出结论：在既定的收入分配下，检验一个经济社会的福利是否增加的标准是，如果生产和交换情形的改变，使得社会中一些人的境况变得好些，而其他人并未变得坏些，社会福利才能说是增进了；而如果一些人的境况变好了，但另一些人的境况却变坏了，就不能说整个社会的福利增加了。这就是著名的"帕累托最优条件论"。

但是，在现实生活中，任何经济变革都可能使一方得利，而使另一方受损。即使得利的人占多数，情况变糟的是少数人，那么按照帕累托最优条件的标准，要求一些社会成员经济地位的改善不能造成其他社会成员经济地位的恶化，这种变革也是不可取的。这样，其实就否定了改变经济政策以增加社会福利的说法，使得新福利经济学的理论陷入了死胡同。为了从死胡同中寻找出路，美国经济学家卡尔多和希克斯重新对福利标准进行了考察，提出了所谓的"假想补偿原理"。

卡尔多指出，虽然经济的每一次变动和社会的每一次进步，对不同的人有不同的利害关系，比如一方得益，而另一方受损，但如果通过税收或价格政策，使那些得益者从自己新增的收益中拿出一部分，支付给受损者作为补偿金，使后者能够保持原有的社会地位，而得利者提供补偿后还有剩余，这样，前者变好了，后者维持原状，社会福利得到了增长，由此就可以认定这一经济政策是正当的。而如果得不偿失，受益者的所得补偿不了受害者的所失，或者所得等于所失，受益者在向受害者补偿之后自己没有剩余，那么，这种经济变动便是不足取的。举例来说，如果经济情形的改变使得有些人得益 120 元，而另外一些人受损 100 元，则通过假想补偿的办法，得失相抵，结果全社会的福利仍增加了 20 元钱。那么就可以说，这种社会变革就是值得肯定的。而如果前者得益 100 元，那么得失相互抵消，社会福利没有丝毫增进，这种经济变动便不足取。如果前者只得益了 80 元，其所得根本无法补偿后者，反而全社会的经济福利损失了 20 元，那么，这项经济政策对社会就是有害的。

希克斯十分推崇卡尔多的观点。他首先肯定了卡尔多的福利标准是可以成立的，但他对于卡尔多提出的假想补偿检验的说法，仍认为不够完善，有加以修补的必要。这是因为，卡尔多提出的"补偿"事实上并不一定能够得到实现，因为实际补偿由受益者决定，如果受益者不对受损者作出什么实际补偿，那么补偿就只是一种"假想"。所以，希克斯发展了卡尔多的福利检验标准，他指出，实际上，不必要求每一次经济变动之后受益者都要向受害者作出补偿，补偿可以自然而然地进行，这一次经济变动中的受益者可能在下一次变动中成为受害者，反之，这次的受害者下次则可能成为受益者。因此，在长时间的一系列政策改变之中，人们的受益与受害彼此可以相互抵消，所以补偿不必次次进行，只要假定损失终会得到补偿就可以了。希克斯进一步指出，只要一个社会的经济活动是以追求效率为导向的，国民收入就会是不断增长的，在经过一段相当长的时间后，几乎所有人的境况都会好起来，只不过有先有后，有快有慢而已。

以"假想的补偿原理"为基本内容的卡尔多—希克斯的福利检验标准，表面上似乎避开了个人的价值判断，使福利经济学有了实证的基础，但实际上却蕴含着一个特定的思想本质：即一种政策措施的实行，即使将导致贫者更贫、富者更富，但只要它使国民收入总量有所增加，也可以被说成是增进了社会福利。

负所得税方案

没有哪一个经济学家曾经像密尔顿·弗里德曼那样为普天大众所瞩目：由于他在《新闻周刊》上长达20年的专栏文章、他的系列电视纪录片《自由的选择》，以及他的"货币主义"学说被世界上许多改府所采纳，这位每个西方人都听说过的，而今天依然健在的经济学家，在社会观念、社会舆论的许多方面，都对无数民众产生了深远的影响。他对专业经济学的贡献，为他在1976年赢得了诺贝尔奖。在那些卓越的思想中，他为救济社会贫困者设计的"负所得税方案"，无疑是所有关于补贴支付体系的政策建议里最令人耳目一新的一个。

在弗里德曼看来，消除贫困，对生活困难的人群给予补助是政府应尽的职责。但是，如果一个国家决定向贫困开战，那么，它必须选用一种最有效而又最简洁的武器。但不幸的是，当时美国的收入保证计划不仅烦琐不堪，而且弊端十分明显，除了全国的标准不统一之外，最大的副作用就是严重降低了低收入者寻找工作的积极性。因为美国的救济支持计划是按照凯恩斯的福利思想运作的，而这一思想的中心即是对低收入者发放差额补助，没有工作的人与有一份工作的人在领取差额补助后，最终得到的可支配收入反而一样多，这严重挫伤了努力自助的穷人的积极性，提供了人们拒绝工作的动力。因此，虽然该计划体现了一定程度的公平，但却妨碍了整个社会的效率。弗里德曼指出，高经济效率来自高竞争，没有竞争就没有效率，给低收入者发放固定的差额补助不利于激发他们的进取心，有损于自由竞争，从而有损于效率，同时，社会还会因政府支出的增加而发生通货膨胀。所以，要想消除贫困而又不损害效率，就必须对现有的援助穷人的收入支持计划进行改革。

弗里德曼参照正所得税体系设计了一个补助穷人的"负所得税方案"，让低收入者依据其各自的收入得到政府向其补贴的不同的负所得税。而这种帮助穷人的方法之所以被称为"负所得税"，目的是要强调它与现行的所得税之间，在概念与方法上的一致性。负所得税就是政府界定出一个最低收入线，然后按一定的负所得税税率，对在最低收入线以下的穷人，根据他们不同的实际收入给予一定的补助。其具体做法是：负所得税＝最低收入指标－（实际收入 × 负所得税税率），这样，个人最终可支配收入＝个人实际收入＋负所得税税额。

以这一公式进行计算，在可得到救济的人群中，收入不同的人可以得到不同的补助，从而使得有收入的人、收入较高的人在接受负所得税后的最终可支配收入，比没有收入的人、收入较低的人高，这样，便可以鼓励人们多工作，多收入，保持贫穷家庭的成员挣更多收入的积极性，而不像差额补助那样养成人们对救济的依赖。

让我们举一个例子，假定政府已经作出规定，目前社会的最低收入指标为 1 500 元，负所得税税率是 50%，而现在有甲、乙、丙三个收入各不相同的家庭，甲的实际收入为 0，乙的实际收入是 2 000 元，丙的实际收入是 3 000 元。那么，按上面计算负所得税的公式，甲可得到负所得税 1 500 元，乙可得到负所得税 500 元，而丙可得的负所得税是 0。如果单从这三个家庭得到的负所得税来看，似乎收入越低，得到政府的补助仍然会越多，可是如果我们再看看这三个家庭的最终可支配收入，却是实际收入越高的家庭，最终可支配收入也越高。如甲的最终可支配收入只有 1 500 元，乙就有 2 500 元，而丙是 3 000 元。在我们这个例子中，3 000 元事实上被假定为收支平衡点，在这一收入点上的家庭不必缴纳税收，也不会得到政府补助。而在这一收入点以下的家庭可以得到"负所得税"，在这一收入点以上的家庭，其实际收入超过 3 000 元的部分，则必须按照一定的正所得税税率向政府交税。

可见，负所得税方案最突出的优点在于，它解决了政府补助中公平和效率的矛盾。在负所得税计划下，穷人从政府那里接受到的收入补助——负税收，是从 1 500 元的基本补贴开始，然后以一个温和的比例 50% 下降。不过，由于人们在自己收入增加的同时，还可以向政府"征税"，因此使那些收入增加的穷人，其最终可支配收入也有明显增加。这样，低收入家庭便会有强烈的积极性去寻找就业机会，从而使扶贫计划在体现公平的同时，也刺激了经济的效率。另外，由于"负所得税方案"是用一个统一的现金收入补助计划，取代诸如医疗、食品、住房、教育、失业等等一大堆令人目眩的福利计划。因此，它不仅使济贫的方式更为简洁方便，而且由于执行该方案的政府机关只是税务部门，因此，那些累赘的、代价高昂的福利官僚机构几乎可以被全部撤销。与此同时，社会所负担的费用在税务表上以更明确和更客观的方式表示出来，从而可以避免贪污和贿赂。

当然，"负所得税方案"提出以后，也受到了一些学者的反对和质疑：如，怎样准确地对贫困家庭的生活状况进行调查？不工作的人是否有资格得到更高的经济补助？如何确定补助的最低标准以及它对刺激积极性的作用究竟有多大等等，这些争论，使"负所得税方案"还暂时难以在实践中推行。但是，不管怎么说，该方案至少为人们在公平和效率之间如何寻找平衡点提供了一个新思路。

奥肯的漏桶原理

　　尽管平等和自由的畅想曲人类已经唱了几千年，但在很长的一段时间内，它却并没有引起经济学界足够的重视。古典经济学者将更多的注意力投向了经济效率，他们对市场机制的美妙阐述，至今还闪烁着智慧的光芒，但在收入分配这个问题上，他们的看法却与《圣经》非常相似，收入分配是不可改变的，贫穷将永远伴随着人们。在西方经济学界，庇古最早打破了古典经济学在分配问题上无为而治的传统，面对着庞大的社会财富和大众严重贫困的对比，他第一次比较系统地表达了对经济平等的关注。1920年他出版的名著《福利经济学》，把平等和效率同时纳入了经济分析的视野。在庇古看来，争取效率就是要合理配置资源，增加国民收入；而争取平等则是将富人的一部分收入转移给穷人，实现收入的均等化。只有二者兼顾，才能增进整个社会的福利。庇古描述的这种富足而又和谐的社会无疑令人向往，但问题在于，平等和效率在现实中往往是矛盾的，对于这个问题，奥肯曾作过非常精辟的论述，这就是著名的"漏桶原理"。

假定有这样一个社会，富人和穷人分灶吃饭，富人那里人少粥多，许多粥吃不完，白白地浪费掉；而穷人那里人多粥少，根本吃不饱，已经有不少的人得了水肿。于是政府决定，从富人的锅里打一桶粥，送给穷人吃，以减少不平等现象。奥肯认为，政府的这种愿望是好的，但不幸的是，它使用的那个桶，下面有个洞，是个漏桶。这样，等它把粥送到穷人那里，路上就漏掉了不少。意思是说，政府如果用税收的办法，从富人那里转移一部分收入给穷人，穷人实际得到的，比富人失去的要少一些。比如富人的收入减少了 1 000 元，穷人可能只得到了 600 元，其余的 400 元就不翼而飞了。为什么会有这种现象呢？因为追求平等损害了效率，从而减少了国民收入。奥肯有一句名言："当我们拿起刀来，试图将国民收入这块蛋糕在穷人和富人之间做平均分配时，整个蛋糕却忽然变小了。"这里所说的蛋糕变小，实际上就是效率的损失，原因主要有两个：一是税收削弱了富人投资的积极性。奥肯在他那本著名的《平等与效率——重大的抉择》一书中，曾这样写道："如果税收对于储蓄和投资具有重大的和有支配的影响，那么在总量数字方面的证据将是引人注目的而且是明显的。1929 年，尽管美国经济处于萧条时期，但由于当时的税率很低，投资还是占了国民收入的 15%；在此之后，联邦税的税率上升了好几个百分点，到了 1983 年，尽管当时的经济处于复苏时期，但投资率仍没有超过 14%。"二是税收影响了劳动的积极性。不仅影响富人，而且影响穷人。比如一个失业工人，由于得到了一份月薪并不算高的工作，而失去了政府所有的补贴，他自然也就对找工作不热心了。这样，由于在收入分配的过程中，可供分配的国民收入总量减少了，结果就必然与政府的桶发生了"泄漏"一样，使得富人失去的多，而穷人得到的少。

漏桶原理意味着，平等和效率是"鱼和熊掌不可得兼"。那么，在这种情况下，二者相比，孰轻孰重呢？经济学家、伦理学家，乃至哲学家就此开始了他们旷日持久的争论。有人认为，人们之所以在平等和效率的抉择问题上争论不休，原因就在于，现实世界是不平等的。富人害怕失去既得的利益，因而鼓吹效率，反对平等；穷人想不劳而获，因此支持平等，批评效率。人们都戴着"有色眼镜"进行讨论，很难得出一个符合人性本来面目的结论。于是，美国哲学家劳尔斯便在他的《正义理论》一书中作了这样一个假想的试验：将一群人带到一个远离现代文明的荒岛上，让他们在"原始状态"下开始新的生活。每个人对自己的未来一无所知，不知道自己将来是穷还是富，是成功还是命运不佳。现在，让他们在一起进行协商，去建立一个他们心目中'公正'的社会。那么协商的结果是什么？肯定是追求经济平等，而不是允许贫富分化。因为每个人都不知道自己将来的收入会处于金字塔的什么位置，如果支持效率，他们就得承受忍饥挨饿的风险。劳尔斯就此得出结论说，在平等和效率之间，应该让平等优先。然而，很多人对这个假想试验在现实中是否具有意义提出了怀疑，他们认为，劳尔斯极端平等的立场，不一定是这个试验的必然结果。在现实生活中，如果有些人天赋很高，他们却被迫获得与白痴一样的收入，那么这种收入的平等，恰恰是不平等的表现。密尔顿·弗里德曼则担心，追求平等会损害神圣的自由。他说："以'公平'来取得'自由'这一现代倾向，反映了我们已经多么远地偏离了合众国的缔造者们的初衷。"由于公平缺乏一个客观的标准，它完全取决于仲裁者的主观看法，因此，"当'公平'取代了'自由'的时候，我们所有的自由的权利就都处于危险之中了"。

在劳尔斯和弗里德曼之间，奥肯采取比较折中的立场。在他看来，效率诚可贵，平等价也高，因此，二者谁都不能偏废，只能寻找一种折中，既促进平等，又尽量减少对效率的损害。比如缩小补贴范围，降低补贴标准，就可以控制收入分配对穷人的劳动积极性的影响；调低所得税税率，提高消费税税率，就可以减小收入转移对富人的损害等等。奥肯特别指出，贫穷的根源是缺乏教育和训练，而要打破这种贫穷——不良教育——贫穷的恶性循环，最有效的办法就是，向贫穷的人口敞开教育的大门。"在走向平等的道路上，没有比提供免费的公共教育更为伟大的步骤了。"

财政牵系国运

中国古代哲学家老子曾说：治大国如烹小鲜。财政作为调节经济、稳定社会的重要力量，它关乎民生，牵系国运。对各级政府官员而言，只有财政理论烂熟于心，运用财政政策收放自如，才能经邦济世，举重若轻。

国家预算举足轻重

财政收入聚敛千金

财政花钱当量力而行

财政赤字应调控有度

财政政策瑕瑜互见

国家预算举足轻重

聪明人居家过日子，往往精打细算，岁末月初，总要对每年、每月的开销，大体做个估算。比如，花多少钱购车，送子女读什么档次的学校，给双方老人多少赡养费等等。普通家庭尚且如此，一个主权国家，治下亿万民众，收支大进大出，政府预算更来不得半点含糊。与其他预算相比，国家预算最为正规，要通过严格的程序，经立法机构通过，并正式予以公布。国家预算以法律面目，一经制定，便不能随意更改，没有特殊原因，还必须不折不扣地执行。

在我国，每年3月分政府做出预算方案，经人大讨论通过，予以实施。预算按照年度编制，一般来说，预算年度为一年，各国国情不同，其预算年度也不相同。比较常用的有两类，第一类就是历年制，即从当年的1月1日到12月31日。采用历年制的国家很多，我国也是其中一员。另一类是跨年制，顾名思义，就是跨越两个年度。比较典型的是英国，其财政年度始于当年的 4 月 1 日，止于次年的 3 月 31 日。

多数国家的政府分为两级：中央政府和地方政府。国家预算作为政府基本财政收支计划，就与此对应，分为中央预算和地方预算。原则上，一级政府对应一级预算，因此，在现代社会，大多数国家都实行多级预算。我国的预算体系，也是如此，由中央和地方两级预算组成。中央政府预算，也就是常说的中央预算，它经法定程序批准，是中央政府的财政收支计划。地方预算按照行政区划，再分为各省预算、各自治区预算、各直辖市预算等。地方各级总预算，有两个组成部分，其一是本级政府预算，其二是汇总的下一级预算。举个例子，天津市，作为四大直辖市之一，它的内部，既设区，如河西区，南开区等；又设置县，如蓟县等。那么天津市的预算，就应该涵盖天津市本级预算、市辖区预算、县总预算三级。依此类推，县下设乡，县的总预算，就又细分为县级预算和乡镇预算。需要指出的是，在我国，各地乡镇发展水平不一，部分乡镇经济发展水平低，财政收支金额较小，内部机构设置也不完善，不具备建立独立预算的条件。对于这些乡镇，经省、自治区、直辖市政府确定，可暂时不设预算。

不管哪一级预算，它们的出台，都不是随随便便，拍脑袋拍出来的。制定预算必须严谨细致，科学合理。自打有了国家预算，各国就在实践中不断加以完善。在过去的 300 多年中，为世界各国普遍接受的预算原则，渐渐浮出水面。归纳起来共有五条，分别是公开性、可靠性、完整性、统一性、年度性。公平公开公正，是如今的热门词汇，预算的公开性，正是适应了形势的发展需要。我们知道，政府预算与家庭预算不同，它是以法律形式确定下来，各级政府、机关单位都要依此行事。说起来，政府无非是受众人所托，为公众谋事。那么关系到全体公民利益的国家预算，也应该公之于众，打开天窗说亮话，让老百姓都有知情权、监督权。至于可靠性，当然也是必不可少。倘若预算水分很大，随意估算，就背离了预算设立的初衷。完整性，也是预算的题中应有之义。如果像一些单位账外做账，私设小金库一样，把国家预算做成两套，一套公布，一套暗箱操作，那么预算也就欺世盗名，无以取信于众。即便是法律允许的预算外收支，在制定预算时，也要反映出来。所谓统一性，是指预算科目统一、口径统一、程序计算统一、数据填列也要统一。这就好比进行游泳比赛，要设置一些规定动作，如仰泳、蝶泳等，如果大家动作不一，本来是仰游比赛，有的运动员一下水，却改成了蛙游，那样的成绩，显然不合规定，必须加以取缔。预算编制原则的最后一条，是年度性。它包括两层含义，一是指预算必须全面反映该年度的财政收支，另一层含义是，编制在预算中的内容，只能是本年度的，决不能眉毛胡子一把抓，把其他年度的收支混到了本年度。

　　各国的预算，虽不是千人千面，却也有些差别。截至目前，总共有 4 种预算类别，即单式预算、复式预算、零基预算和绩效预算。直观地看，单式预算与复式预算的主要区别，在于表格的数量。前者只有一个统计的计划表格，而后者则有两个或两个以上的表格。单式预算，简单明了，一目了然，一张表内收入支出尽收，整体性很强，但由于不按经济性质分列，分析起来就会感觉很棘手。复式预算弥补了这一缺陷，它按照经济性质，将全部收支细分为两个或若干个预算，如经常性预算和资本预算。经常性预算也叫经费预算，它的收入来源于税收和其他经常性收入，支出也用于经常性开支。而资本预算，也称建设性预算，其收入来源为国债和经费预算结余，其支出主要为经济建设。复式预算数据罗列清楚，对政府宏观决策大有裨益。当然，复式预算制定起来要费时费力，操作的难度也相对较大。绩效预算，也被称为业绩预算或行动预算，其做法是，首先按照政府职能分类，之后分别进行成本收益分析，最终敲定预算方案。这种方式，对于提高资金使用效率会事半功倍，但它与复式预算类似，操作难度也很大。除了上述 3 种预算外，零基预算作为新生事物，已有后来者居上之势。所谓零基预算，就是指在编制预算时，一切从零开始，该花多少钱，钱用在哪些方面，与上个预算年度无关。也就是说不看过去，只看未来，看新的预算年度有多少事情要做。然后，对这些事情不管新旧，统统重新进行评估，在编制预算时，决策者们依据事情的轻重缓急统筹考虑，决定哪些是重点扶持的，非花钱不可；哪些可办可不办，依财力而定；哪些关系不大，应予以取消。好钢用在刀刃上，使有限的财政资金，获得最佳的效益。

财政收入聚敛千金

　　人们常说，巧妇难为无米之炊。没米下锅，再能干的媳妇，也只能看着全家挨饿。对于一国政府来说，财政收入的重要性，是无可置疑的。政府的任务包罗万象，花钱的地方五花八门：保家卫国需要军费开支；扫除文盲需要教育投资；基础建设若缺了钱，没准儿就搞成半拉子工程；健全社保体系，要有大笔资金作后盾；教师、公务员工资，也一个萝卜一个坑，谁的也拖欠不得。这么多地方等钱用，没有数量充足、经常、固定的财政收入，政府运转就难以为继。即便有心为民办事，也只能望钱兴叹。从另一个角度看，财政收入不像守财奴的金子，埋到地窖放进密室，藏着掖着舍不得用。收入是为了支出，是为了办好公共事业。所以，财政收入是财政活动的一个环节，千金散去还复来，财政收入要解决的，是政府如何聚敛千金，为公众造福的问题。

　　财政收入采源广泛，不同时代各有特色，例如自然经济时，财政收入靠征收实物或劳务取得；在封建社会，"布帛之征""徭役之征"等，成为财政收入的主渠道。随着商品经济的发展，财政收入与货币结下不解之缘。大凡财政收入，都是以货币来度量，而财政收入的分类方法，却是不一而足。比如按收入形式划分，可分为五种：税收、国有资产经营收益、国债、政府收费，以及包括罚没收入在内的其他收入。倘若按经济成分划分，可分为国有经济收入、集体经济收入、非国有经济收入。按经济部门，可分为第一、二、三产业收入。按收入的管理权限，又可分为中央财政收入、地方财政收入。

　　财政收入的多寡，就是财政收入规模。它有两个衡量指标：一个是财政收入规模绝对量，一个是财政收入规模相对量。前者指一定时期为，财政的总收入。这只是一个名义上的数量，看财政收入是增是减，不仅要看这个账面上的数字，还要扣除通货膨胀因素，以推算财政收入的实际变化情况。另一个分析财政收入的指标，是财政规模相对量。即我们常听到的"两个比重"。一是财政收入占 GDP 的比重，这个比重在财政学中，有一个专用词汇，即国民经济的财政负担率。它反映了政府和市场经济主体之间，占有和支配社会资源的情况。这个数值越高，说明政府"财大气粗"，调控经济的回旋余地越大。再一个，是中央财政收入占全部财政收入的比重，这个比值，可以衡量中央政府集中财力的程度，进行宏观调控的能力。

懂水利常识的人都知道，水库的蓄水量，受到多种因素的影响。水库的库容设计，是制约总蓄水量的大前提。同理，国家小，政府管的事少，需要的财政收入相对就少。换句话说，有多大的事业，就需要多大的财政盘子。在这个大前提下，水库的蓄水量，取决于上游的降水量、突发性的洪峰变化、大堤的抗洪能力，以及下游农业灌溉、'生活用水情况等等。影响财政收入规模的因素，也是千变万化。前面讲到了国民经济的财政负担率，也就是说，以同样的财政负担率标准，国家的经济发展、经济实力不同，财政收入规模便大相径庭。财政不是无源之水，无本之木。美国搞反恐怖，新建立了国土安全部，新增十几万人，打伊拉克战争，参战将士补贴也创历史最高，财政大笔一挥就办了，为什么那么牛气，国家实力强嘛。另外，分配政策对财力影响也不小。如果国家想藏富于民，比如1979、1980年，我们同时采取三大措施，提高农副产品价格，提高工人工资水平，对企业减税让利，那两年的财政收入，年均增长仅 1.2%，而财政收入占 GDP 的比重，却快速下降。反过来，如果政府要加大宏观调控力度，就会收得多一些，财政盘子就相应扩大。

当然，财政收入并非韩信用兵，多多益善。我们知道，财政收入越多，意味着政府可支配收入越多，有钱好办事，钱多办大事。政府提供公共产品和服务，可以更多更完善，例如，可以通过提高社会保障费用，把国家变为高福利国家，让人们尽享社保的温情。但是，财政收入毕竟是从社会获得，羊毛出在羊身上。取之过度，则弊大于利。以税收为例，倘若税收过高，企业和个人税负过重，便会影响投资和消费增长，经济发展就会减缓甚至停滞，到头来又影响财政收入增长。衡量一国财政收入规模是否合理、是否适度，有两大原则，即效率原则和公平原则。所谓效率原则，是指财政收入规模既不过多，也不过少，既要保证社会资源充分有效利用，又能促进国民经济健康协调发展，我们讲效率优先，就是在上述两个目标中间，寻找一个最佳的结合点。至于公平原则，主要是针对税收负担而言。同样的财政收入规模，可以有不同的税收负担分配，如果一碗水端不平，给有些人压担子，又给另外一些人开小灶，那就有失公平，也会影响政府威信。

通过财政收入，还能够对全社会的收入进行再分配。市场崇尚效率，由市场这只看不见的手自发作用，不可避免地，会引发贫富悬殊，拉大收入差距。借助财政收入，对全社会的收入进行再分配，是政府调节经济的重要手段。例如，建立超额累进的个人所得税制，使富人多上税，能达到保护弱势群体，缩小收入差距的目的。财政收入的调节作用，还表现在改善资源配置上。举个例子，政府对环保产业实行税收减免，对污染环境的产业提高税率，砍头生意有人做，赔钱买卖没人干，为了确保利润，私人投资就会弃污染产业，转投环保产业。财政收入的方向盘往那转，便牵引着资源朝哪个方向流动。再有，财政还有经济的"内在稳定器"美誉。举例来说，某国采取累进的个人所得税制，假如 1999—2000 年，经济增长迅速，财政收入也水涨船高，增长幅度更快，这就能在一定程度上，防止经济过热；又如到 2002 年，经济走向衰退，相应地，财政收入就止涨反跌，财政收入减少，就减轻了企业的负担，从而有助于经济的复苏。

财政花钱当量力而行

倘若把整个财政资金比作蛋糕，那么，各项财政支出就像是切蛋糕。具体到我国，这个蛋糕被切分为五块：国防费、行政费、文教科工事业费、社会保障费、经济建设费。其中，国防和行政，属于纯粹的公共产品，这两项费用支出，满足了政府行使职能的基本需要。国防费包括国防建设支出、国防工程开支、军事的科研支出、各军兵种经常性开支、后备部队经常性开支、战争时期作战费用支出等。与其他国家相比，我国的国防支出规模较低。以 1997 年为例，我国的国防费为 98 亿美元，美国为 2 671.8 亿美元，俄罗斯 160 亿美元，法国 367 亿美元、日本 430 亿美元，韩国 172 亿美元。这就是说，1997年我国的国防费用，相当于美国的 3.7%，俄罗斯的 61.2%，法国的 26.7%，日本的 22.8%，韩国的 57%。国防费用占 GDP 的比重为 1.09%，远远低于世界平均负担率 5.8%的水平。

国防费的支出规模，并非越多越好，也并非越节约越好，它与国防战略密切相关。中国人的传统，历来是"人不犯我，我不犯人"，比如我国政府反复承诺，绝不在任何情况下，首先使用核武器。我们从不穷兵黩武，也无称霸全球的野心，国防费占财政支出的比例低，便是一个明证，令"中国威胁论"的谣言不攻自破。

政府要履行职能，保证各机构正常运转，需要一笔行政开支。这笔开销有五大类，包括行政管理费（如人大机关、政府机关、政协机关等单位的开销），公检法机关经费，武装警察部队经费，对外援助支出和外交支出。我们的政府是人民的政府，干部是人民的公仆，老百姓是公务员的衣食父母。所以，对行政开支这个口子，财政一直坚持从严管理。行政费的使用管理程序：首先是确定人员经费（也就是我们常说的人头费）以及办公经费的使用定额，在此基础上，再实行收支统一管理、定额定项拨款、超支不补、结余留用，以控制行政经费的不合理增长，减少不必要的开支，杜绝资金浪费。

文教科卫事业费支出范围广，涵盖内容丰富。经济社会发展的重点不同，财政资金用于各项事业的支出，也就有了轻重缓急。比如，我们大搞基础教育，加大教育投入力度，教育事业费支出在 20 年间，增长了 20.4 倍，年均增速 16.3%。非典型性肺炎流行，暴露出卫生事业的一些薄弱环节，政府又采取倾斜措施，拨出大量资金，筹建公共卫生紧急反应中心，加大医疗卫生基础建设。

蛋糕的第四块，就是社会保障支出。有人把社会保障形象地称为社会发展的"安全网"和"稳定器"。政府为实现其社会职能，社会保障支出不可或缺，它与社会保障制度紧密相连。现代社会保障制度，产生于 19 世纪 80 年代的德国，它在德国的良好实践，使它迅速在全球蔓延开来，各国纷纷建立起本国的社会保障制度。我国也从 1951 年开始，逐步完善社会保障制度。近几年来，政府适应市场经济和国情的要求，大刀阔斧进行了六项改革，这些改革，都要有相应的财政资金匹配，为了保证资金到位，政府也着实花了不少工夫，出台了一系列措施，比如在税收方面，社会保障税就在积极酝酿，相应的财政开支也在设计、编制之中。

财政支出的第五大类，是经济建设费用，包括基本建设支出、支农支出、城市维护费、政策性补贴等。按照我们介绍的顺序，经济建设费是最后一块蛋糕，但却绝不是最小的一块。相反，它占财政支出的比重一直很大，在过去统收统支的计划体制下，它不仅涉及社会公益性领域，还涵盖了生产经营的各个领域、各个环节。以改革开放初期为例，仅基本建设支出一项，在全国财政支出中就达 60%。随着市场经济体制的建立，政府的职能和作用发生了转变，但经济建设开支却并非明日黄花；相反，这项开支对政府调控经济，确保经济稳定增长，有着不可忽视的作用。1998—2002 年，我国发行长期建设国债 6 600 亿元，专门用于基本建设，这笔财政支出四两拨千斤，带动投资 3.2 万亿元，创造就业岗位 750 万个，对经济增长的贡献，每年可达到 1.5%—2%。

我们知道，国家财政不是聚宝盆，它不可能取之不竭，用之不尽。它的增长要受到多方面制约，如国民收入总量、经济增长水平等，这就要求政府在花钱时，要三思而后行，决不可任意为之。好的政府，就好比是个好的管家，拿着有限的钱，能合理使用，办着尽可能多的事情。一般而言，政府要想成为名副其实的好管家，既要量入为出，又要量出为入，还得注重效益，体现公平。俗话说，吃饭穿衣看家当。政府办事业要量力而行，尽量做到财政收支平衡。即使在如今，有条件通过信用形式增发货币，在扩大政府开支的情况下，也大多坚持量入为出原则。例如，我国在 1994 年颁布《预算法》，其中明确规定，"中央政府公共预算不列赤字"。对于地方政府，也有要求，如"地方各级预算按照量入为出、收支平衡的原则编制，不列赤字"。量出为入的原则，与量入为出正好相反，它是反向思维的产物。通常理解，有多少决定花多少，但量出为入是反推回去，需要花多少，决定收多少。这是另一种财政分配观念。当然，量出为入，要与社会经济发展水平相适应。从前我们经济水平低，综合国力弱，只能搞"吃饭财政"，量入为出；30 多年改革开放，为实行财政分配方式创造了条件，建立"量出为入"的公共财政，将是财政改革的大趋势。

财政开支要注重效益，但这里的效益，不是局部经济的效益，而是宏观经济效益和社会效益。从财政学的角度看，财政支出的一个重要原则，就是同样的开支，由政府出钱，要比私人出钱带来的效益更大；或者换个说法，获得同样的经济效益和社会效益，财政开支比私人开支要小。财政支出体现出的公平，指的是社会公平。众所周知，市场经济条件下，讲求的是效率，至于效率之外的东西，市场往往鞭长莫及。如果任由市场做主，政府不施援手，就难免"朱门酒肉臭，路有冻死骨"，贫富悬殊、苦乐不均。通过转移支付、社会救助，才能使寒者得衣，饥者得食，残者得助，老者得养，才能使社会公众获得普遍的福利。

财政赤字应调控有度

所谓财政赤字，是指一个财政年度中，政府入不敷出，出现了收支差额。了解会计常识的人知道，这种差额在进行会计处理时，需用红字书写，这也正是"赤字"的由来。赤字的出现有两种情况，一是有意安排，被称为"赤字财政"或"赤字预算"，它属于财政政策的一种，对此，我们将另文介绍。这里要谈的是另一种情况，即预算并没有设计赤字，但执行到最后却出现了赤字，也就是"财政赤字"或"预算赤字"。

我们知道，私人可以用自己新增的收入，来还清以前所欠的债务。而政府的财政收入，主要来自税收、国有资产经营收益、政府收费和国债。自然，政府可以用新增的税收、收费、或国有资产经营收益，来消除赤字。但是，这些方式或者远水解不了近渴，或者实行起来，会受到种种条件的制约。拿国有资产经营收益来说，国有企业刚接到订单，还没组织生产，更没有销售产品回笼资金，政府总不能把手一伸，让它们提前上缴利润吧。税收也是如此，根据税法规定，有的按月缴纳，有的按季缴纳，为了弥补财政赤字，突然改为一刀切，统统提前缴税，不仅纳税人撂挑子不干，议会、人代会也不会通过。事实上，弥补财政赤字常用两种方法：一是货币融资法，一是债务融资法。

用货币融资法弥补赤字，并不像有些人想象的，让印钞厂加班加点，多印些钞票就能搞定。在实际操作中，货币融资法有三种方式：第一种方式是财政部直接向中央银行透支，弥补赤字。透支的额度，就是中央银行增发的货币金额；第二种方式是中央银行直接购买政府债券；倘若法律规定，不允许中央银行直接购买公债，那么弥补赤字的方式，就采取第三种方式，政府向社会发行公债后，中央银行通过公开市场，从社会公众手中，再购买政府公债。显然，与前两种方式相比，第三种方式是一种间接的、变通的方法。与货币融资法不同，政府用债务融资法弥补赤字，是向非政府部门借款。这些非政府部门包括企业和个人，其中商业银行财大气粗，往往乐意充当债权人的角色。

一个家庭出现赤字，会影响家庭未来的开支。国家出现了财政赤字，会通过政府的开支，对整个宏观经济产生影响。这种影响有两个方面：一是财政赤字的规模，赤字规模越大，给宏观经济带来的影响也越大；另一方面，同样规模的财政赤字，采用不同的弥补方式，对宏观经济产生的影响也不一样。以货币融资法为例，一般说来，计划经济国家，大都采用第一种融资方式，即财政部直接向中央银行透支的办法。银行为了帮助财政消除赤字，只好增发货币。经济学中，把中央银行发行的货币，称为基础货币，由于它能衍生出数倍于己的账面财富，所以，又被称为"高能量货币"。举个例子，中央银行增发货币 1 000 亿元，投入到社会后变成了国民收入，如果这些收入存入商业银行，商业银行只留 200 亿元应付日常业务，其余 800 亿元暗度陈仓，以更高的利息，贷放给企业 A。A 企业临时没有投资，把 800 亿元贷款存入第二家银行，这家银行也留下存款额的 20%，也就是 160 亿元作为准备金，其余的 640 亿元贷给企业 B，而企业 B 又将 640 亿元贷款存入第三家银行……如此一来，就产生了一系列连锁反应，就像母生子，子生孙一样，1 000 亿元基础货币，最后扩大到原来的 5 倍，即 1 000+800+512+409.6+……=5 000 亿元。为了弥补财政赤字，中央银行增发了高能量货币，使流通中的货币数量成倍增加，但是，整个社会的实物财富，并没有增加，这样做的结果，便是引发通货膨胀，物价上涨，经济偏离正常轨道。

与计划经济国家不同，市场经济国家弥补财政赤字，多采用货币融资法的另外两种方式。其中，中央银行并不完全独立于中央政府时，政府会授意中央银行，直接购买政府债券。而在中央银行独立性很强的国家，则只能采取第三种方式，中央银行通过公开市场，从社会公众手中，再购买政府公债。不管是哪一种方式，中央银行直接或间接购买公债，投入的货币，没有进入商业银行的渠道，也就是说，不会像前面讲的高能货币一样，鸡生蛋、蛋生鸡，使流通中的货币量一直增加下去，所以，与财政向银行直接透支的方法相比，后两种货币融资法，对经济的负面影响要小得多。

当然，不管用哪一种货币融资方式来弥补财政赤字，都不如债务融资法利多弊少。政府发行国债，政府成了债务人，企业和个人成了债权人，这样做，只是资金使用权发生了转移，流通中的货币总量并没有增加，所以，一般不会引发通货膨胀。从另一个角度看，财政向中央银行透支也好，中央银行直接或间接购买公债也罢，作为出钱的一方，中央银行都是不得已而为之，政府一声令下，印钞厂就得昼夜加班，货币发行量增加，是不争的事实。而国债发行用的却是市场手段，企业、居民也好，银行也罢，认购国债，都循着自愿的原则，发行国债获得的资金，是社会的闲置资金，自然不会对经济产生不利影响。

扬汤止沸，不如釜底抽薪。从长远来看，减少财政赤字，最根本的办法，还是开源节流，增收节支。可是，病来如山倒，病去如抽丝。要在一个财政年度内达到平衡，通常是很难做到的。退一步说，倘若做到了，也就没有财政赤字了。从世界各国，包括发达国家的经验看，财政收支平衡主要是指长期平衡，而非短期平衡。有数字显示，美国和日本的赤字率，在 1981 年到 2000 年的 20 年间，其平均赤字率依次为 2.6%和 2.5%。但两个国家，在不同年份，赤字率波动较大，它们各自的最高赤字率曾经达到过 6%和 7.3%。但是，即使在长期可以达到平衡，也并不意味着短期内可以随意加大赤字。借钱不可怕，可怕的是还不起钱。赤字不能像滚雪球一样，无限增大，需要掌握一个度。这个限度既取决于自身状况，如国家的经济状况、财政实力，也要依据经验数据，进行科学分析。目前，国际上评价财政赤字的常用指标有两个，一是赤字率，即赤字在 GDP 中的比重；一是负债率，也就是国债余额占 GDP 的比例。经验表明，赤字率在 3%以内，负债率控制在 60%以内，财政赤字就基本是安全的。2002 年，我国这两个比例分别为 2.7%和 16.3%，都在国际公认的安全线内。尽管从数字上看，我们的财政赤字，在短期内没有大的风险，但并不意味着没有隐患，例如各地"政绩工程"导致的财政亏空，就是政府的隐性债务。这要求我们的财政未雨绸缪，调控有度，提前做好防范，尽可能地化解和降低财政风险。

财政政策瑕瑜互见

不同时代的经济学家，对政府职能做过不同的定位：古典经济学大师亚当·斯密认为，政府就是个"守夜人"。但到了凯恩斯时代，政府的责任变大了，看门的老头变成了居委会的老太太，不仅要协助民警搞治安，遇上邻里纠纷、婆媳吵架，还得出面调解，或者替生活特别困难的家庭争取点救济。后来，福利国家兴起，政府从摇篮到坟墓，社会生活的各个方面，它都要管一管。这个时候的政府，更像一个家庭保姆，事无巨细，都得操心。俗话说，没有金刚钻，揽不了瓷器活。政府要履行好职能，必须借助一定的财政手段，由于职能定位不同，实行的财政政策也就大相径庭。

资本主义初期，经济发展的道路上充满阳光。在这条金光大道上，凭借着经济主体的自由竞争，能够实现资源的合理流动，达到供求基本平衡。因此，当时的古典经济学家，如威廉·配第和亚当·斯密，他们都认为，政府的职责只是在生产之外，财政活动也仅仅局限于维持政府运转，是社会财富的一种纯消费。因此，他们主张，政府花起钱来不能大手大脚，而要锱铢必较，对财政支出要有严格的限制，这种认识在经济学上被称为"廉价政府"。此外，他们还认为，只有平衡的预算才是稳健的财政，才有利于市场经济的均衡发展。因为，赤字预算使政府公共活动扩大，会导致私人经济部门相对萎缩，并引起通货膨胀。为此他们主张，一方面要减少政府开支，另一方面要尽可能地减少税收，使每年的预算都保持平衡，收支大致相抵，不能入不敷出。古典经济学所主张的这一套政府理财方针，被称作"健全财政原则"。

1929—1933 年，西方世界爆发了空前的经济大危机。在这场大危机中，成千上万的企业倒闭，千百万人被抛上街头，萧条的阴影久久不能散去。对此，传统的经济学家目瞪口呆，拿不出解决的办法，坚持平衡预算的各国政府，也束手无策，不知如何是好。1936 年，凯恩斯出版《就业、利息和货币通论》，建立了以需求管理为中心的宏观经济学，主张政府应当摒弃平衡预算的束缚，大胆实行赤字财政。凯恩斯认为，对30 年代的大危机，平衡预算的财政政策，不仅没有发挥正面作用，反而推波助澜，使危机雪上加霜。当经济出现衰退时，税收必然会因收入下降而减少，此时政府仍坚持预算平衡，势必要提高税收，或者减少政府支出。税收增加，人们的可支配收入少了，支出自然减少，此时政府支出也降低了，那么整个社会的总支出进一步下降，就会加深经济衰退。反之，当存在通货膨胀时，税收会因收入上升而上升，为保持预算平衡，政府只能减少税收，或者增加支出，前者使人们的可支配收入增加，支出相应扩大，再加上政府开支增加，于是社会总支出进一步扩大，通货膨胀不断加剧。从以上分析来看，追求年度预算平衡的财政政策，是导致经济波动的元凶之一。凯恩斯提出，大危机暴露出资本主义经济的一个常态，那就是有效需求不足。也就是说，人们的消费需求和企业的投资需求，不能自发地达到经济平衡增长所必需的水平。扩大有效需求，实现充分就业，不能靠市场机制本身来实现，而必须扩张政府的财政支出，推行积极的赤字财政政策，来弥补私人有效需求的不足，以实现总需求和总供给平衡，使经济在充分就业的水平上均衡增长。

凯恩斯的赤字财政理论，在西方世界大行其道，使西方国家不仅渡过了大危机的难关，而且走上了经济发展的快车道，凯恩斯主义也因此得宠，成了西方经济学的主流学派，其追随者又将该理论体系不断发扬光大，美国经济学家汉森便是其中的一名干将。他认为，凯恩斯的赤字财政理论，是在大危机的特殊时期产生的，也的确作出了不可估量的贡献。但是，资本主义经济并不是永远处于危机中，而是时而繁荣，时而萧条，因此，财政政策就不能以扩张为基调，而应根据经济繁荣与萧条的更替，交替地实行紧缩与扩张的财政政策，在经济学上，称之为补偿性财政政策。具体操作起来，要求财政政策相机抉择，逆经济风向行事：在经济萧条时期，实行积极的财政政策，政府要增加开支，降低税率，造成预算赤字，以拉动社会总需求；在经济繁荣时期，政府则要压缩开支，提高税率，造成预算盈余，以减少社会的过度需求。按照这种政策，财政预算无须年年平衡，可以在萧条时期实行赤字预算，繁荣时期实行盈余预算，使经济在大的周期内盈亏相抵，收支基本平衡。

凯恩斯理论诞生以后，给西方世界带来了近半个世纪的繁荣。欧美诸国经济实力日增，政府的职能也不断膨胀。尤其是这些国家，在二战以后开始建立"福利国家"，财政政策也围绕这一目标，相应作出了调整。以英国为例，其福利体系包罗万象，面面俱到。英国公民从呱呱落地起，就有儿童福利金在等着他；上学以后，可以拿教育津贴；除几项特殊的医疗服务外，看病几乎不用掏钱；年纪大了，有养老金；失业有失业津贴、社会救济；另外，还有生育补助、住房补贴、困难补助等等。政府对公众的关怀，可谓无微不至。中国有一句老话，羊毛出在羊身上。为了建设福利国家，政府职能无限扩大，开支有增无减，要消除高额财政赤字，最终出路只能有一条——增税。英国人在享受前所未有的高福利时，也在承受着前所未有的税收负担。1976 年的统计数字显示，英国企业的税后利润仅为 8.5%，比北美国家低了 7 个百分点。实行超额累进的个人所得税，固然使英国人的收入更加均等化，但那些富有创意的人才，勇于冒险的投资者，却大呼吃亏，大量的人才和资金远离英伦，另择良枝。原本一心为民的福利财政，却成了鸡肋，弃之不能，食之太累，真是有悖决策者初衷。一味实行福利财政，使政府骑虎难下，步履维艰。

其实，任何一种财政政策，都不可能完美无缺。平衡预算的财政政策，救不了大危机；福利国家的财政，无法跳出税收、支出交替上升的怪圈；凯恩斯学派的补偿性财政，也在风光了几十年后，给西方经济带来了"滞胀"，失业率与物价同时上涨，经济衰退与通货膨胀同时并存，至今也没有得到根本解决。不管是一种制度，还是一种政策，都是时势造就的英雄，当时不乏可圈可点之处，又都给后来者留下了可以完善、改革的余地。经济学家也好，政府决策者也罢，若能从中汲取营养，得到教训，既不断章取义，又不轻率抛弃，兼收并蓄，立足实际，必能使将来的财政政策，少一些缺陷，多几分完善。

税收取用有道

古往今来，税收都是政府强制征取的。缴不缴税、缴多少税，既不由纳税人说了算，也不由政府官员任意定夺。法制社会，政府要通过立法，对征税范围、征收比例作出规定，并且税法面前人人平等，不管达官显贵，还是平民百姓，倘若偷税漏税，都会受到法律的惩处。

追本溯源说税收

税制模式大同小异

税制结构各有千秋

税收负担与公平税负

避免国际双重课税

追本溯源说税收

对于税收，人们并不陌生。企业开工点火，公司开张营业，股民买卖股票，消费者购房买车，儿女继承遗产，都免不了要和税收打交道。可税收五花八门，普通百姓，难免雾里看花、不明就里。有时还会觉得缴税太多，骂几句粗话。于是就有人追本溯源，对税收的来龙去脉加以考证，并对税收政策评头品足。

汉朝学者许慎写了本《说文解字》，把"税"字一分为二，做了番考究。他认为，"税"字左边是"禾"，右边为"兑"，"禾"指的是农作物，"兑"是交换的意思。那么顺而推之，"税"的字面意思，就是农民交纳粮食，用来换取国君对其土地和人身安全的保护。照这样理解，税收发端于农耕社会。根据中国民间传说，早在五千年前神农氏时期，税收就产生了。当然，这只是一种看法。另一种更广为人们接受的观点，是税收与国家相伴而生，自打国家出现，税收就走进了社会生活。我国第一个奴隶制国家——夏王朝，建立于公元前 21 世纪，夏朝的"贡"，即田赋，税率为农作物总收成的十分之一，这种后世诸朝纷纷仿效的"什一税"，被认为是我国税收制度的鼻祖。

在纳税人眼里，税收不像含情脉脉的少女，更像铁面无私的硬汉。所以如此，是由税收的特性决定的。古往今来，税种繁多，不一而足，但其根本特征，却大致相同。从事税收理论研究的人常说，税收有三性，即无偿性、强制性和固定性。列宁认为，"赋税是国家不付任何报酬而向居民取得的东西"。这里所说的不付报酬，指的就是税收的无偿性。至于税收的强制性，也不难理解：税收并非自愿行为，交与不交、交多交少，由不得纳税人自己说了算。税法面前人人平等，不管达官显贵，还是平民百姓，倘若无法无天，偷税漏税，都难逃法律的惩处。我国刑法规定，"以暴力、威胁方式拒不缴纳税款的，处 3 年以下有期徒刑或者拘役，并处税款 1 倍以上 5 倍以下罚金；情节严重的，处 3 年以上 7 年以下有期徒刑，并处拒缴税款 5 倍以下罚金。"税收的无偿性和强制性，是针对具体纳税人而言的，而税收的固定性，却是对收税方即政府提出的要求。政府必须专门立法，对征税范围、征收比例等作出明文规定，税法如山，应保持相对稳定，决不能朝令夕改，巧立名目，随意收税。

税收独有的特性，使它在财政诸收入中，卓然独立，清晰可辨。拿税与费相比较，税收具有无偿性，即无偿征收。而费却不同，它是一方提供劳务或资源使用权，对方相应付出代价。国家为企业和居民，提供特定服务，或者履行特定职能，理应相应收取费用，如环保部门收取的排污费，城建部门收取的地段租金，石油部门收取的矿区使用费等。费的特点是有偿收取，仅此一条，就与税收划清了界限。税收与国债之间，也是泾渭分明。国债，不管是内债，还是外债，终归是债。欠债还钱，天经地义。尽管国债表现为该时期的财政收入，但它必须用以后的收入偿还。就此，马克思做过精辟的比喻，他形容国债为"税收的预征"，也就是寅吃卯粮。与国债相同，税收也表现为财政收入，只不过，它可以一收了之，无须偿还。

　　税收的无偿性，并不意味着只进不出，只收不支。税收取自千百万纳税人，最终又花在社会公众身上，正所谓取之于民，用之于民。税收用途，不是任意为之，而是大有学问。经济学有一个"看不见的手"原理，讲的是市场像一只看不见的手，对资源配置起基础性作用。但市场这只手并非万能，也有力不能及的地方。为弥补市场失灵，必须借助一只"看得见的手"，即由政府纠正市场偏失，加强宏观调控。税收便是政府调控经济的一把利器。比如，对弱质产业、基础产业、新兴产业，实行政策优惠，调低税率，能够引导资源流向，对相关产业起到鼓励、保护、扶持的作用。

　　作为一种财政政策，税收在稳定经济，调节总供求平衡中，也表现不俗。20 世纪 70 年代，美国经济深受滞胀困扰。经济学家拉弗在白宫的一次宴会上，即兴在餐桌上画了一条开口向下的抛物线，表明了税收与税率的关系：当税率为零时，税收自然为零。当税率上升时，税收额逐渐增加。当税率增加到一定程度，税收额达到抛物线顶点，这就是最佳税率。如进一步提高税率，企业觉得无利可图，会减少生产，税收额将相应减少。拉弗把超过最佳税率点的部分称为禁区，当税率进入禁区后，降低税率是政府刺激生产，从而增加税收的唯一可行政策。

除了稳定经济外，税收还有调节收入分配的作用。市场经济崇尚效率，而不考虑公平。自由竞争的结果，往往导致收入差距拉大。通过税种设置，可以在一定程度上人为地缩小收入差距。以个人所得税为例，它按照支付能力收税，高收入者多交税，少收入者少交税，这种近似"杀富济贫"的做法，在一收一放之间，使公平有了立足之地。

公平和效率，是税收的两大原则。公平原则，内含两个次原则，一是受益原则，一是纳税能力原则。所谓受益原则，就是受益多，交税多；受益少，交税少；受益相同，税收相同；受益不同，税收不同。纳税能力原则要求两个公平：横向公平和纵向公平。前者指纳税能力相同的人，须缴纳相同的税；后者指纳税能力不同，缴纳税收不同，说起来，很有些见人下菜碟的味道。税收的第二大原则，是效率原则。提高税收效率，一要使税收的征管费用最少，二要令征税产生的额外负担最小。税收的征管费用，一般包括征税的行政费用，以及纳税者因纳税产生的费用。税收部门征税费用，司法部门提供劳务折合的费用等，都属于行政费用。因纳税产生的费用，包括很多内容，譬如，纳税人付出的咨询费、填表的费用和时间等。

效率原则的第二项内容，即额外负担，需要做些解释。小张是个典型的股民，唯一的工作是炒股。可是国家政策有变，大幅提高股息税收，盘算一通后，小张很可能把股金转化为消费，逃离股市。这种因为开征某种税收，对个人或企业的抉择产生影响，就会产生额外负担。当然，没有哪种税不产生额外负担，因比，效率的原则中，提法为"额外负担最小"，而不是为零。实际上，作为税收的两大原则，公平与效率，常常存在矛盾，就像跷跷板一样，压低了这一头，便很容易抬高另一头。而一个高明的政府，恰恰就是驾驭制衡的高手，他们努力在公平与效率中寻找到恰当的均衡点，以便把税收的积极作用发挥到极致，同时，尽可能把税收的负面影响降到最小。

税制模式大同小异

税收制度，是诸多要素的集合体。从国际上看，税制一般都采用"三加三"模式，即由三种基本要素、三种一般要素构成。征税对象、纳税人、税率等"三大件"，是税制的基本要素；纳税环节、纳税期限和减、免税，则构成税制的一般要素。正所谓万变不离其宗，税法内容会因国而异、因税而异，但税制的"三加三"模式，既不因社会制度不同而异，也不会随经济条件变化而改。

税制的三种基本要素，用陈述方式来说，是征税对象、纳税人和税率；倘若换种说法，用疑问句表述，就相应成为：对什么征税、向谁征税、征多少税。其中，对什么征税，是区分各税种的分水岭。比如，消费税，是对消费品课税；房产税，毫无疑问，对房产征税。征税对象不同，税种名称不同，税种性质不同。同一征税对象，又涵盖很多具体品种，这些品种，专业术语叫税目。以消费税为例，它下设 11 个税目，分别是烟、酒和酒精、化妆品、护肤护发品、贵重首饰和珠宝玉石、鞭炮焰火、汽油、柴油、汽车轮胎、摩托车和小汽车。列入税目，就成为应税品；反之，在税目之外，即使本身属于征税对象，也不作为应税品。比如茶叶，它本身是一种消费品，但由于没有在税目内，就无须交纳消费税。

向谁征税（纳税人），是税制的第二大基本要素。它界定了谁交税，以及违反纳税义务后，由谁承担责任。能够成为纳税人的，在法律上有两类，一为自然人，一为法人。所谓自然人，就是有民事行为能力的普通人，即通常所说的个人。法人，是相对自然人而言，它是社会组织的拟人化，是有民事行为能力的组织，比如，企业、社团等。在实际操作中，纳税人并不直接去交税，而是由单位统一上税。譬如个人所得税，相当一部分不是由纳税人跑到税务机关缴税，而是由其所在单位代扣代缴。纳税人所在的单位，是扣缴义务人，它并不是纳税义务人，通俗讲，就是纳税人和税务部门间的桥梁，过路财神而已。还有一个概念，有必要澄清，那就是负税人，负担税收的人，它依据税种不同，面目不同。它有时候等于纳税人，例如所得税的情况，纳税人自己负担。但是在很多情况下，纳税人与负税人并不耦合。举个例子，流转税（消费税、增值税、营业税等），纳税人是企业，但企业却可能把相当一部分的流转税负担，通过商品加价，转嫁给消费者，很多情况下，负税人本应是企业，却往往由消费者做了冤大头，纳税人（企业）却堤内损失堤外补，落了个一身轻。

第三个要素，就是税率。它作为税额计算尺度，不仅关系国家财政收入，而且关系纳税人负担水平。正因为此，税率成为税收制度的中心环节。我国现行税率，共有三类：比例税率、累进税率、定额税率。比例税率在具体运用上又变换为三种，即单一比例税率、差别比例税率、幅度比例税率。对于一个税种，只适用一个税率，就是单一比例税率。目前，在我国，企业所得税的税率，采用这种形式，统一规定为33%。至于差别比例税率，应用很广泛，它可以依据产品不同设置差别，例如，在现行消费税中，摩托车税率为10%，而化妆品为30%；另外，行业不同，税率不同。营业税税率设计依据的就是行业，税法规定，交通运输业税率为3%，而服务业为5%；除此以外，还有依据地区制定不同税率的情况。比较常见的是，农业税，各省、自治区、直辖市，其农业税税率，可以有所差异，黑龙江为19%，新疆为13%。在单一比例和差别比例外，还有幅度比例税率，它仍采用比例方式，但规定了最低和最高税率，至于在幅度范围内，选择多少，主动权就交给地方了。营业税中，对于娱乐行业的税率，就是这一类，幅度为5%—20%。我国现行税率第二类，是累进税率，累进二字，传递出这样一个信息：税率层层加码，水涨船高。即征税对象所得越多，纳税比率也越高。各种所得税，一般采用累进税率。与比例税率、累进税率平行存在的，是定额税率，也称作固定税额。比如，北京过去征收自行车车船使用税，每年为4元，并不区分征种自行车。

如果说，税制三大基本要素，三足鼎立，搭建成税制的筋骨，那么，正是有了三个一般要素，才使税制血肉丰满，臻于完善。三个一般要素包括纳税环节、纳税期限和减、免税。商品从生产开始，到最终消费，要经历采购、批发、零售等很多环节，商品就像是接力赛运动员一般，从生产环节跑到商业采购环节，再沿路经过批发、零售等，最终到达消费者。纳税环节，指的是在哪里交税。根据纳税环节多少，分为一次课征税、两次课征税、多次课征税。以一次课征税为例，资源税中盐税的征收在盐出场环节，这就是典型的一次课征税。确定纳税环节，其实就是确定在哪个或哪些环节征税。

至于纳税期限。亦即纳税的最后时点，它包括时间界限或时限区间。这是因为，税款有按期缴纳的，如营业税，税法规定，可以以1天、3天、5天、10天、15天、1个月为一期；也有按次缴纳的，比如，印花税，它要求在每次应税行为发生后缴纳。但不管按期，还是按次，在规定时点前交纳，都合法；只要跨过规定时点，就是违规行为，需要受到处罚。

减、免税规定，与纳税环节、纳税期限一道，构筑了税制的一般要素。按照具体内容划分，减、免税可分为政策性减免税、照顾困难减免税；根据时间，又区别为长期减免税、定期减免税。至于按照计算程序和方法，就定义为直接减免和间接减免。直接减免，先依据正常情况计算出税额，之后按照一定标准减免；与直接减免顺序相反，间接减免，它是先从征税对象总额中扣除一部分，剩余部分再按正常税率计征。

判断税收制度是否设计科学，一个重要的标准，是看税收负担是否合理。税制设计不科学，脱离实际，首先会从税收负担方面表现出来：要么税负过重，压得纳税对象喘不过气；要么税负过轻，税收征缴不足；要么厚此薄彼，税负分配苦乐不均。实际上，基本要素也好，一般要素也罢，如果设计得当，都会发挥四两拨千斤之效。反之，设计不当，搭配不合理，轻则形同虚设，不能发挥税收的作用，重则适得其反，出现"恶税""歧视税"等不合理现象，影响纳税对象的积极性。

税制结构各有千秋

如果把税制比作一个大家族，那么税制结构，就像是家族血缘关系图。它清晰明白地说明，在这个税制家族中，有多少税收大类，各大类中又细分为哪些税种，以及各税种的地位及相互关系。

一个大家庭昌然子女众多，但通常会有一个或几个孩子，是家里的顶梁柱、主心骨。在税制结构中，主心骨称为主体税种，它在税制结构中，居于主要地位，起主导作用，税收收入高。根据主体税种的不同，税制结构又有三种不同类型，即单主体税的税制结构、双主体税的税制结构、多种税并重的税制结构。顾名思义，单主体税的税制结构，以一种税为税收主体，比如所得税为主体的税制结构、流转税为主体的税制结构、财产税为主体的税制结构等等。说到双主体，丹麦、德国、荷兰、爱尔兰、波兰、巴西等国家，包括我国，实行的就是这种结构。以上这些国家中，这两个主体，分别是流转税和所得税。至于多种税并重，目前倒是少有国家采用。

　　国家的经济发达程度，对其税制结构影响甚巨。一般而言，在发达国家，通常是所得税为主体；而在发展中国家，则以流转税为主体。各国税收实践表明，随着人均国内生产总值提高，所得税在全部税收中比重会同步上升，而流转税则会同步下降。据统计，目前有 39 个国家以所得税为主，所得税在税收总收入中，遥遥领先，稳坐头把交椅。这些国家，主要是经济发达国家。同时，伴随着社会保障制度日臻完善，社会保障税，这个昔日不显山、不露水的税种，在税制体系中，也渐渐跃进为主体税种之一。而在发展中国家，流转税还贵为主体。有数字显示，在 130 个国家中，有高达 89 个国家（主要是发展中国家），以流转税为第一大税种。比如我国，流转税占我国税收总额的 70%以上。

　　以所得税为主体的国家，其个人所得税，又是重中之重。其主要原因，是发达国家个人收入较高。在这些国家，相当一部分采取了高额的多级累进税率，以发挥税收的双重作用：既增加政府的财政收入，又调节社会的再分配。应该说，个人收入所得税征缴难度相对较大，要做到应收尽收，必须有完善的制度作保障。经过多年苦心经营，发达国家已经建立了完善的个人信用制度，个人所得税征收细致严密，惩罚措施严厉。2001 年 11 月，意大利总理贝卢斯科尼被正式起诉，就是由于他名下的菲宁威特集团涉嫌偷税漏税。连总理都因个人所得税吃官司，恐怕没入吃了熊心豹子胆，敢跟税法较劲。

经济和社会的发展，把所得税推到了显赫高位，并不意味着所得税为主体的税制结构就完美无缺。也并不能说，商品税为主体的税制结构，就一无是处。所得税为主体，主要针对所得征税，毫无疑问，它具有突出的优点，即税收公平。众所周知，所得税是一种直接税，税负不易转嫁。而且，它以所得为课税对象，所谓所得，指的是净收益，这相当于，没收入不上税，少收入少上税，多收入多上税，它体现着量入定出的原则，可以据此调节收入差距，这无疑就是公平。当然，除了公平，它还发挥着重大的敛财职能，经济的发展，使个人收入、集体收入更加殷实，针对个人所得的税收，也会水涨船高，为国家财政源源不断地输送财富。但这种税制结构也是瑕瑜互现。不难想象，征收高额累进的所得税，纳税人会心下盘算，虽说多努力多收获，但收获越多，上税比例越高，有些人会认为，与其选择勤奋，但被税收征走一大部分，不如见好就收，点到为止。如果入人心存此念，经济的发展就受到影响。因此，关于所得税公平和效率的得失，历来争论不断。

再来看商品税为主体的税制结构，也是有利有弊。有利处在于，针对商品征税，税基宽泛，税源稳定。但在这里，也隐藏着它的弊端，即不管是否盈利，只要涉及商品，就按照相关税种收税，对于税收公平，显然是不利的。如果把累进的所得税称为杀富济贫的话，那么，不管收益程度的商品税，就有不分轻重一刀切的毛病，对经营困难的纳税对象而言，不免有落井下石之嫌。

不管是哪种类型的税制结构，都包括税收大类和具体税种。分类依据不同，税收类型也差异很大。最常见的分类依据，是按照性质和作用确定归属。在这种划分依据下，税收大类分别是流转税类、所得税类、财产税类、行为税类、资源税类、特定目的税类、农牧业税类等。

所谓流转税类，是以流转额为课税对象。在我国现行税制中，流转税家庭成员有：增值税、营业税、消费税、关税。所得税类，也叫收益税，课税对象为各种所得额，包括企业所得税、个人所得税、外商投资企业和外国企业所得税。财产税类包括三项：房产税、城市房地产税、遗产税（我国暂时没有开征）。有一类比较难理解的是行为税。这里的行为，不是一般意义上的行为，是针对特定行为征税，其目的是体现特定政策的要求。在我国税收大类中，行为税类家庭子女最多，共有八个，他们分别是车船使用税、车船使用牌照税、船舶吨税、印花税、屠宰税、筵席税、契税、证券交易税（目前尚未立法开征）。至于资源税类，当然是针对资源开发征税，这些资源包括原油、天然气、煤炭、金属矿产品和非金属矿产品，以及城镇土地。按照目前的税制，资源税类家庭只有两个成员，他们分别是资源税和城镇土地使用税。容易与行为税类混淆的，是特定目的税类，主要包括城市维护建设税、耕地占用税、固定资产投资方向调节税（目前暂停征收）、土地增值税、车辆购置税、燃油税（未开征）、社会保障税（还没有立法开征）。这些税种的出现，是为了达到特定目的，它针对的也正是特定对象，如土地等。最后一类，农牧业税类，包括农业税（含农业特产税）和牧业税两种。

正如政府机构改革一样，在不同时期，有不同部门；不同时期，职能不同。我们的税制结构，也不是一成不变的，而是因时而变，例如，国家正在酝酿适时出台燃油税、社会保障税等，也适应时代变化，暂停了固定资产投资方向调节税等。再有，本世纪初，车辆购置税，被列为流转税类，可后来，成了特定目的税类的家庭成员。而原来与流转税类、所得税类平起平坐的关税，却被划入流转税类等，类似情况不在少数。在可以预见的未来，税制结构会一再调整，但不管怎样调，往好的方向走，是可以肯定的。

税收负担与公平税负

自打有税收起，税收负担便如影随形，两不分离。道理不言自明，税收是强制征收的，国家从纳税人手中无偿取得收入，对纳税人而言，自然是一种经济负担，经济利益必然受损。税收负担有许多种，从纳税人的角度区分，有居民个人税负、企事业单位税负；从税制结构考虑，相应分为流转税税负、所得税税负等；从税负的实际归属划分，可分为名义税负和实际税负。名义税负，是税法规定的税负；而实际税负，指纳税人的最终税负。两者并不一定相等。比如，政府向厂商收税，而厂家又通过商品提价，把一部分税负转嫁给消费者。这样，厂家的实际税负，将大大低于名义税负。

不管是纳税一方，还是收税一方，都会关注税负轻重问题。纳税人自然希望税种越少、税率越低越好。而政府既不能让财政入不敷出，债台高筑；也不愿因税负过高，造成经济萎缩，税源枯竭。衡量税负轻重，有两个标准：绝对数标准和相对数标准。绝对数，指的是税收负担金额；而相对数，是税收金额占课税对象（所得、收入、财产等）的比重，也就是税收负担率。与绝对数相比，相对数更宜于比较课税对象税负高低，因此，被政府作为研究、制定、调整税收政策的主要依据。在实际应用中，税收负担率可以变换为很多指标，主要可分为宏观（总体）指标和微观（个体）指标两类。宏观税负以社会总产出来计量。目前，国际上通行两种总量指标，即国内生产总值（GDP）和国民收入（NI），因此，税收负担率总体指标就有两个，一是国内生产总值税收负担率，一是国民收入税收负担率。

国内生产总值税收负担率，是一定时期（通常是一年），一个国家税收总额占同期 GDP 的比重。而国内生产总值，包括所有产品和服务。因此，国内生产总值税收负担率，反映所有产品和服务负担税收程度，它有大中小三个衡量口径：大口径，是政府收入在 GDP 中的比例；中口径，则是财政收入占 GDP 中的比例；而小口径，指的是税收收入在 GDP 中的比重。第二个宏观指标，国民收入税收负担率，它是税收总额占国民收入总值的比例。国民收入，与国民生产总值不同，它指的是一个国家，在一定时期内，物质生产部门新创造的价值。由此，国民收入税收负担率，反映了新价值的税负程度。从这个层面看，国民收入税收负担率，比起国内生产总值税收负担率，更能说明国家的积累情况。

与宏观指标相对，微观指标专注于个体和细节，它看问题的角度，是单个纳税人、单个税种的税负。在没有税负转嫁，即直接税的情形下，采用纯收入直接税负担率表示，它是个人税负占纯收入的比例。此外，还可用全部税负率（总产值税负率、增加值税负率、净产值税负率等）作为参考性指标。倘若存在税负转嫁，必须清楚一点，全部负担率决不是实际负担率，它只是相对负担率。

税收负担的高低，绝不能随意为之。确定税收负担率，一般要考虑两方面因素：经济因素和税制因素。经济因素包罗万象，涉及经济生活的方方面面，经济社会发展水平、国家财政收支状况、宏观经济政策、对外经济贸易情况等，都在其列。以经济社会发展水平为例，世界银行的调查资料表明：经济越发达，人均 GDP 越高，社会供给越充分，税基也越宽泛，纳税人税收承受能力越高，税收负担越高。再以宏观经济政策为例，倘若经济发展速度畸快，政府往往会采取紧缩政策，提高税负水平，防止经济过热；反之，内需不足，投资增长乏力，便要考虑降低税负，扩大需求。也就是说，税收政策要"逆经济风向"行事。影响税负的第二个因素，是税制因素。包括税收征管水平、纳税人法制观念等。一个国家，假如税收征管水平低，那么，在制定税收政策时，就需要考虑清楚，税种、税率设置是否恰当，能否做到应收尽收。否则，开征的税种，只是"聋子的耳朵——摆设",该收的税征不上来,不仅落下个"税太多"的埋怨,还会直接影响国家的财政计划。

从事税收研究的学者大多认为,税收政策的核心是税收负担。在一定意义上讲,税制的设计,就是税负的设计。英国经济学家哥尔柏说:"税收这种技术,就是拔最多的鹅毛,听最少的鹅叫。"此话不免有几分揶揄,但却形象地说明,制定税收政策,必须在国家财政需要、纳税人的负担能力之间,寻找一个合适的平衡点。税负过高,虽然国家财政有保障,但纳税人工作积极性会受到挫伤;反之,税负太低,纳税人双手赞成,但国家财政收入又没了着落。这个平衡点就是合理负担点。税负设计的另一个原则,是公平税负。所有纳税人,处在同样的税收环境,享受同等的税收政策,这就是公平税负。如果有些企业或个人,游离在税收之外,或者同是纳税人,待遇不同,就缺少公平可言。

对中国的税负问题,学界见仁见智,各执一端,从未停止争论。从统计数字看,我国财政收入占 GDP 的比例,从 20 世纪 80 年代起,一直呈下降趋势,1985 年,这个数字为 28%,1993 年,降为 16.85%,到 1995 年,更是达到历史最低,只有 10.6%。有资料显示,发达国家的税收收入,至少在 GDP 中占 15% 以上,以 1994 年为例,澳大利亚为 28.9%,法国为 39.4%,意大利更是达到 39.7%。这样来看,我国税收收入在 GDP 中比例偏低。针对于此,从"九五"开始,我们开始加强税收征管，税收收入也渐渐走高，到 2000 年，税收收入占 GDP 的比重，上升为 14%，这个数字，还有进一步升高的趋势。对此，很多学者提出，对中国的实际税负，要进行理性分析。因为，税收收入是铁板钉钉，实实在在的数字，而中国的 GDP，由于种种原因，却一直含有大量的水分，存在高估的问题。也就是说，在税收收入与 GDP 的比率公式中，分子不变，而分母的数值却应该从低计算。这样一来，中国的税收负担，就会大大高于现有统计数值。在内需不足，经济紧缩的背景下，科学分析中国的税收负担水平，合理降低税负，应该是政府认真思考的重要课题。

避免国际双重课税

自哥伦布发现新大陆，麦哲伦环游地球之后，国与国之间的交往空前频繁。商人的船队扬帆出海，远涉重洋，通过贱买贵卖，满载黄金白银而归。从业之利，农不如工，工不如商。商业的繁荣兴旺，使"重商主义"风靡一时，信奉此道的人认为，政府应奖出限入，给本国的出口商以补助，降低出口商品价格，增强在国际市场的竞争力；同时，对进口商品征收高关税，使国外厂商无利可图。如此一来，对外贸易持续顺差，国家就能迅速强盛，人民生活也会日益殷实。常言道，来而不往非礼也。你对我实行关税封锁，把我的产品赶出国门，那我也以其人之道，还治其人之身，让你的产品在我这儿无立足之地。国与国之间壁垒高筑，打起了关税战，结果两败俱伤，得不偿失。税收问题由此跨出了国门，变成国与国之间的大事，如何处理好国际税收，引起了各国政府的关注。

与一般税收相比，国际税收有五个鲜明的特点，即涉外性、国际协调性、法制性、符合国际惯例性、优惠性。所谓涉外性，是指税收涉及两个或两个以上国家。虽然每一个国家都依据自己的税法征税，但对于跨国纳税人来说，却有可能向几个国家缴税。也就是说，国际税收常常涉及重复征税问题。正是为了解决这一问题，才有了税收的国际协调。当事国通过对话协商，求大同存小异，签订双边或多边税收协议。至于法制性，很容易理解。涉外的税法如果出了问题，带来的负面影响，要比国内税法更大。因此，国际税收所依据的税法，往往更加严格，更为完善。符合国际惯例性，是国际税收的一项基本原则。如果一国的涉外税法我行我素，想怎么收就怎么收，就难免与贸易伙伴国发生冲突。这就好像蒙古族同胞，喜欢以大碗酒敬客，在他们看来，不如此不足以表达情谊，可是各地风土人情有异，对不喜欢劝酒的南方人来说，恐怕这情意就成了负担。如果蒙古族兄弟到其他省份，就更不能再沿用此法，而要入乡随俗，充分考虑对方的承受能力。国际税收，也是同样道理，它不能一意孤行，必须符合国际惯例。国际税收的最后一个特点，就是优惠性。比如 WTO 各成员国，互相实行"最惠国待遇"，中国给美国的农产品降低了关税，那么，其他成员国也自然而然享受这一优惠，而不需要再进行谈判磋商。

我们知道，一个国家的主权，有多种表现。体现在税收领域，这种主权就是税收管辖权。既然各国主权独立，税收管辖权想怎么确定就怎么确定，别的国家无权横挑鼻子竖挑眼。总的说来，税收管辖权有三种，居民管辖权、地域管辖权、双重管辖权。实行居民管辖权，依据的是"属人原则"，即国家有权对本国居民进行法律管辖。具体到税收方面，就是本国居民的所得，不论来源于境内，还是来源于境外，统统要交税。截至目前，还没有哪个国家，单独采用居民管辖权。而地域管辖权，其依据原则是属地主义，也称领地主义。地域管辖权，有两层含义：对本国居民来说，只对他来自本国范围内的收益、所得、财产纳税，对于来自其他国家的收入，地域管辖权则无权征税；关于外国居民，也就是非本国居民，他在所在国取得的收入，也必须向当地税务机关纳税。实行地域管辖权的国家，有法国、巴西、新加坡等。与前两种管辖权相比，双重管辖权的收税涵盖得更宽，它同时采用居民管辖权和地域管辖权，不论在哪个管辖权范围内，都得上税。中国、美国、日本、印度等国，实行的都是双重管辖权。

既然各国的税收管辖权不一，那么，出现双重甚至多重课税，也就在所难免。比如，中美两国，实行的都是双重管辖权，在美国有中国人做生意，当然在中国，也有美国人做买卖。中国居民张三，在美国卖服装赚了钱，美国居民约翰，也在中国搞软件发了财。那么，按照居民管辖权，中国要对张三收税，而按照地域管辖权，美国也要对张三征税。同样道理，约翰也要依照中美两国税法，分别交税。很显然，张三和约翰都被重复征税。可想而知，不论张三还是约翰，都对这种双重课税，牢骚满腹，心有不甘。如果这种状况不改变，沉重的税收负担，将使这些跨国经营者难以为继，与其背井离乡，苦干苦熬，把挣的钱大部分交了税，还不如及早收手，改到本国投资算了。这显然不利于资源合理配置，长此以往，也会阻碍国际贸易的发展。有句老话说得好，解铃还需系铃人。消除国际间双重课税，需要当事国政府作出努力。

解决国际双重课税，办法有两种：一是某国政府单独行动，免除本国居民的双重负担之苦。既然单边行动，不会给其他国家带来麻烦，因此，也无须经过他们同意。另一个办法，是互动方式，即两个国家或两个以上国家，签订双边协定或多边协定，免除各自百姓被"多重扒皮"的困境。较之单独行动，互动式显然是上上策。当然，具体操作起来，减除重复征税的措施，林林总总，不一而足。其中，比较常用的有三种：抵免法、免税法、扣除法和低税法。

所谓抵免法，是对本国居民而言。前面例子中，如果张三在美国已缴税款折合人民币3万元，而按照中国税法规定，还要向中国的税务缴税5万元，最后，中国方面从应收税款中扣掉3万元，只收了张三2万元税款，用的便是抵免法。

第二种措施是免税法。通常用于单边行动，本国政府放弃自己应得部分。这很像一个学生课业负担沉重，星期天学校要求补课，而家长也安排了弹钢琴学美术。父母看到孩子不堪重负，便放弃自己布置的任务，到了星期天，孩子只需补课，无须作画练琴了。前面例子中，如果中国的税务机关，对张三缴纳 2 万元税款也一笔勾销，就可以称为免税法。当然如此一来，本国政府应得的税款就流失了。

第三个法子，是扣除法和低税法，前者是把纳税人来源于国外的所得，先刨去这笔所得在国外的税款，只对这项余额征税。比如张三挣了 10 万元，美国已收其税款 3 万元。照理说，中国也要以 10 万元为基数，对张三征收所得税。现在实行扣除法，张三就能以 7（10–3=7）万元为基数，然后再按中国的适用税率，照章纳税。低税法是对境外所得实行特殊照顾，制定特别的低税率，以缓解纳税人的负担。还是上面那个例子，如果张三在中国纳税的基数和美国相同，也是 10 万元，但中国方面把他的适用税率由 30% 降为 10%，同样减轻了张三的纳税负担。

金融中枢

工商业勃兴、分工专业化、贸易空间扩大，密切了货币与信用的联系，改变着货币形态、信用方式。货币和信用联姻，孕育出经济社会的混血儿——金融。它自诞生之日起，就遵循"游必有方"的道理，哪里有利可图，资金融通的触角，就会伸向哪里。

金融是现代经济的核心

商业银行炼金有术

货币政策工具箱

政策性银行造福社会

投资银行独领风骚

金融是现代经济的核心

《史记》记载，汉朝开国皇帝刘邦早年做泗水亭长时，贪恋杯中之物，常到三媪、武负两家酒店豪饮。刘亭长喝酒从不交现钱，酒店也常趁其酒醉加倍计价。双方立个字据，到年底打总算账。看来，早在两千多年前，刘邦就有了信贷消费意识，酒店老板也深谙借少还多之道，他们一个愿打，一个愿挨，赊购赊销屡屡成交，是典型的信用行为。

信用一词源于拉丁文，原意指信任、声誉。引用到经济领域，反映的是经济交往中的借贷关系。上古时代，人们聚穴而居，有活同干，有饭同吃，财物归公，不分你我，也就无所谓借贷。自打财产私有、贫富分化之后，碰上饥年馑月，天灾人祸，穷人求借上门，富人见利放贷，借来贷去，不知不觉之中，信用便融入了人类社会。一般认为，最初的信用行为多为实物借贷。比如春借两斗，秋还一斛，这类粮食借贷交易，在中国农村曾长期盛行。金属货币出现后，借债还钱，又成了天经地义的公理。整个自然经济时代，实物借贷和货币借贷同时存在，两种信用方式有时相互渗透，比如精明的贷方会定下这样的规矩：还贷时若粮价上涨则借方还粮，粮价下跌则借方还钱。如此一来，放贷便和物价涨落挂钩，不管通胀还是通缩，贷方都是稳赚不赔。

在商品经济社会，各种商品生产时间大不相同，有的长些，有的短些，有的带有季节性；流通上，有的商品可以就地销售，有的则需要千里迢迢运往远方。生产时间的差别，使一些商品生产者，在自己的商品尚未完成时，就亟待购进原料；异地经商的买卖人，则要预借本钱，待商品出手后赚得大钱，才能归还贷款。俗话说，空口无凭，立字为据。频繁广泛的借贷关系，促进了信用凭证制度的规范，在中世纪末期的欧洲，出现了比较成熟的商业票据。当时，许多大宗交易，都用票据进行偿付和结算。票据未到期之前，持票人只要在票据的背面签字画押（简称背书），以表示愿负连带责任，就可以代替现金支付给第三者，第三者需要时，又可背书转付给第四人，如此可辗转几十乃至上百人之手。商业票据的产生，突破了流通中金银铸币的束缚，推动商品经济迅速发展。

商人们渐渐发现，商业票据也有先天不足：这种信用形式多在生产企业之间，贷方要受借方生产规模限制，比如一个大织布厂，如果找不到规模匹配的纺纱厂出借棉纱，只能与几家纺纱厂挨个谈判，协商出借数量和利息；商业借贷是单向的，纺纱厂可以向轧棉厂借棉花，织布厂可以向纺纱厂赊棉纱，即上游产品的企业，可以向下游产品的企业提供信用，反之则会借非所用，甚至求借无门。商业票据几经易手，如果有一个环节背信弃义，就得逐层追溯连带责任，这样的连带官司往往搞得商家焦头烂额。此外，如果持票人急需用钱，想提前兑现未到期的票据，要费力搜寻合适的买家。银行业的发展，使这些令人头疼的问题迎刃而解。最初，商人为周转资金，持未到期的票据向银行换取现金，银行扣除到期以前的利息（简称贴水），待票据到期时，银行再持票向最初发票的债务人或背书人兑取现金，此即银行的票据贴现业务。随着业务不断增多，一些大银行开始以自有资金、信誉作保，向储户、借款人发放银行券，这些银行券相当于银行打给储户的规范欠条，具有和金银一样的效力，与商业票据相比，银行券没有固定的支付期，票面金额有大有小，既宜于大额支付，又可做零星交易，轻便易行，很快在市面上大量流通。银行券多头发行、良莠不齐，容易引发信用风险，在政府的支持下，少数大银行取得了银行券的发行权，形形色色的银行券，变成了中央银行发行的不兑换纸币。金属货币演变成纸币，实物借贷让位于货币借贷，信用和货币这对红男绿女，终于日久生情，以身相许，花花绿绿的钞票，成了它们海誓山盟的信物。

货币和信用联姻，孕育出经济社会的混血儿——金融。顾名思义，金融就是货币资金的融通。如同人用两条腿走路一样，资金融通也有两种方式：直接金融和间接金融。两者之间的区别，在于有没有金融机构的介入。直接金融指企业发行债券、股票，面向公众直接融资。企业通过债券融资，省却了银行等金融中介，给债权人的利息承诺，一般远比储蓄利息高。公众购买了股票，就成了企业的股东，拥有相应的所有者权利，对企业的业绩尤为关注，是企业发展的动力和压力所在。直接金融也有一个明显的弱点，就是债权人和股东投资风险大，买债券风险自负，股票可以分红，但不还本只能转让，如果企业亏损甚至破产，投资人便会落得鸡飞蛋打一场空。间接融资有银行等金融机构介入，可以通过其分支机构，吸收大量闲散资金，为企业节省融资成本。储户把钱存到金融机构，比投资债券、股票相对保险，这些都是间接金融的优势所在。但是，储户在金融机构得到的利息不高，金融机构和储户之间，信息是极不对称的，前者如何投资，储户往往不明就里，如果金融机构因经营不善倒闭，储户会蒙受损失，哑巴吃黄连，有口说不出。由此可见，两种融资方式互有利弊，各具短长，这也是它们能够长期并存的原因所在。

中国的孔圣人曾说：父母在，不远游，游必有方。金融自诞生之日起，就遵循"游必有方"的道理，风险和收益两相权衡，哪里有利可图，货币资金融通的触角，就会伸向哪里。二战以来，世界贸易日趋全球化，国际资本流动也随之蔚为壮观。国际贸易的发展，要求不同国家的货币，按照一定的比例进行兑换。在外汇市场上，汇率的高低，不仅反映各国的经济水平，导致国际收支的顺逆，还会影响国际资本的流向。人有贫富，国有强弱。现代经济社会里，国与国之间，早已不是"老死不相往来"，谁也不会抱着"既无内债，又无外债"的旧观念过日子，国与国之间的资本借贷，就像张三向王五借粮过年一样，成为司空见惯的经济现象了。天下大势，分久必合。十五六世纪，重商主义者曾把金银看作唯一的财富，千方百计禁止硬通货输出，挖空心思要把外国的金山银矿搬回家。几百年后，金融自由化却成了时尚，国际资本流动越来越随心所欲，能借能贷成了一国经济实力、信用等级的象征。金融封锁已为金融合作所取代，国际金融组织成为世界经济的润滑油、黏合剂，规避金融风险、实现金融创新，成为全球经济的新潮流。有人把现代金融比作世界经济的心脏，事实的确证明，它强有力的律动，正是当今人类生生不息、追求完美的共鸣。

商业银行炼金有术

　　《聊斋志异》中有一则故事：某秀才结识了一位狐仙，十分投缘。一天，秀才请狐仙显显本事，变些钱来花。狐仙便向他要了十几枚铜板，作为"母钱"，然后念咒施法，铜钱如雨水般从天而降，堆了整整一屋。秀才大喜，邀狐仙撮了一顿。酒足饭饱，回家一看，满屋的孔方兄不翼而飞，只剩十余枚"母钱"躺在地上。秀才大怒，质问狐仙何故。对方答曰："君子之交不言利，你若想发横财，还是与鸡鸣狗盗之徒为伍吧。"穷秀才迷恋狐仙的障眼法，利令智昏，使人捧腹。可故事中以钱生钱的魔法，在现代经济社会却变成了现实。不过，掌握炼金术的不是狐仙，而是我们天天打交道的商业银行。

　　现代银行产生之前，人们的贸易往来，多使用黄金白银，这些硬通货具有保值功能，谁拿在手里都觉得踏实。可是，硬通货使用起来有诸多不便。比如遇上大宗买卖，成千上万金条银锭倒来换去，耗时费力，无形中增加了交易成本。于是，银行应运而生，它们代管金银财宝，为企业开出商业票据，买卖双方一票在手，随时可到指定银行换出金银，商人们轻车简从，省了不少麻烦。17—19 世纪，西方工业化国家的许多银行以资产、信誉作担保，发行一定面值的银行券，这便是今天流行的纸币的前身。在银行业的竞争、整合中，资金雄厚、信誉卓著的大银行，在政府支持下，依法取得了银行券（法定货币）的独家发行权，成为各国的中央银行。与发行货币、调控经济的央行不同，其他银行吸储放贷，赚取存贷利差，被称为商业银行。随着银行业的分离，现代信用货币的创造功能，在商业银行中悄然释放。

当然，商业银行没有点石成金的本事，不可能两手空空，变出成捆的钞票来。像《聊斋志异》中的狐仙需要"母钱"一样，商业银行创造货币的过程，是从中央银行发行货币开始的。假定经济社会原本没有货币，中央银行最初发行 1 000 元，按照占有财富的多寡，发放给居民和企业。又假定他们全都把钱存入商业银行，于是，商业银行便从居民和企业手中，借来了 1 000 元的本钱。有道是，天下攘攘，皆为利往。银行如果把钱放在金库，分文不动，还要按期支付储户利息，肯定是天字一号傻瓜。其实，精明的银行家早就发现，并非所有的储户，闲着没事天天跑银行，今天存明天取，而是相隔一段时间，或几十天，或数月，甚至若干年才提取现金，绝大多数存款人的提款时间并不一致。而且，银行每天开张营业，顾客络绎不绝，有存有取，有借有还，一般当天存入的现款，就可以抵付取款。这好像客运列车，路途中每到一站，有上有下，列车基本上总能满员前行。如此一来，商业银行便有了借鸡生蛋的妙计：只需准备一部分现金，以备不时之需，其余的以更高的利息贷放出去，死钱变活钱，便可不尽财源滚滚来。

商业银行以钱生钱的本事有多大，主要取决于准备金率，也就是库存现金与存款总额的比率。如果存款准备金率为20%，那么，如前所述中央银行发行的1 000元，由储户全部存入某家商业银行后，商业银行只留200元应付日常业务，其余800元暗度陈仓，以更高的利息，放贷给企业A。如果企业A将得到的800元贷款存入第二家银行，这家银行也留下存款额的20%，也就是160元作为准备金，其余的640元贷给顾客B，而顾客B又将640元贷款存入第三家银行，该银行再如法炮制，留下128元作为准备金，将其余的512元贷放出去。依此类推，在商业银行系统，产生了一系列连锁存贷反应，就像母生子，子生孙一样，1 000元活期存款，能繁衍出5倍于自身的存款货币来，即1 000+800+512+409.6+……=5 000元。可以推知，如果法定准备金率降为10%，那么1 000元的活期存款会创造出10 000元的活期存款，若准备金率再降为5%，1 000元活期存款将创造出20 000元的活期存款来。也就是说，商业银行存款扩张的倍数，恰好等于准备金率的倒数。这个数字有一个专门词汇，叫作货币乘数，也就是说，商业银行造钱的本事，不像老百姓那样用加法，日积月累，一分一毛地慢慢积攒，而像算术中的乘法，使存款量成倍增长。商业银行的炼金术，与中央银行的印钞机相比，有过之而无不及。

中央银行发行的货币，被称作基础货币，由于它能衍生出数倍于己的账面财富，所以，又博得了"高能量货币"的雅号。人们通常把最初存入商业银行的存款，称作原始存款，把在此基础上扩大的存款，叫作派生存款。商业银行派生存款的数额越大，资金利用率就越高，银行捞到的好处也就越多。随着支票、信用卡、电子货币的出现，经济交往中提取现金的情况越来越少，商业银行准备金率下调的空间也不断增大。但是，这种以钱生钱的办法，却像走钢丝，人离地面越高，钢丝就越细越长，摔下去的危险也就越大。商业银行的准备金率如果过低，一旦遇到风吹草动，比如经济波动，便很容易出现银行挤兑，引发信用危机，商业银行也会玩火自焚，破产倒闭。中央银行作为最终的贷款人，遇到这种情况，往往是跑了和尚跑不了庙，要承担现金兑付责任，所以，对商业银行的准备金率，各国中央银行都有严格的规定。

当然，商业银行并非法力无边，除了准备金率外，创造存款货币的能力，还要受到诸多因素的制约。比如储户出于多种考虑，不会把手头的现金全部存入银行，总要留一些以备日常使用，这就不像前面假定的那样，全部现金都装进银行的钱柜，而是要有一部分现金漏损，漏损金额与存款总额的比率，称为提现率。提现率越高，银行存款放大的倍数就越小。此外，银行请来的客人众口不一，也就是说储户的偏好不同，有的喜欢存取方便，使用活期存款，有的则省吃俭用，看中定期存款的高利息，两种账户存取方式不同，商业银行的准备金率也要差别对待，两种存款账户此消彼长，也往往会使商业银行创造货币的数量发生波动。还有一种客观情况，任何国家的经济发展，都不可能蒸蒸日上，一路阳光。经济低迷萧条时，企业开工不足，贷款投资的欲望不强，加之银行放贷风险增大，也会小心行事，出现"惜贷"现象。这时，银行库存现金增多，准备金率下调，创造以钱生钱的本事也就大打折扣。这一过程，与存款货币的膨胀恰好相反，是货币量成倍的收缩过程，经济不景气的时候，经济生活中能够使用的货币量也成倍地减少。如果这种情况出现，不仅老百姓的日子不好过，整天与花花绿绿钞票打交道的银行员工，也只能望钱兴叹，无计可施了。

货币政策工具箱

有人说，货币是现代经济社会的血液，不可或缺，无处不在。中央银行则好比心脏，吞吐万象，举足轻重。它不以赢利为目的，也不经营普通银行业务，其主要职能之一，就是运用一定的政策工具，控制货币供应量，调节信贷总规模，为经济发展创造良好的金融环境。

提起货币供给，人们很容易想到"发票子"。其实，中央银行控制货币供应量，不仅指流通中的现金，而且包括存款。不同的货币资产，流动性殊异。比如，活期存款比定期存款提现方便，用现金进行交易，又比活期存款少了许多麻烦。各国根据货币资产的流动性，将货币供给划分为不同的层次。在我国，将流通中的现金称为 M_0，它与消费物价水平变动密切相关，流动性最强。M_0 加上企事业单位活期存款，通称 M_1，也叫狭义货币供应量，其数量变化，反映企业资金松紧状况。在

M_1 的基础上，加上企事业单位定期存款，以及居民储蓄存款，构成了广义货币供应量，通称 M_2，它的流动性最弱，但反映社会总需求的变化，是宏观调控的重要参考指标。当经济萧条时，央行实行扩张性货币政策，增加货币供给，刺激经济复苏；经济过热时，则实行紧缩性货币政策，减少货币供给，保持经济平稳运行。

中央银行实施货币政策，有三样看家"法宝"：存款准备金率、再贴现率和公开市场业务。各国的金融法规都明确规定，商业银行必须将吸纳存款的一部分存到央行，这部分资金与存款总额的比率，就是存款准备金率。央行提高存款准备金率，流通中的货币会成倍缩减。这里边的道理不难理解：商业银行往中央银行交的准备金多了，自身可支配的资金便少了，于是银行对企业的贷款减少，企业在银行的存款相应地会更少，"存款—贷款"级级递减，整个社会的货币总量大大降低。这很像我们调试音响——降低功放机的功率，输出的音量自然会减小。反之，如果央行调低存款准备金率，流通中的货币量便会成倍增加。中央银行作为"银行的银行"，充当着最后贷款人的角色。也就是说，商业银行囊中羞涩，最后往往要向中央银行求借。借钱不是空手套白狼，总得有所付出。企业向商业银行求贷时，经常将未到期的商业票据转让给银行，取得贷款，这称为贴现。商业银行如法炮制，将手中的商业票据转让给央行，称为再贴现。中央银行接受商业银行的票据，要在原价基础上打折，折扣率即再贴现率。显然，央行改变再贴现率，相当于增加或减少商业银行的贷款成本，对其信用扩张积极性或抑或扬，货币供应量便也相应地收缩或膨胀。

存款准备金率和再贴现率，有一个相似的特点，就是力度大，显效强。1999 年 3 月，我国人民银行将存款准备金率降了两个百分点，商业银行一下子便多出了 2 000 多亿元的可用资金。1998 年，中国人民银行改革再贴现率生成机制，在内需不足的情况下，三年时间里连续四次调低再贴现率，使商业银行和企业有了大量的活钱。以上两项大动作，大大增加了货币供应量，对刺激投资，拉动经济，作用不可低估。但是，药猛伤身，正由于存款准备金率和再贴现率对一国金融影响至深，所以，不到重要关头，中央银行并不轻易动用。央行"三大法宝"中，使用最多的还是公开市场业务。它是指央行在金融市场上买卖有价证券（如国债）的活动。当央行买进有价证券时，向出卖者支付货币，从而增加了流通中的货币量。反之，则减少货币量。公开市场业务最大的优点，是央行可以经常运用它，对经济进行微调，操作灵活方便，对经济的震动小。所以，从 20 世纪 50 年代起，美联储 90％的货币吞吐通过公开市场业务进行，德、法等国也大量采用公开市场业务调节货币供应量。但公开市场业务要想能有效地发挥作用，需要一些重要的前提：比如央行要有雄厚的实力、利率要实行市场化、国内金融市场发达、可供操作的证券种类齐全等。

在中央银行货币政策工具箱里，"三大法宝"威力无边，使用频繁，被称为一般性政策工具。除此之外，还有一些非常规武器，它们被称作选择性政策工具和补充性政策工具。前者指央行对某些特殊领域的信用进行调控。比如，为防止房地产投机，央行对金融机构不动产放款作出专门规定；通货膨胀时期，央行对耐用消费品信贷消费作出限制，可以抑制消费需求，缓解物价上扬；提高证券保证金率等证券市场信用控制措施，可以遏制证券市场的过度投机；要求进口商预缴进口商品总值一定比例的存款，能够控制进口的过快增长；对国家重点发展的产业和经济部门，实行优惠的利率政策，则为多数国家所采用。补充性政策工具大致可分为直接信用控制与间接信用指导两类。美国在 1980 年以前，有一个 Q 条例，规定了商业银行存贷款最高利率限制，防止银行抬高利率吸储，从事高风险融资活动。规定商业银行的流动资产对存款的比率，也是限制信用扩张的强制措施。信用配额、直接干预商业银行信贷业务等，虽然仅在特殊情况下使用，但其直接、强制性的信用控制，对于问题的解决往往立竿见影，收效神速。

中央银行采取选择性政策工具，或者使用直接信用控制时，像严厉的父亲管教不听话的孩子。而间接信用指导，则像慈母苦口婆心循循善诱。其中，道义劝告是各国央行最经常使用的工具之一。央行行长与金融巨子们见面恳谈，共进晚餐，在握手举杯之间，点明央行货币政策意图，求得理解与合作。例如，当国际收支出现赤字时，央行会劝告金融机构减少海外贷款；房地产与证券市场过热时，又会要求商业银行缩减对这些市场的信贷。战后的日本，长期盛行窗口指导。中央银行根据产业行情、物价趋势和金融市场动向，规定商业银行的利率、贷款额，并要求其执行。如果商业银行不听招呼，央行则会削减向该行的贷款额度，甚至停止提供信用。从二战结束到1974年，日本通过严格规范和高度管制的窗口指导，维持了较高的经济增长率。但是，间接信用指导毕竟没有法律约束力，这种货币政策工具要发挥作用，中央银行要有较高的威望和控制力，否则商业银行便难免会为一己之利，与央行意愿背道而驰。

俗话说，尺有所短，寸有所长。央行的货币政策工具，只有合理搭配，才能取得令人满意的调控效果。比如央行试图提高再贴现率控制信用膨胀，有些商业银行却会通过同行拆借、发行票据、国外市场筹资等获得资金，而无须向央行求借。如果央行辅以公开市场业务，在市场上低价卖出证券，则商业银行便会见利而购，紧缩性货币政策目标便得以实现。由此看来，高居金融金字塔顶端的中央银行，若能娴熟地运用货币政策工具，便可闲庭信步，处变不惊了。

政策性银行造福社会

　　在众多的金融机构中，有一类特殊的银行：它不吸收居民储蓄存款，而是由政府出资组建；它不像商业银行"唯利是图"，却像一位心系天下的君子，把社会利益放在第一位。由于它既履行银行职能，又按政府的意图行事，所以被称为政策性银行。

　　早在一个半世纪前，政策性银行就已经出现。不过长期以来，西方国家崇尚自由放任的市场经济，在金融体系中，唱主角的是私营的商业银行，政策性银行没有得到长足发展。二战结束后，西方世界满目疮痍，急需医治战争创伤，重整国民经济。广大发展中国家取得了独立，也亟须加快发展步伐，振兴民族经济。战事消弭，百废待兴，不论是基础设施建设，还是产业结构调整，所需资金动辄数十亿、上百亿乃至千亿，对于饱经战火的商业银行来说，不啻天文数字。而且，这些项目不仅花钱费力，回收期长，获利还非常微薄。商业银行是私人掏腰包兴办的，放贷不挣钱，八抬大轿也请不动。正如经济学所言，社会效益高、经济效益低的公共物品，难以通过市场机制自发提供，当出现"市场失灵"时，只能由政府出面，借助"有形之手"，弥补市场缺陷，融通资金，殖产兴业。正因如此，战后几十年间，政策性银行在世界范围内蓬勃兴起。

但凡银行，其资金都由两部分组成，一为自有资金，一为外来资金。商业银行的自有资金，通过发行股票募集，私人股东占大头。吸收储户存款，是其获取外来资金的主渠道。政策性银行的资金来源，与商业银行大不相同。其自有资金，来自财政直接拨款。政策性银行的外来资金，不是通过吸储方式筹集，由于是政府牵头办的银行，所以它能够很方便地向财政、央行借款。这些资金不仅数额大、利率低，而且期限长，一般都在15年以上。此外，政策性银行有政府作担保，以主权国家的信用，到国际金融市场上融资，毫不费力，一路绿灯。许多国家的法律规定，政策性银行可以享受税收优惠，如免交所得税等。不仅如此，政府作为政策性银行的股东，不仅红利分文不取，留作银行的储备金，还经常追加资金，以壮大政策性银行的实力。

政策性银行既是银行，就有与商业银行共性的特征。它通过负债业务吸收资金，再经过资产业务发放贷款，起到了借贷中介人的作用，是借者和贷者之间的桥梁。它外借的资金不仅要还本，而且要付息。虽然政策性银行扶持公共产业，更注重社会效益，但也要力争做到保本微利，尽量减轻国家财政上的负担。否则，连自己的肚皮都填不饱，就更谈不上为"天下"谋利了。所以，政策性银行并非国家财政的出纳员，而是独立的法人。在西方国家，政策性银行普遍建立了完善的内控机制，采取严格的项目评审制度，实行独立的项目决策，能够较好地规避风险。政策性银行服务于国家开发和建设，经营范围明确，很少与商业银行同台竞争。由于它一般不设立分支机构，因此，常常借助商业银行的网点优势，开展互利合作。比如，2001 年 8 月 13 日，中国进出口银行分别与中国银行、中国工商银行签订了《全面合作框架协议》，工行、中行将为进出口银行提供代理服务，如代理出口买、卖方信贷、国内人民币结算、资金清算等业务。

各国在不同的历史时期，政策的侧重点有所不同。政策性银行按政府意图行事，自然是"月亮走，我也走"，经营方向随着政策导向不断变化。日本的开发银行，20 世纪 50—60 年代，配合"战后重建"，贷款重点投向电力、煤炭、钢铁和造船等基础工业。70 年代以来，开发银行进行了兼并重组，贷款方向转向支持地区开发，改善大众生活，着力解决城乡差别、老龄化等问题。德国复兴信贷银行在完成联邦德国战后重建、统一后原民主德国援助等任务后，开始把业务重点转向住宅建设、中小企业发展和环境保护上来。新加坡由于基础设施有限，自 70 年代起，开发银行就开始扩展商业银行和投资银行业务，现在虽然已是一个上市的全能银行，但仍然执行本国国策，是支撑新加坡资本输出、对外发展的重要支柱。

与商业性贷款相比，政策性贷款在拉动国民经济增长方面，显得棋高一筹。因为它不是无偿的，而只是以较低的优惠利率贷款，到期要收回本金，财政只要给予一定的利差补贴，便可以起到"以小搏大"的作用。比方说，利差为 4%，那么，只要发放 1 亿元财政贴息，就可以带动 25 亿元的社会资金。在扶持经济发展的同时，政策性银行并非无利可图。如果把商业银行比作零售店，那么政策性银行就像批发市场，贷款虽然利差小，但数额巨大，如果政策对路，项目选择得当，贷款期满时银行也将获利不菲。据统计，1998 年日本政策投资银行总资产盈利率为 9.24%，德国复兴信贷银行净收入 4.52 亿马克，1999 年韩国产业银行实现净利润 1.84 亿美元。

亚洲金融危机发生后，政策性银行的地位愈发引人注目。面对企业破产、商业银行倒闭、失业率急剧上升的局面，受危机冲击的国家，再次发挥政策性银行的作用，以重整本国经济。1998 年，日本开发银行用于恢复经济的贷款，占其当年贷款额的 42%。马来西亚发展银行调整经营方向，重点加大基础设施投入，以加快经济复苏。中国虽未发生金融危机，但是受金融危机的影响，出口不振，内需不足，政策性银行成为实施宏观经济政策的重要工具。1998 年以来，以年均 1 500 亿元以上的规模发放贷款，加大基础设施建设的投资力度，拉动经济增长。与此同时，一些经济转轨的国家，如俄罗斯、越南，也纷纷着手组建政策性金融机构。

我国的政策性银行组建，始于 1994 年。目前共有三家：国家开发银行、中国进出口银行和中国农业发展银行。国家开发银行办理国家重点建设贷款的贴息业务。中国进出口银行的主要任务，是为大型机电成套设备进出口，提供买方信贷和卖方信贷，为商业银行的成套机电产品出口信贷，办理贴息及出口信用担保。中国农业发展银行摊子也很大，它承担着国家粮棉油储备和农副产品合同收购、农业开发等业务中的政策性贷款，代理财政支农资金的拨付及监督使用。三家政策性银行的任务不同，分工明确。目前，我国已初步形成了由人民银行控制"总量平衡"，商业银行追求"经济效益"，政策性银行进行"结构调整"，这样一种新型的金融体系构架。

投资银行独领风骚

1801 年，美国国会通过议案，拨款 200 万美元，欲购买法属路易斯安那州新奥尔良港。没承想拿破仑突然决定，索价 1 500 万美元出售整个新奥尔良。这可真是天降洪福，因为以此价格计算，每英亩土地仅折合 4 美分。但美国政府一时却拿不出这笔巨款，眼看到口的肥肉要白白丢掉。情急之下，杰斐逊总统向英国银行家霸菱求助，霸菱不负所托，游说几家大银行，联合认购美国政府债券，帮其做成了这笔合算的买卖。霸菱扮演的融资中介角色，正是现代投资银行的雏形。

说起投资银行，有人会望文生义，以为它是专门出资上项目的银行。其实，投资银行主要不是拿自己的钱去投资，而是牵线搭桥，协助政府或企业融资。与商业银行不同，投资银行一般不办理存贷款，承销各类证券是它的主打业务。现代投资银行的发展，是 20 世纪 30 年代大危机以后的事。此前，作为金融家族里的两兄弟，大哥商业银行和小弟投资银行，同在一座大宅门里搭伙度日。结果由于分工不清，导致家境衰败，政府这位老太爷只得重定家规，让两家分开单干，井水不犯河水。投资银行从此另立门户，经过几十年苦心经营，摊子越铺越大，日子越过越红火，成了腰缠万贯的"款爷"。

投资银行这一名称盛行于美欧大陆，英国称为商人银行，日本则叫作证券公司。这很像鲁迅在《藤野先生》中所写的：北京的白菜运往浙江，被尊为"胶菜"，福建野生的芦荟到了北京，美其名曰"龙舌兰"。投资银行在各国称谓虽有不同，业务并无明显差异。目前投资银行主要有四类：独立的专业性投资银行、商业银行拥有的投资银行（商人银行）、全能性银行直接经营投资银行业务、大型跨国公司兴办的财务公司。不论哪一种，从事的业务都大致相同：证券承销和交易、企业兼并重组、投资咨询和项目融资，以及风险资本业务等。

投资银行证券承销业务范围很广，不仅包括政府债券、企业债券和股票，还可以承销国际金融机构，如世界银行、亚洲发展银行等发行的证券。投资银行承销证券，首先要进行审查、咨询。或选派投资专业人员，或委托注册会计师、律师事务所，对证券发行方进行"尽责调查"；帮助其进行可行性论证，就证券发行的种类、时间和条件等提出建议；拟定报证券管理部门审批的材料，如可行性报告、公司章程、募股说明书等。证券管理机关批准发行后，投资银行与发行方正式签订承销合同。一般情况下，投资银行采取包销的方式，即先行将证券全部按议定价格买下，然后再行分销。有时证券数额过大，则由一家投资银行担任主承销商，若干家投资银行担任副主承销商，联手包销证券。如果投资银行认为证券发行风险较大，或发行方的条件过于苛刻，不愿意包销，便会采取代销方式，这样，投资银行得到的佣金虽然比包销赚得少，却能够将未售出的证券交发行者处理，不至于把自己的本钱搭进去。承销协议签订后，投资银行随即展开证券分销，组成强大的销售网络，迅速方便地将证券销售给社会公众。

上述证券发行业务，形成了证券初级市场。投资银行在初级市场完成证券承销后，还要创造一个证券交易的二级市场。在这个市场上，证券在交易所（或场外市场）集中交易，但买卖者之间并不直接联系，而是依靠投资银行促成交易。投资银行接受客户委托，按照客户的指令，促成客户所希望的交易，并据此收取一定的佣金。为了提高自身资产的收益，投资银行也在二级市场从事套利活动。这类交易分为无风险套利和风险套利两种。投资银行进行无风险套利，是利用不同交易所之间的微小利差，靠大批量地买进卖出获利。股票市场上常有企业并购、公司股权重组，出现这种情况，往往兼并方的股价下跌，被兼并方股价上涨。投资银行像大海中的水手，依靠自己的预测，提前卖出兼并方的股票，然后再买进被兼并方的股票，这种行为被称为风险套利。正是由于投资公司的介入，二级市场交易快捷，资金流动迅速。投资银行的无风险套利，有利于稳定股市，其风险套利行为，则成了股民跟进跟出的风向标。

20 世纪 60 年代以来，企业购并高潮迭起。既有大鱼吃小鱼，又有"蛇吞象"，也有"巨无霸"相互兼并。投资银行穿针引线，左右逢源，发挥了不可或缺的作用。投资银行的购并业务分为两类，一种是购并策划和咨询，一种是产权投资商业务。前者指投资银行为兼并方（猎手公司）和被兼并对象（猎物公司）提供中介服务。投资银行一会儿唱白脸，一会儿唱红脸，左右说和，达成使双方满意的条款。在这一过程中，投资银行不仅为兼并双方沟通信息，提出收购建议，制订收购计划，拟订购并报告，还凭借自己多年摸爬滚打建立的关系，帮助兼并方融通资金，使交易最终落到实处。所谓产权投资商业务，就是人们常说的"炒产权"。投资银行亲自出马，先投资买下企业产权，然后或整体转让，或分拆卖出，或整组经营待价而沽，或包装上市抛售股权套现，从中赚取买卖差价。除此之外，投资银行还受企业之托，为其出谋划策，防止别的企业恶意购并。

风险投资是近些年金融界的大热门。一些新兴的公司有新思路、新技术，同时也具有高风险，如果无人出手相助，便会因缺少资金而壮志难酬。投资公司浸淫股市多年，往往能慧眼识珠，在它们无米下锅，英雄气短之时雪中送炭。投资银行的风险资本业务，主要通过证券私募发行展开。前面，我们所涉及的投资银行在公开市场上承销证券，指的是证券公募发行。私募发行是指股票不上市，由投资银行做媒，联系几家机构投资者私下认购。有时，如果投资银行觉得新兴公司潜力巨大、管理科学、财务健康，还往往投资于该公司，成为其股东。有些投资银行还专门设有"创业基金"或"风险基金"，作为专门向新兴公司提供创业资本的基金。风险资本业务，使投资银行业与基金业结下了不解之缘。它既可以作为基金的发起人，建立和管理自己的基金，又可以作为其他基金的承销人，帮助它们募集资金。投资银行还常常接受基金发起人的委托，帮助其管理基金，并据此获得一定的佣金。

金融界有人戏称，投资银行赚钱一靠脑袋，二靠嘴巴。在过去的半个多世纪里，投资银行凭借天才般的创意和三寸不烂之舌，引领风骚，风光独占。随着金融业竞争日趋激烈，投资银行的许多业务，面临着众多同行的挑战。逆水行舟，不进则退。投资银行有的积极拓展空间，涉足其他金融机构的业务领域，努力实现多元化经营，有的扬长避短，走向专业化之路。一些世界知名的投资银行，像美林公司，在基础设施融资和证券管理方面享有盛誉，高盛以研究能力及承销而闻名，所罗门兄弟以商业票据发行和公司购并见长，第一波士顿则在组织辛迪加和安排私募方面居于领先。有道是，戏法人人变，绝招各不同。勇于迎接挑战，大胆进行创新，或许正是投资银行业长盛不衰的原因。

保险市场

随着经济的发展，保险业应运而生，海险、火险、人寿险等相继走向成熟。作为金融大军中的一员得力干将，保险业不仅能为社会经济遮风挡雨、保驾护航，而且还是个高明的投资者。现代经济赋予了保险业新的使命，也促使它不断前行。

保险为分摊风险而生

保险中介搭桥铺路

商业保险成为保险业明星

再保险为保险分忧

保险为分摊风险而生

在中世纪，长途运输主要依靠航海业。地中海连接亚、欧、非，以其得天独厚的地理优势，当之无愧地成了全球的商贸中心。国际贸易约巨额利润，让各国商人乐此不疲。然而，恶劣的天气、凶猛的海啸，时常卷走整船的货物，弄得商人血本无归，有的还会葬身海底。为分摊风险，13 世纪末，在意大利北部的港口城市，保险业应运而生。

虽说保险业在意大利萌芽，但当时它还很稚嫩，仍在蹒跚学步。保险业的第二故乡是英国，严谨而善于学习的英国人，将地中海沿岸的金融业务搬回了家，并加以发展，使其日趋完善。在大英博物馆里，保存着一份从加的斯到伦敦的航行保险单，这份文件签署于 1547 年 9 月，虽说仅 14 行，却是英国最古老的海上险合同。以后的保险合同条款增多、篇幅变长，使最早的险种——海上险，也更为规范了。天有不测风云，1666

年 9 月，伦敦市皇家面包店由于烘炉过热起火，火灾持续了 5 天 5 夜，使 13 000 多户住宅烧成灰烬、20 万居民流离失所。人们辛苦了大半辈子积攒下的家财，顷刻间成了废墟，他们不能接受这突如其来的事实，更不知如何面对未来的生活。残酷的事实，使他们明白天灾人祸防不胜防，只有像船商那样，形成风险共担机制、参与保险，才能减少后顾之忧。火灾意识的增强，为新险种的出现提供了可能。第二年，有位名叫巴奔的牙科大夫，设立了世界上第一家火灾保险公司，结果市场大喜过望，该公司"因祸得福"，赚了个钵满盆满。

随着经济的发展，丰衣足食的人越来越多。于是人们意识到，千金散尽还复来，可生命却只有一次。对生命和健康的在意，使寿险有了市场。但相对于海险、火险，人寿险就复杂得多：不能根据以往的事实，来推断事故的概率，从而确定保费；男女老幼的健康状况各异，所处的环境又千差万别，他们的"寿命"很难确定，业务操作非常烦琐。17 世纪末，寿险市场虽广阔，但其业务仍局限于短期而少量的范围内。在保险市场上，它似乎是零星的点缀。然而，无巧不成书，那时英国的数学家们正力图攻克"死亡表"的难题。1693 年，爱德华·哈雷根据德国布勒斯市居民的死亡资料，编制出一个完整的死亡表，精确地计算出各年龄段的死亡率。18 世纪中期，托马斯·辛普以此为据，制定出保险费率表，寿险业务也终于找到了它的科学依据。1762 年，第一家人寿保险公司——伦敦公平保险公司成立，此举标志着现代人寿保险制度的形成。此后，海上险、火险、人寿险作为三大险种，在经济舞台上大显身手。

经济的增长，带来了无限商机，也使风险层出不穷，保险的触角随之延伸。随着保险技术的改进，保险业水平的提高，很多原来不可保的风险，现在成了保险业的增长点。癌症保险、艾滋病保险、旅游保险、戒烟保险、婚姻保险，都不是新鲜的话题。世界级钢琴家理查德·克莱德曼，为一双艺术之手买了 50 万美元的保险；2002 年 1 月，中国人保与中国储备粮总公司签订协议，为全国的中央储备粮提供保险服务，其保额高达数百亿元人民币，是迄今为止国内最大的一张统括保单。

平均利润率的下降，是挡不住的经济规律。自 2001 年 3 月份以来，为刺激消费需求，阻止经济下滑，美联储 11 次降息，世界各国纷纷仿效，下调了本国利率。随着全球利率的下调，保险公司的利润减少。为了让利润总额增加，能用的招只有扩大规模了。自 20 世纪 90 年代，保险公司并购之风日烈。1998 年 2 月，美国商联保险公司与保众保险公司合并，成立商联保众保险公司，因规模效应，两年内集团降低的营运成本约 2.25 亿美元。

现代商业的竞争，从很大程度上来说，就是人才的竞争。随着保险业的发展，精算业、公估业及其他专业人才，一下子成了抢手货。自 1992 年，美国友邦保险公司进驻中国后，外国保险公司就开始"储备"保险人才，实行"批量预定"的培养模式。它们在高等院校设立奖学金，获得奖学金的学子会被送到本国去接受职业培训，然后再派到大陆来工作。人才供不应求，使保险公司间"挖墙脚"的事时有发生。2001年底，广州中意人寿从友邦人寿挖走了4 000多名员工。

风险无处不在，但它具有偶然性，并不是每个人、每一次都会碰上。保险并不能减少风险，但它可以形成一种机制，让相应的当事人能够风险共担，给受害者劫后余生、从头再来的机会。2001年2月，因"雾闪"事件，而使邯郸钢铁有限公司供电中断、设备受损、全面停产，直接经济损失为2 000多万元，这是公司自成立以来最大的一场事故，有"巨人断腕"之痛。因该公司参加了保险，不久，就得到了中国平安保险公司650万元的赔付，使公司迅速恢复了生产。西林有龙兴百货商店，当年3月交918元为45.9万元财产全部投保，火灾中损失惨重，根据实际情况，得到44.7万元赔款。得款第二天商店重新开业，买卖兴隆。正是由于参与了保险，当事人面对风险，不会顾虑重重、缩手缩脚，有保险公司的赔付保底，就算跌倒也没关系，爬起来还能做条好汉，不会因天公不作美而"倒下"。

保险业的蛋糕越做越大，保险基金的数额越来越庞大。商家自然不会让这批资金闲置，在西方国家，他们将它作为投资基金，转向股市或直接贷给厂家，以创造出更多的利润。我国国内保险公司资本总额，已经达到 4 000 亿元，保费收入还在以每年 30% 的速度持续增加。近几年，也向国际标准靠拢，逐渐放开了保费的运用途径，让各大保险公司成为投资者。如此一来，资金利用率大大提高，促进经济发展；灵活的投资渠道，促进了保险公司的竞争，使其加强管理；消费者也能享受更低的保费，可谓一举三得。

作为金融业的一员干将，保险似乎是经济发展的影子。现在，人们把保险视为生活必需品。美国目前有大大小小的保险公司约 8 000 家，从业人员 230 万，保费收入达千亿美元。瑞士也被称为"保险到牙齿"的国度。相对而言，我国保险事业规模偏小，1999 年，我国保费收入占 GDP 的比重为 1.63%，远低于世界平均水平 7.52%；人均保费 13.3 美元，低于世界平均水平 387.3 美元。但繁荣的经济，必然为保险业提供广阔的市场，促使其快速增长，从 1990—2000 年，保险公司的总保费收入年增长速度为 29%，大大高于 GDP 的增长速度。在可以预见的将来，保险业在我国必有长足的发展，人们拭目以待。

保险中介搭桥铺路

中国封建社会，男女授受不亲，到了谈婚论嫁的年龄，就开出一定的条件，由媒人代为寻觅门当户对的"另一半"。现代社会中，保险中介的作用有点像"媒人"：在保险人和投保人之间，架起了联系的桥梁。

在新制度经济学中，有一个重要的概念——交易费用。它指完成经济活动所需的一切费用，不仅包括事情本身的花费（如商品价格、生产成本等），而且还包括事先的调查研究、事后的监督管理的开支。这个概念指出，获取信息、售后服务等行为，是交易活动的一个部分，其费用不可忽略。理性的经纪人，总是希望用最少的钱，办最多的事，因此，消费者在选购商品前，总会货比三家。随着市场经济的繁荣，保险公司日益增多（英国有800多家保险公司），新险种层出不穷，对于投保人来说，要了解每一家公司的情况，并挑选出适合自己的险种，是不现实的。每一家保险公司，面对着广阔的市场，想知晓鳏寡孤独的需求，非常困难；在偏远山村或地广人稀的地方，建立一个分支机构，又很不划算。险种如同产品，它的销售情况如何，推铸固然重要，但关键还是看它的功效。故保险公司为了满足客户的需要，会将更多的精力投入新险种的开发，而将展业这一块转交他人代劳。有需求就会有市场，保险人和投保人的共同需要，使保险中介事业迅速发展。所以，从表面上看，有了保险中介后，保险人和投保人之间好像多了个"第三者"，让投保程序变得更为复杂，然而实际上，它的出现，正是社会分工的结果，也为保险人和投保人节省了大量的交易费用。

现在的保险中介人，大致有三种：代理人、经纪人、公估人。代理人是保险人"延长的手"，接受委托、代办保险业务，并领取相应的佣金。不同的国家，代理人的分类不尽相同。在我国，实收资本超过 50 万元、有代理人资格证书的职员不少于 30 名、专门从事保险代理业务的公司，被称为专业代理人；只为一家保险公司做代理服务的个人，叫作独立代理人；对于一些特殊部门，如民航、铁路、旅游公司，保险业与其息息相关，它们指定专人从事保险工作，这些公司就是兼业代理人。保险经纪人代表着投保人的利益，他按投保人的要求，到保险市场上去寻找合适的保险人，并从保费中向保险人收取佣金。保险公估人如同裁判，在发生理赔案时，如果保险人和投保人意见不一致，那么，可以委托保险公估人去调查、确定损失和赔付金额。本着谁委托、谁付费的原则，付给公估人佣金的，可没有固定的"主"。

保险界有一句名言："保险不是由投保人来购买的，而是由保险中介人来卖出的。"国外的保险中介公司数量，往往是保险公司的好几倍。法国有500多家保险公司，中介公司达2 400多家；瑞士保险公司仅30多家，中介公司就有1 000多家。英国的保险市场上，经纪人的力量最强，8万多名经纪人作用举足轻重，英国60%以上的财险是由他们促成的。美国保险市场上，最活跃的则是保险代理人，他们总数有100万之多。

古典经济学崇尚竞争，而新制度经济学是以其为基础，将古典经济学中假定不变的参数——产权制度、交易费用、经济组织等视为变量，所以，充分竞争是新制度经济学中应有之义。同样，要真正节省交易费用，就应该为中介机构营造出竞争的氛围。西方国家的保险中介之所以能够遍地开花，保险费率的开放，是一个重要原因。中介机构不但掌握了充分的信息，而且还能与保险人就保险条款、费率等方面进行谈判。如果保险公司的费率差别不大，或者根本就没有差别，那么，中介机构就没有商谈价格的余地，投保人对它的兴趣，也会大大降低，这自然会影响保险中介的发展。

保险中介是一种高智能的行业，在西方国家里，要从事保险中介活动，必须有从业资格证书。美国的保险中介制度种类繁多、层次分明、考试严格。在纽约，要成为一名专业保险代理人，必须经过五个阶段：合同前代理人、代表、代理人、主代理人、高级代理人，而每一个阶段，都要接受 3 个月到 2 年的培训，受训内容包括法律、职业道德、销售业务、财产安排、目标市场规划等。在经济发展过程中，技术含量的增加，必定会使专业分工越来越细，而分工又会促进效率的提高。美国一些州明确规定，保险经纪人不得办理人寿保险和年金保险业务，经纪人公司一般设在大城市里，主要承办财险业务，尤其是大企业或大项目的意外险。代理人活动范围较广，但他们内部也有相应的分工。

财险和寿险的性质不同，在中介人佣金上，支付方式不同；各国的具体情况各异，佣金率（佣金占保费的比例）也各不相同。财险是短期险，其中介费用可以一次性付清，也可以按月、季、年支付。以美国为例，一般火灾险的佣金率为18％，车险为16％。当然，中介人还可以与保险公司讨价还价，商议佣金数额。寿险多属长期险，它的佣金分为两个部分：首期佣金，根据险种不同，按一定比例，从首期保费中提取，美国普通终身人寿保险的首期佣金为其首期保费的55％；只要投保人继续交纳保费，中介人就可获得续期佣金，它分为两个部分，一部分从续期保费中提取，另一部分从首期保费中提取（该比例逐年递减）。保险公估人，按国际惯例，一般向委托人收取5％的佣金。

保险与百姓息息相关，也是一项"民心工程"。保险中介人一旦成为市场主体，就得按市场规则办事，接受市场监督。英国颁布了《经营法》，设立了专门的监管机构，对保险经纪人进行管理：拥有 100 万英镑以上的净资产、提交 25 万—75 万英镑的保证金，是保险经纪人执业的前提条件，一旦被发现有违法行为，经纪人可能被理事会除名，从此再不能从事保险经营活动。美国政府向各地委派保险特派员，他们有权对违规行为进行处罚；美国有一套行业自律条例、日常行为规范，并建立了保险中介人信息档案库，全面记录中介人的执业情况，并接受公众的查询和投诉，在"无信用则寸步难行"的美国，此举让中介人不敢以身试法。我国也于 2002 年开始，正式施行《保险公估机构管理规定》《保险代理机构管理规定》《保险经营机构管理规定》，我国保险中介市场的法规体系，已初步形成。

几年前，北京一保险中介——博伦威科贸有限公司，因恶意拖欠保险费，形成侵占事实，被吊销了保险兼业代理许可证。在保险中介制度不是很健全的时候，鱼龙混杂、损害保险人利益的现象难免存在，但是，只要市场是充分竞争的，监督是不断完善的，保险中介业必将走向规范。

商业保险成为保险业明星

当今保险界，有两大主角：一是社会保险机构，一是商业保险公司。社保机构出身豪门，凭着尚方宝剑——《社会保险法》，可以足不出户、坐收保费。而商保公司乃一介平民，须得有硬本领，才能开拓市场，赢得顾客。所以从市场的角度看，唯有商业保险，才称得上保险业真正的大牌明星。

商业保险，说细了会很复杂，从大的方面看，商业保险就有四个大的类别：财产保险、人身保险、责任保险和信用保险。原先经济不发达，保险业务不多，责任险和信用险，统属财险门下。但随着经济发展，责任险和信用险渐渐长大，而且自立了门户，于是形成了今天寿险、财险、责任险、信用险四分天下的格局。

生老病死，是自然界的规律。秦始皇统一六国后，处于权势的巅峰，但他仍有一怕——怕死。为长生不老，他四处寻求"仙丹"，可"规律"无情，无论地位如何显贵，在死亡面前，却人人平等。秦始皇费了九牛之力，结果也没躲过一死，反而还留下笑柄。虽说现代人比秦始皇要理智，但生命只有一次，谁都会倍加珍惜。何况有人还上有高堂，下有妻小，万一有个三长两短，一家老小便没了依靠。为迎合这种需求，于是保险公司推出了"死亡保险"；也有的人，担心自己寿命过长（怕不死），年老体衰，生活没有保障，由此，生存保险应运而生。购买生存保险，待其无力谋生（如 90 岁）时，就可到保险公司领取保险金。还有的人，既怕早死，又怕老不死，对这两种情况，都心存顾虑，于是就有了"双保险"——生死两合保险。无论投保人是活是死，保险公司都得买单。不过，它收取的保费，通常也要高一些。以上三种保险，都与人的生命有关，故总称人寿险。

在医学上，病和伤是两个概念。由身体机能原因引起身体不适，称为病；由外界偶发因素给人造成的损害，叫作伤。根据这种分类方式，保险公司开办了另外两种人身保险：健康险和意外伤害险。疾病、生育、医药给付、残疾、正常死亡，都在健康险门下。意外伤害险，顾名思义，是针对人们意料之外的事故而给予的赔付。但是，保险公司为防范风险，战争和军事行动所导致的伤亡，则不属意外伤害险的范围。健康险、意外伤害险和人寿险，都属人身险，但前两者的保险期限短，概率估算不那么复杂，操作也比较简便。

社会越进步，保险就越发达。保险业，其实也是与时俱进的。比如最早的火险，当时只是针对因火灾而引起的财产损失。而现在，国际上对所有动产和不动产的保险，都称为火险（我国现已改称财产保险）。原先的海险，仅限于船舶、货物和运费。如今，凡是与海洋有关的风险：货物在海域内、在内陆或湖泊上、在运输过程中、在仓储和停泊时的，甚至海上石油开发、海水养殖等，都包括在此之列。相对而言，利润损失险（美国称之为营业中断险，在英国名为灾后损失险），则是全新的险种。它并不对损失本身进行赔付，而是对灾害所引起的停产、停业等间接经济损失实行补偿。

除海险、火险、利润损失险外，在财险中，还有一些例行公事的行业险。农业受自然条件影响大，所以风险也大。若天公不作美，碰上个旱涝年，收成自是不好。为了降低损失，农民也希望有险可保。可对保险公司来说，农业险虽是一块肥肉，但麻烦也不少。比如一般的险种，投保标的受损的情况不确定，可它们的出险概率相同。农业险不一样，所处的地理位置不同，出险的概率就大不一样。有经验的农民，完全可以估算出自己受灾的概率。如此一来，出险率低的地区，人们就不愿投保；而踊跃参保的，往往是出险率较高的地区。所以在保险公司眼里，农业保险如同鸡肋：食之无味，丢掉可惜。而真正做起来，往往得不偿失。虽说农业是经济的基础，但商保公司不是慈善家，不愿做赔本的买卖。针对这种情况，政府只好为农业保险网开一面，对商保公司给予补贴。运输业是经济的命脉，在海险的范围外，对铁路、汽车、飞机运输的保险，都是运输保险的嫡系。工程保险较年轻，它为建筑、安装、机器设备提供风险保障。工程是一个动态过程，不仅耗资巨大，而且操作复杂、技巧性强，所以保险人若没金刚钻，也不敢揽这瓷器活。

在保险界，曾经有过一场争论。有人认为，责任也是一种风险，也需对其保险。但有人说，对责任进行保险，就是对不负责的纵容，不符合社会公共道德。其实，人非圣贤，孰能无过，工作疏忽在所难免。如果医生害怕出事，而不敢做手术，科学家怕冒风险，而不愿向高新技术挑战，那么，疑难杂症、科学难题，就永远不可能解决。为了推动创新，责任保险终于得到了人们的认可，成了保险界的一枝奇葩。责任保险以法律为依据，只有当投保人必须承担法律责任时，保险公司才会给予赔付。责任险也有不同的类别：为公共场所如影院、酒楼、学校、机场等地投保的责任险，是公众责任保险；为产品质量可能对消费者产生伤害所投的保险，是产品责任保险；医生、律师、设计师、会计师，为降低职业风险，可投保职业责任保险；有的国家法律规定，雇员在受雇期间，所受的任何伤害，都由雇主负责，雇主若怕受拖累或"大放血"，可参加雇主责任保险。

市场经济是交换经济，要交易，就得有交易契约。由于交易双方信息不对称，契约往往难以达成。比如一个商人，发现了一桩好买卖，但就是手头缺钱，本想向银行贷款，可银行贷款很严格，要求有财产抵押，商人原是小本买卖，没有足够的财产；也正由于商人家小业小，银行更是担心商人骗贷，故为安全起见，银行自然不敢放贷。结果，商人到手的钱赚不到，银行也少了一块利息。其实，只要有一个中间人出面替商人作保，就可达成双赢甚至多赢：中间人可得担保佣金，商人可赚到利润，银行也得了利息。这个中间人，就是保险公司。诸如此类与金钱有关的担保，都称为信用保险。投保人若因信用问题利益受损，便可向保险公司索赔。

如果说，从前商业保险只是一棵幼苗，那么今天，它已枝繁叶茂，长成参天大树。随着新业务的不断推出，诸多险种各显其能。在经济的大舞台上，商保与社保相得益彰，它们一起为市场经济遮风挡雨，保驾护航。

再保险为保险分忧

"9·11"事件，使数千人命丧黄泉，造成经济损失约 300 亿—500 亿美元。而由此形成的财险、寿险索赔，也创出历史新高，对保险业来说，无异于一次劫难。按常理，美国的保险业界即使没有灭顶之灾，也会大伤元气，然而事实上，在全部的索赔额中，美国本土的保险公司仅占 42%，而其余部分，则由德国、英国、瑞士等国的再保险公司扛起来了。

现代保险业很发达，几乎是哪里有风险，哪里就有保险。人们把风险交给了保险公司，遭遇风险事故，就向公司索赔，以弥补损失。然而，有的巨灾事故如飞机失事、地震、飓风等，其损失动辄数亿美元，一般的保险公司，摊上一桩这样的事，弄不好就要破产。看来，靠风险吃饭的保险公司，也是大有风险的。保险公司如何规避风险呢？再保险为其提供一种分担机制。如某航空公司向甲保险公司投了飞机险，而甲公司怕遭受损失，赔付太多，就分给乙保险公司一部分。那么，甲公司是分出人，乙公司为分入人，它们间的业务合作，就是再保险（也称分保）；而航空公司和甲公司间的保险，叫原保险。再保险以原保险为基础，但它与投保人没有直接关系；原保险以事件本身的风险为标的，而再保险的标的，则是分出公司的赔付风险。

再保险的原理和保险一样，也是分散风险。有了再保险，无论多大的保额，投保人只需找一家保险公司投保，就可享受便利快捷的服务；而保险人只要找到再保险人，就算没有金刚钻，也能揽瓷器活。由于再保险能分摊风险，保险人的承保能力相应扩大，小公司和大公司就能平等竞争。而业内的充分竞争，有利于降低保费、提高服务质量，最终受益者还是投保人。再保险通过各种分出、分入业务，让风险责任互相流动，就等于将许多保险人"绑"到一起，形成巨额的保险基金，以共同应付巨灾。1986 年，墨西哥发生地震，损失约 30 亿美元，当时该国地震险的保费总额，还不够弥补这次损失，多亏了国际分保赔付，才使损失得以弥补。

再保险业务中，分出人所保留的风险，就是自留额，体现在数字上，便是保额或保费。小的保险公司，一方面，资本金少，为增强自身实力，愿多留一些保费；另一方面，其抗风险能力弱，本着稳健的原则，倾向于那些事故率较低的险种。所以，自留额的比重要高些，而其绝对数，因业务量少，一般不如大公司多。通常而言，保费多了，自留额相应增加，国际上惯用的做法是，保费每增加50%，自留额增加20%（各国做法不一）。当然，公司的营业费用、赔付情况、财务状况，也是影响自留额的因素。分出人在确定自留额和分出额时，和分入人之间有两种操作方式：比例再保险和非比例再保险。

以保险额为依据，来确定自留额和分保额，这种再保险方式，就是比例再保险。在比例再保险中，最简单的是成数分保，无论险种如何，在一定的保额内，分入人和分出人根据事先协商好的比例，确定相应的保额和保费。成数分保手续简便，但对一些风险较低、收益较好的险种，分出人也得分出去，故而会损失部分保费收入。相对而言，溢额分保自主性大些。比如老李家有喜事，要请客，但不知会来多少客，自己家里能设两桌，食堂可以摆6桌。老李就会盘算：客人不够两桌，就在自己家里招待；若客人超出两桌，又不满8桌，就让一部分客人到食堂就餐；如果来客超过8桌，那就得考虑到饭店定座了。溢额保险的道理，与这很相似，如果没有"溢出"，就全部自留；如果有溢出，就按一定的顺序，来分配这溢出额。不过，保险公司承担的责任并不是无限的，事故最高保额就是它的限额，而分入人所接受的保额，一般都是分出人自留额的倍数，这个倍数，就是保险界讲的"线数"。

成数分保和溢额分保，其保额、保费、赔款责任的分配，都成一定比例，故称为比例分保。而有的分保业务，随意性较大，分入人、分出人的责任由商量而定，这就是非比例再保险。非比例再保险，有三种情形：险位超额赔款分保、事故超额赔款分保、赔付率超额分保。险位超赔分保，指分出人承担一定的赔款额，起出部分由分入人负责（责任是否有限度，双方可以协商）。事故超赔分保，又叫巨灾超赔分保，一般适用于大型灾害，它以大型事故（如地震、飓风、罢工等）的累计损失为基础，分出人承担一定损失额后，分别由不同的分入人"认购"相应层次的赔付额。

保险公司的保费，有已赚保费和实收保费之分。实收保费是一个时点的概念，指当时所收的保费；而已赚保费则是按时段平分的保费，如某保险公司年初收到当年人寿险保费120万元，那么一月份的实收保费为120万元，已赚保费只有10万元。在一定期间内，保险人赔付的费用与已赚保费之比，就是赔付率。保险公司的营业费用，一般是保费的25%（也有以30%为标准的），因此，当赔付率低于75%时，通常认为保险人的财务是安全的。在某个险种上，分出人将赔付率超过75%以上的部分，转移出去，而分入人接受的赔付率为75%—125%，这种再保险方式，就是赔付率超赔分保，它适用于小额损失严重的险种中，如农作物雹灾险等。

分入人和分出人，进行再保险业务时，都得签订合同。最原始也是最灵活的，是临时再保险合同：分出人将风险的性质、责任大小、承保情况，具体地告知分入人，分入人根据自己的条件，决定是否接受分保。临时再保险，对分入人和分出人的约束很小，双方的自由度大，但是，每笔业务都要经过报告审核，手续较为烦琐。再保险业中普遍使用的，是合同再保险，它强制性大。合同的起始时间，多为年初的 1 月 1 日（日本是 4 月 1 日），除非有一方在年终前三个月提出注销通知，否则合同继续有效；合同一般针对一个险种，对其分保方式、保费分摊、佣金、物价指数、汇率等都有明确规定。合同分保的优点是稳定性强、手续简单。最不受分入人欢迎的，是预约再保险合同：分出人有权决定是否分出，而分入人则无选择的余地。天下没有免费的午餐，若没有高额手续费的吸引，或对险种不是了如指掌，分入人不会"上钩"。

增加本国再保险业务，可以防止资金外流，有利于增加本国的保险基金，扩大承保能力，减少对国外保险公司的依赖，促进本国保险事业的发展。所以，韩国、泰国、土耳其等国都曾规定，分保业务在本国优先实行。不过，这种国家强制的形式，在一定程度上限制了竞争，随着本国保险业的繁荣，这些国家也逐渐取消了这种规定。我国在加入 WTO 后，逐步减少法定分保比例，也是顺应潮流之策。

风险与监管

当代市场经济社会，金融监管当局就像一个监工，管制过严，会遭到金融界左右抱怨，百般抵制；监督太松，又担心日积月累，酿成大祸。监管是一个复杂的系统工程，分寸拿捏殊为不易，故也越来越为各国政府所重视。

监管关乎金融安全

证券风险何以防范

保险市场尤需监管

外债风险当小心防范

监管关乎金融安全

现代金融监管，始于银行风险防范。说起来难以置信，在英文中，"银行"（bank）一词来源于"板凳"（bench）。很早以前，地中海地区城邦林立，各小国都发行货币，重量殊异，成色不一，给贸易造成极大不便。有些人瞅准商机，坐在长板凳上，专门为各路商人兑换货币。生意多了结人缘，"坐板凳的人"得到贸易商的信任，又为其代管金银，收取保管费。天长日久，这些人悟出了门道：客户的钱并非日清日结，存取有个时间差，代管的钱财总有大量剩余。于是，他们便将其贷出去，赚取更多的利息。后来，干脆以自己的信誉作保，为客户开出票据，承诺随时可以提现。于是，坐长板凳的货币兑换商摇身一变，成了腰缠万贯的银行家，他们开出的票据，成了可以流通的银行券。可是，五花八门的银行券充满了风险，它以单个银行的信誉、实力作后盾，一旦银行家破产，客户求兑无门，便会引发经济混乱。一次又一次银行动荡，逼得政府出面，挑选实力雄厚的银行，赋予其银行券独家发行权，并由它承担最终兑现义务，此即中央银行制度的雏形。央行控制货币发行和流通，不仅在当时，而且至今仍是金融监管的核心。

从 1844 年英格兰银行独占货币发行权算起，在长达 80 多年的时间里，欧美各国奉经济自由为圭臬，金融监管主要锁定在货币发行上，对金融领域几乎放任自流，即使银行从事高风险业务，也睁一只眼闭一只眼，认为是人家的私事，还是少管为佳。孙悟空如果不戴紧箍咒，怎会乖乖去西天取经？既然政府不管不问，商业银行便大起胆子，拿储户的存款，做自己的发财生意，大搞证券投机。结果，银行不仅玩火自焚，还引燃了 20 世纪 30 年代经济危机。在这场旷日持久的大萧条中，大批银行倒闭，货币制度崩溃，国际信用瓦解。各国饱尝切肤之苦，痛定思痛，相继通过新法律，在银行开业、经营范围、贷款限额、存款保险和检查监督等方面，作出种种严格规定。金融监管机构接过政府的尚方宝剑，行使审批、监督、管理、制裁权，生杀予夺，无所不及。

金融业准入限制，筑起了金融监管的头道防线。作为经济社会的骄子，金融机构风光独占，身价不凡。无数人朝思暮想，期望能够登堂入室，到金融界呼风唤雨，大快朵颐。然而，金融业集财富、智慧和信誉于一身，利益与风险"双高"，倘若什么人都去玩一把，难免鱼目混珠、泥沙俱下。而且，从业者过多容易导致恶性竞争，增大全行业运行风险。为此，各国法律对金融机构开业，都设定了门槛，如注册资本最低限额、高级管理人员数量、业务经营范围等，不具备条件者被拒之门外。实行分业管理，是防范金融风险的又一高墙。早期的商业银行如同超市，信贷、证券、保险都可经营。美国政府判定，正是由于混业经营，特别是商业银行负债炒股，才使金融业危机四伏。1933 年，美国通过了《格拉斯—斯蒂格尔法》，该法案规定，商业银行只能经营短期信贷，禁止其涉足证券市场。中长期信贷、证券、保险、居民储蓄等金融业务，必须分门别类，严格分开，由专门机构来经营。从此，金融超市变成了"专卖店"，各人招呼各人的买卖，谁也不准蹚对方的浑水。

大危机期间，美国曾在一年之内，倒闭过 2 000 多家银行。其实，并非这些银行全都有问题，而是由于证券市场崩盘，储户纷纷挤兑，银行一时无力支付，只得关门歇业。为避免信用危机再次发生，1934 年，美国成立了联邦存款保险公司，建立了存款保险制度。商业银行吸收存款，要到联邦存款保险公司上保险。如果再发生银行破产事件，储户可按存款额和一定比例，最多得到近 10 万美元赔偿。该制度以强制银行投保的方式，给公众吃上定心丸，从而大大降低了金融风险。与存款保险制度相比，资本金管理对金融机构来说更为具体。金融机构的最大特点是"中介"，它最大的本事，是欠储户的账，赚贷款人的钱。为了避免金融机构办成皮包公司，玩空手道的把戏，各国都规定，银行必须有一定比率的自有资金。1988 年，西方十二国央行行长会议通过《巴塞尔协议》，进一步明确规定，商业银行自有资本率应达到 8%，其中核心资本应达到 4%，否则轻者亮黄牌，降低信用等级，重者亮红牌，取消营业资格。此外，对金融机构的资产质量、内部控制能力等，监管当局也都制定了具体的考核指标。

基于反危机建立的监管体制，维系了西方各国金融的长期稳定。进入 20 世纪 70 年代中期，金融界"松绑"的呼声一浪高过一浪，传统的监管方式，遇到了前所未有的压力。这一时期，与美元挂钩的固定汇率制解体，西方国家特别是美国，陷入了"滞胀"怪圈。商业银行面对通胀压力，不提高存款利率，只能眼睁睁看着储户被股市拉走；不进行多角化经营，只搞存贷款业务，早晚坐吃山空。此外，国际金融竞争压力增大，大量闲置资金舍低求高，而外汇管制成为资金流动的桎梏。不作变通，只能等死。金融机构见缝就钻，创造出很多"四不像"的衍生工具，如可转让大额定期存单、期货期权交易等，回避金融监管，摆脱法规限制。与其让监管成为摆设，不如干脆做个顺水人情。20 世纪 70—80 年代，西方掀起了两次放松金融管制浪潮。如美国 1980 年后，允许商业银行与储蓄信贷机构某些业务适当交叉；1999 年通过《金融服务现代化法案》，从分业重新走上混业经营；美、德、意、英等国，相继取消存款利率限制；多数发达国家放宽或取消了外汇管制。

一收一放，几多悲喜。发达国家的金融自由化，使其经济出现了转机。而亚洲新兴工业国的盲目模仿，却引发一场新的金融灾难。很多学者认为，在亚洲金融危机中，金融监管缺位是致命伤。其实，在金融国际化浪潮中，金融监管已非某一国力所能及。就像千里之堤，溃于蚁穴一样，跨国银行的业务风险，往往会牵动全球经济的神经。国际游资就像嗜血的幽灵，总会在全球监管最薄弱的链条下手，进而引发世界金融震荡。正因如此，跨入新世纪，世界各国对金融监管合作，开始给予前所未有的关注。2001 年 1 月，巴塞尔委员会征求多方意见后，公布了新的资本协议，金融监管标准国际化的列车，已经缓缓启动。

如果把金融比作大江大河，那么金融监管则如同防洪堤坝。我们有理由相信，人们创造了金融，也一定有足够的智慧管好金融，让其为人类少带来一些灾难，创造出更多的福祉。

证券风险何以防范

　　证券市场出现后，股票、债券、投资基金、衍生工具，各显其能，成交额日益扩大。可繁荣的背后，也潜伏着暗流。从数百年前的南海泡沫事件，至最近的安然、世通集团造假案，市场从未平静过。这些跌宕起伏的事件，掠走了不少民脂民膏，也让证券市场警钟长鸣。不过，魔高一尺，道高一丈，防范风险的岗哨，也更为森严。

　　无论是投资者、上市公司，还是券商，都会因风险而受损。投资者可能因信息不充分，或判断失误，盲目沽入，结果却碰上股价下跌。或因上市公司业绩不佳被摘牌，股东也会跟着倒霉。上市公司也有风险：比如，若市场不规范，监管不完善，难免有人要浑水摸鱼，乘机操纵市场，于是小公司极易被收购，成为别人的盘中美餐。上市后，公司备受关注，透明度高，一旦经营不善，便坏事传千里，信誉随之下降，再想融资，就会难于上青天。无论市场起落，券商照收佣金，看似高枕无忧，实则风险难料。如证券市场一旦有丑闻曝出，投资者大失所望，人气受挫，市场冷清，券商就没了佣金。自营业务一块，如若操作不当，也会造成巨额损失。20世纪90年代初，日本泡沫经济破裂，日经指数像坐了滑梯，飞流直下。已入市的股民伤心流泪，落荒而逃；未入市者，或握紧钱袋，不愿蹚浑水，或将资金转向国外。日本证券业为之萧条，一时间，券商收入锐减，很多证券公司无以维生，只好破产。

英国证券业历史悠久，规避风险方面，自成一家。他们认为，券商们为争一勺粥，往往斗得你死我活，多败俱伤。与其如此，不如加强自律，提高素质，以减少各方的损失。为此，英国形成了一套严格的行业自律机制。英国的自律系统，由三个机构组成：证券交易商协会、收购和合并问题专门小组、证券业理事会。证券交易商协会，由证券市场的会员选举产生，每年改选其中的1/3，它所制定的《证券交易所管制条例和规则》，一度是交易的"法典"，它对上市公司标准、连续披露信息有严格的要求。收购和合并问题小组，对上市公司的股权收购行为，予以规范。证券业理事会，由英格兰银行提议设立，它的职责是根据形势的变化，不断修改并制定上市和交易的准则，并监督实施。三大机构独立行事，但也相互合作。

既是自律组织，自然熟悉业内情况。它制定出的规则，较为具体，可操作性强，而且对业内突发事件，能及时、灵活地应对处理。但自律机构的成员，多为券商和上市公司，故当投资者和券商利益相悖时，它们往往会损人利己，先保全自己的利益，这显然对投资者不利。而自律机构一多，政出多门，全国统一市场也难以形成。同时，自律机构作为民间组织，对从业者约束不大，监督效果自有不济，市场一旦发生大的动荡，光靠自律，收效甚缓。1929 年的股灾，道·琼斯指数一泻千里。对许多股民来说，原先稳如泰山的财产，顿时灰飞烟灭。这次股灾，引发了一系列问题：经济萎缩，工人失业，社会不稳等。一向对市场放任自流的政府，看到形势不对，急忙改弦更张，对证券市场开始实施监管。

与英国不同，美国历来是一个重监管的国家。1934 年，美国成立了"证券交易委员会"，统管全国证券业。委员会依据《证券交易法》而成立，只对国会负责，其 5 名成员，都由总统任命，参议院批准。一般说来，实施监管为主的国家，都有最高监管机构和相关法律。其主管部门大致有三类：如美国证监会，由国会授权；巴西和泰国证券管理部门，则是中央银行的一部分；日本、法国、韩国等国家的证监机构，则隶属于财政部。就证券法律体系而言，美国就颁布了《投资公司法》《投资顾问法》《证券投资者保护法》《银行持股公司法》等。这些法律，除对上市、交易行为有具体规定外，还突出了信息披露制。美国人崇尚诚信，并认为，太阳是最好的消毒剂，电灯光是最有效的警察。因此，上市公司得经常公布相关信息，如上市准备条件、内部人员交易状况等。若信息不实，公司得赔付股东损失，其董事会成员，也将受法律严惩。此外，为规避风险，美国还曾经实行过分业经营制，严禁银行等金融机构参与证券交易。

对于具体的证券机构，无论监管还是自律，都是些外部制度。但制度是死的，人是活的，无形的制度，并不能杜绝违章操作。就像一群学生，学校虽有校规，但他们是否不违规，谁都不能打保票。为此，班主任制定班规，让学生们相互监督，一损俱损，一荣俱荣。机构的内控机制，就有点像班规。它要求机构成员，加强内部管理、强化连带责任，通过相互监督，实行权力制衡。英国巴林银行，有 200 多年的经营史，业务涉及银行、证券等，因其信誉良好，女皇托它代管资产，有"女皇的银行"之美誉。然而，如此"可靠"的巴林银行，却因内控不严，而宣告破产：其新加坡分行经理尼克·里森，既从事前台交易，又管后台清算，而总部的审计，又不认真彻底。他得以肆意妄为，造成了 14 亿美元的损失——使巴林银行资不抵债。英国的自律制度，不可谓不完善，但巴林银行事件，无异于平地里一声惊雷，提醒人们：堡垒容易从内部攻破，加强机构内控，实在是防范风险的上选之策。

行业自律、政府监管和机构内控，如同三道岗哨，防范着证券风险。虽然各国在运用这些措施时，侧重各有不同，但政府参与监管似乎已成国际潮流。一向强调自律的英国，也意识到了政府监管的必要性。1986 年颁布了《金融服务法》，规定贸工部为证券业的最高权力机构，并设立了半官方机构证券投资局，对全国的证券业统一管理。此举，是对传统思想的一大挑战，史称"大爆炸"（Big Bang）。防范风险，也讲究抓大放小。而政府监管范围广、成本高，故过去以监管为主的国家，也看到行业自律的好处，大力扶持自律组织。美国相继成立了证券交易商协会、期货业协会等自律组织，并制定了相应的章程。韩国也成立了证券商协会。近些年来，内控又成了金融界的新热点，各国纷纷出台法律，以求让证券市场更加成熟和规范。

当今，全球经济一体化，证券风险国际化在所难免。东南亚金融危机，从泰国开始，几个邻国，无一幸免。风险的流动性，把全球拴到了一条船上，世界各国唯有同舟共济，才能共避风险。为加强合作，早在 1983 年，就成立了国际证监会（IOSCO），通过国际证监会，各国证券业可以互通有无，携手监管，防范跨国不法交易。虽说防范风险的措施越来越完善，但却无法消除风险。可以说，证券市场与风险同在，只要有证券市场，那么猫和老鼠的故事就会这样不断地演绎下去。

保险市场尤需监管

　　加拿大第三大保险公司——联合人寿保险公司，有 123 年的经营历史，资产高达 340 亿加元，1994 年，宣告破产。无独有偶，3 年后，走过了 90 个春秋、有 4 000 多名雇员的日产互助生命保险公司，也关门歇业，让 120 万保户无端受损。几大保险公司相继倒闭，让人对保险公司的安全性产生质疑。保险市场的警钟，被再次敲响。

　　市场经济中，有经营活动就得有监管，两者相生相克，谁也离不开谁。但保险作为一个特殊行业，受监管的程度自然要更强一些。原先在英国，保险业和其他行业一样，投资者可以自由进入，到市场中寻求发展机会。可有些投机者，把保险当作一本万利的买卖，进行恶性竞争，使保险业秩序大乱，保险公司的成立和解散，司空见惯，似乎成了家常便饭。保险公司的主顾，往往是众多的企业和居民，一张保单，可能关系到人们的终身利益。而普通企业破产，充其量是增加短期失业，财政少一些税收。所以政府可以让它自生自灭，不管不顾。而保险公司的倒闭，却涉及面广，影响程度深，常常会引发社会恐慌，甚至政权动荡。为维护市场秩序，促进公平竞争，18世纪后期，西方各国通过立法，加强了对保险业的监管。所以，在保险界流行一句话："保险是法律的产儿。"

比如，某君签了份旅游保险合同，最高保额是30万元，由于旅途意外，一命归天，其家人却只得了7万元的赔付。他家人百思不得其解：人都没了，怎么还得不到最高赔付？保险公司也有理由：白纸黑字，合同上明明写了，关键是你们没看懂。保险合同的制定权和解释权，一般都在保险人手里。而费率的计算，与统计学有关。条款的设计，则需要专门的技术。投保人若无较强的专业知识，对合同的理解，往往会云里雾里、不知所云。在保险的天平里，投保人的砝码更轻。如果是小顾客碰上大公司，要想实现双方公平，可能难于登天。基于这种考虑，维护投保人的利益，成了保险监管的出发点。

面对保险公司，投保人最关心的，是自己受保障的程度。有人把投保戏称为花钱养最后的抚慰。投保人受损后，若能从保险人那里得到赔付，寻求到慰藉，便少了后顾之忧。然投保人是否能得到赔付，则取决于保险人的偿付能力。对偿付能力的监管，也逐步成为保险监管的核心。在我国，保险公司年末资产净值，代表了它的实际偿付能力。我国保监会，根据保险人所收保费和历年赔付情况，规定了最低偿付能力指标。比如某保险公司，它一年的实际偿付能力，不足最低偿付能力的一半，或连续三年都没达到最低偿付能力，就会被列为重点监管对象。在这期间，作为一种监管措施，保监会规定它不得分红、不能设立分支机构、不许增加新业务，必须立即进行整顿，以改善经营状况。如果偿付能力实在太低，保监会还可以将其接管。在偿付能力方面，美国保险界，确定了一个警戒线。当实收保费在资本净值的3倍之内，被认为是安全的。否则，就要对其采取进一步的监管措施。

如果把保险监管比作是看管市场的慧眼，那么，偿付能力是其关注的焦点，组织、经营、中介等，也在被看管之列。拥有法定的资金，按规定确立公司章程，有持证上岗的核保员、理赔员、精算员，是保险公司成立的必备条件。在成立保险公司前，各国必须选择相应的组织形式。不同国家，保险公司的形式各异，一般有股分公司和相互合作公司两种，日本还有相互合作社，英国有个人保险组织。经营的范围、竞争的程度、再保险状况、费率的确定，都得照章行事。这些情况，多通过统计报表反映。向保险监管部门按时递交各种报表，也是保险人的义务。对保险经营的监管，是为了维护正常经营，防止过高利润，使投保人蒙受损失。除此之外，从业资格和业务范围，如两道紧箍咒，对保险中介人予以约束。

保险监管按松紧程度，大致可分为三类：消费者的眼睛是雪亮的，让保险公司增加透明度，接受社会的监督，这是公示式监管。保险公司只需将组织结构、保单费率、资金运用等情况，公布于众就可以了。这种监管方式，力度最小，市场环境最为宽松。但是，它只适合于保险人很自觉、国民素质较高的地方。随着保险业务的复杂化，这种监管方式，渐感力不从心，于是也就逐步退出了历史舞台。准则监管方式，力度稍大一些，它指国家颁布基本原则，要求保险人遵守，若不遵守，就要受到惩罚。此外，由政府制定法律，对保险公司的设立、经营和破产等，予以规范，并采取强有力的措施，维护市场秩序，这种做法，是实体式监管。与前两种监管方式相比，实体式监管更具体，操作性强，在当今保险界，应用得也最为普遍。

从保险监管模式看，西方国家也不尽相同。英美两国，崇尚自由竞争，保险费率由各公司自身确定。历史悠久，保险人素质高、行业自律程度强，是英国保险业的特色。劳合社理事会、经纪人委员会、个体保险仲裁机构，都是著名的自律机构，也是保险监管的辅臣。美国的保险业，由联邦政府和州政府共同管理。洪水保险、农作物保险、联邦犯罪保险，归联邦保险局监管。各州保险局，通过立法对偿付能力、承保过程等予以规范。日本大藏省的银行局下，有一个保险部，负责对保险业实行行政式监管，并规定保险的险种、条款和费率。与日本一样，德国对保险业，也实行严格的监管。德国将"风险"

进行分类，对保险公司的费率和利润，都有严格的控制。日德型的监管模式，确保了公司的偿付能力，大大降低了保险人的风险。的确，日德两国保险公司，破产的不多，两国的投保人，安全感也更强。但是，统一的费率制度，弱化了保险界的竞争，保险经纪人的活动空间，也因此受到了限制。

保险监管犹如门槛，门槛一高，进来的人档次也会提高；反之，良莠不齐，鱼龙混杂，管理的难度则会加大。当然，若门槛过高，保险人寥寥无几，极易导致寡头勾结，而且也会有碍竞争，损害消费者利益。所以，监管门槛的高低，也得仔细掂量，相机行事。综观世界各国，监管的松紧程度，一般取决于市场环境。随着经济全球化，德国融入欧共体，日本也要积极参与世界竞争，两国的费率监管，已现放宽的态势。1996年，日本通过了新的《保险业法》，放松费率监管，强调偿付能力，看来是顺势而变之举。

外债风险当小心防范

跨过世纪门槛，人们原以为，世界经济会有一番新起色。孰料美国遭遇"9·11"事件，经济增速放慢；日本泡沫经济崩溃后，迟迟没有回暖；欧元连连走低，欧洲经济也不容乐观。"三大火车头"同时减速，全球经济骤然趋冷。受其影响，一些债务国经济增长乏力，偏又祸不单行，赶上还债高峰期，债务问题顿时凸显。俄罗斯一再延付苏联欠款；阿根廷总统宣布无力偿还1 500亿美元外债；拉美、非洲许多国家，也频频放风，付不起到期外债本息。平心而论，没有哪个国家会故意赖账，以致信用丧失，颜面丢尽。非不还也，实不能也。债务国之所以面临窘境，主要是因为举债失当，不留神落入了"债务陷阱"。

按照世界银行的定义，所谓外债，是一国居民对非本国居民承担的、契约性和偿还义务的负债。外债的来源，大致有五种：一是国际金融组织贷款。只要是相关组织的成员国，就可以按照规定，借入资金。这些贷款期限较长，平均利率较低，是发展中国家重要的筹资渠道。二是外国政府贷款。此类贷款具有经济援助性质，根据国际惯例，其中要含有 25％以上的赠予成分。不过，放款方也不会白白让利，会提出很多附加条件，比如要求对方投桃报李，增加某些商品的进口等。三是国际商业贷款。放款方是商业银行、跨国公司或富商巨贾。商业贷款手续简便，附加条件少，但期限短，利率随行就市，受金融市场波动影响较大。除上述三种贷款外，一国政府、金融机构或企业，也可以在国际债市发行债券，筹集资金。这些债券，不是以本国货币，而是以外币计值，流动性强，发行面广，借得资金多。发行人的信用等级，会直接影响债券发行，而且，除了向投资者支付利息外，发行方还要额外支付一笔发行费。近年来，国际金融租赁非常盛行，借债方只需投入少量资金，租用机器设备，日后定期支付租金，在约定期限内，退还机器设备，或者买下设备残值即可。

借用外部资金，发展本国经济，是国际通行做法，本身无可厚非。但是，外债是一把"双刃剑"，如果利用不好，外债规模过大，结构不合理，管理失控，便会背上债务包袱，甚至引发债务危机。20 世纪 70 年代，能源价格上涨，石油输出国贸易持续顺差，积累了大量盈余外汇，称为石油美元。这笔巨资充斥国际金融市场，压低了全球利率。发展中国家正愁资金短缺，这下无异于雪中送炭，它们纷纷敞开口子，大量举借外债。没承想 80 年代初，西方国家爆发经济危机，不仅减少了初级产品进口，还实行高利率政策，发展中国家债务负担急剧增加，到 1984 年，先后有 31 国出现债务危机，拖欠外债 1673 亿美元，涉及西方几千家银行，受其冲击，国际金融体系岌岌可危。所幸的是，在借贷双方共同努力下，问题最终得到了化解。然而，这次全球债务危机，毕竟留下了浓重的阴影。如何合理利用外债，防范危机重生，成为各国政府普遍关注的问题。

俗话说，好借好还，再借不难。为了管好、用好外债，各国都确定了外债规模管理指标，其中，国际社会通行的指标主要有三个：偿债率、债务率和负债率。偿债率是指，当年应偿还的外债本息，与当年外汇收入之比，警戒线为 20%。如果高于这一比例，说明外汇收入不足以承受还债负担。债务率是指，年末外债余额与当年外汇收入之比，警戒线为 100%。负债率是指，外债余额与国内生产总值之比，警戒线为 20%。阿根廷等国出现债务危机后，有人曾对中国还债能力提出质疑，中国外汇总局便公布了一组数字：截至 2001 年底，中国大陆外债余额为 1 701.1 亿美元，偿债率为 7.5%，债务率为 56.8%，负债率为 14.7%。显然，这些指标均在国际标准安全线之内，中国还不起外债的传言，便不攻自破了。

上述三个指标，主要是从静态角度，衡量外债规模是否与清偿能力适度。此外，还有一些动态指标，用于监控外债增速是否正常。比如，外债余额增长速度，一般不能高于GDP增长速度；年尝还外债本息增长速度，不应高于年外汇收入增速。联合国有关组织估算，1990年以来，拉美地区外债增长超过50%，平均每年递增5.2%，远高于年均2.9%的GDP增长率。据此，国际金融组织判断，随着还债期临近，拉美极有可能爆发大规模的债务危机。除规模指标外，外债期限指标也很重要。1年以内的短期外债，易受国际市场影响，风险较大，短期外债占外债总额的比例，以不超过20%为宜。值得注意的是，这里所说的期限，是一个相对概念，如果一笔期限为10年的外债，到了第9年，其外债余额就应算作短期外债，而不能算入长期外债中。当然，举借外债还要考虑汇率因素。筹资货币既要多样化，还要选择"软货币"，也就是汇率有下跌趋势的货币。比如，预计10年后日元对美元贬值，那么，日元是软货币，借款时就应选择日元。假设借入1.5亿日元，按100∶1的汇率，兑换成150万美元。还款时，如果1美元可兑换150日元，那么，只需拿出100万美元，就可归还原来的贷款，剩下的50万美元，还了利息还能绰绰有余。反之，借款时错误地选择了美元，借方便会不堪重负，可能还不起债了。

世界银行曾对45个债务国，进行外债问题专项研究。结果表明，出现债务危机的国家，除了债务规模过大，增速过快，短期债务比例太高，币种选择不当等原因外，很重要的一点，是外债使用不当。短期借款本应用于见效快的项目，有的国家却短债长用，投入了基础建设，结果到了还债期，一堆半拉子工程，没产生一分钱的效益。商业贷款应该投入创汇能力强的项目，如果用于非生产性领域，比如填了财政亏空，债主讨上门来，只能拆东墙补西墙，借新债还旧债，这就无异于饮鸩止渴，债务像雪球越滚越大。借了外债，经济结构却没有优化，出口创汇能力没有增强，经济实力没有显著提高，债务国便容易落入"债务陷阱"，难以自拔。

借债还钱，天经地义。据说，东周的周赧王还不起债，逃到一个高台上去躲避，后人将其避债之所称作债台。债台高筑的周赧王，千百年来为人所耻，为人所笑。当今时代，每一个负责任的债务国，都应该防患未然，在债务问题上深谋远虑，切不可还债时两手一摊，把国家信用当成儿戏。

政府干能

政府能量究竟有多大？经济学家从来说法不一。有人说市场万能，反对国家干预；有人说市场会失灵，主张政府调节。它山之石，可以攻玉。西方国家实践证明，市场经济不能只靠"无形的手"，也要发挥"有形的手"的作用，要两手抓，两手都要硬。

美国特点的政府角色

罗斯福"新政旋风"

法国政府"以西补东"

日本的产业政策

意大利的国家参与制

美国特点的政府角色

当英国的工业化开始蹒跚学步时,北美大陆还在农耕世纪中熟睡。待它一觉醒来,原来的幼童,早已长大成人。"南北战争"前肇始的美国工业化,一度是欧洲的追随者。然后来者居上,经过不到一个世纪的狂飙突进,便将先行者远远甩到身后。美国工业化所以取得如此成功,政府在其中的作用,可谓举足轻重。

与许多后起国家不同,在工业化进程中,美国政府不是"发动机",只是"助推器"。也就是说,为了搞工业化,总统没有向全国发号召,国会没有搞发展规划,联邦没有直接办厂。"助推器"的作用,主要是为工业化创造条件,提供空间,在节骨眼上推企业一把。

搞工业化最紧要的是什么?当然是人才和技术。英国是世界工业化的故乡,扫英国现成的东西"拿"来,成了美国政府的第一要务。可英国人吝啬得很。1774—1785 年，英国政府颁布了一系列禁令，不准技师、机器出境，对私带图纸"闯关"者，判刑 1 年，罚款 500 英镑。"拿"不来就"挖"。各州纷纷亮出绝活，引进技术，吸引人才。1790 年 4 月，美国国会通过专利法案，联邦专利委员会开始运转。重赏之下，必有勇夫。英格兰的穷工匠起了活思想。塞缪尔·施莱特和约翰·施莱特穷兄弟俩，把最前沿的纺纱技术装进大脑，漂洋过海来到美利坚。美国人洛维尔出访英国也不空手，顺手牵羊偷回尖端织布技术。世界上首家梳棉、纺纱、织布一体化的工厂，1814 年秋在北美大陆开张，美国纺织技术走到了英国前头。外来的和尚好念经，本地僧人也可以做道场。为挖掘本土人才的潜能，1863 年，联邦政府组建国家科学院，鼓励各州、企业和个人科研投入。民间办科研蔚然成风。1876 年爱迪生创办"发明工厂"，1900 年通用电气建立实验站，到 1915 年美国各类工业研究机构超过 100 个。贝尔、爱迪生等美国发明家，成了家喻户晓的英雄，从他们的实验室里，走出了美国一流的科技人才。

在广袤的国土上搞工业化，交通运输得先行一步。1830 年，英国的蒸汽机车刚刚投入运营，美国就跟着修起了铁路。铁路可不是谁都能玩得转的，既需巨额资金，又要专业技术，回收期长，风险大，按理应由政府操办。美国政府却另有高招。此招的精髓在"以地换路、多贷少投"。根据 1862 年和

1864 年法案，国家把筑路权交给铁路公司，每修 1 英里铁路，赠予沿线 10—40 英里土地，并可获得 1.6 万—4.8 万美元贷款。政府先后拨出土地 2 亿英亩，发放贷款 6 500 万美元。这是一个惊人的数字。但它却换来 5 条横贯大陆的干线，40 亿美元国外投资，1 亿美元利息收入，为政府节省运费 6 亿美元。1910 年美国铁路总长度超过英国 11 倍，工业中心向西部原料产地靠近了 350 公里。修这么多路，政府却不担风险，无须增税还债，获得了许多管制权，为西部输送了近千万移民，还带动了铁路沿线经济的发展。最妙的是，修路使政府"四两拨千斤"的功夫炉火纯青，顺便用到其他公共事业中去。

搞工业化离不开人。美利坚立国近百年，人口不过 3 100 万，平均每平方公里只有 4 人，农业劳动力是工业的 4 倍，还有 350 万黑奴不能流动。南北战争使劳动力自由流动成为可能。但工业化所需的劳动力短缺，还是困扰美国的一大难题。输入劳动力是最便捷的解决办法。但美国移民政策所强调的，不是盲目引进，而是重点输入。1864 年联邦移民局成立，《鼓励移民法》出台，对产业工人提供优惠政策。比如外国工人前往美国，可预借路费等。此后半个世纪，入境移民 2 700 万，45 岁以下青壮年超过 60%，主要工业部门中，移民工人占一半以上。工业化的发展需要更多高素质人才，办教育成了政府的重头戏。1862 年联邦政府签署摩里尔法案，规定各州可领取国有土地，创办大学。到 19 世纪末，为举办国民教育，共划拨土地 1 亿 5 千万英亩，相当于法国、瑞士、比利时三国面积总和。1867 年设立教育局，大搞义务教育和职业教育。20 世纪初，美国已实现初等义务教育，建立了从幼儿园到大学的教育体系。

大工厂是工业化的杰作。对于政府来说，办厂应该是小菜一碟。政府办厂还可能带来一些好处，比方说增加财政收入，加快技术进步，为私人企业提供样板……这样的好事美国政府很少去试，但对私人办厂却鼎力扶持。1798 年春，大学毕业生惠特尼听说美法关系紧张，便上书财政部长，自告奋勇要为国家生产 1 万支枪。两年交货期满，财政部只看到一包零件。在官员们怀疑的目光下，小伙子当场装配了 6 只滑膛枪。得到延期许可的惠特尼，用了 10 年才完成订单，并把钱挣到手。这种傻事，大概只有美国政府会干。可没有这样的政府，就不会有美国工业标准化，更不会有日后的大规模集约生产。自此之后，美国政府"傻劲"不减，泰勒的劳动定额管理、福特的流水线、卡内基的煤铁联营、阿穆尔的联合生产，这些欧洲人不敢想或不敢做的事，大都得到政府的关照，也最终在美国扎下了根。政府对企业的关爱远不止这些。比如发展投资银行，帮企业筹集资金；实行金本位制，确保工业品价格坚挺；把平均关税从 18.8% 提高到 52.4%，使国货免受进口货冲击；采取累退性税制，减轻企业负担……美国政府与企业的关系，大约可归纳为一句话：官倡、官助，但不是官办、官管。

罗斯福"新政旋风"

　　建国后 150 多年间，美国一直奉自由经济为圭臬。市场经济这只"看不见的手"，创造繁荣，也孕育危机。"无为而治"的直接后果，是垄断代替竞争。贸易保护和低税收政策，使富者更富，贫者愈穷。多数人口无力消费，生产便出现"相对过剩"。一战后，美国经济危机四伏：农产品积压，价格猛降；企业开工不足，工人大批失业；银行加入股市投机，金融体系险象环生……美国经济像失控的列车，顺着倾斜的轨道飞速下滑，随着 1929 年证券市场崩溃，自由经济的黄金时代结束了。沧海横流，方显英雄本色。1933 年 3 月 4 日，富兰克林·D.罗斯福入主白宫，掀起"新政"旋风，用国家干预这只"看得见的手"，清除自由经济积弊，挽狂澜于将倾，美国经济制度由此发生了深刻变革。

　　如果说经济震荡是座活火山，金融就是火山口。经济不稳，老百姓首先想到的，是赶紧把存款取出来。可银行早已拿储户的钱炒了股，面对"提挤"现金的人潮，一下子傻了眼。痼疾需用猛药，罗斯福上任后第3天，便对金融体系动大手术。新总统下令银行歇业整顿，国会通过《紧急银行法》，对银行全面清查，同时严禁黄金出口，暂停外汇交易。经过严格审查，多数银行重新开业，金融恐慌渐渐平息。病来如山倒，病去如抽丝，恢复金融秩序，并非一招就灵。为了重建金融，政府采取了分步手术法。第一步放弃金本位。国会通过《黄金储备法》，美元贬值59.06%。此举提高了出口竞争力，减轻了低收入阶层的债务负担，物价开始稳步回升。第二步手术历时三年，目的是规避金融风险。1933年和1935年国会先后通过《证券法》和《证券交易法》，增加上市公司透明度，建立证券发行保证金制度，对银行贷款购买股票实行控制，限制交易人员、中间商和经纪人从事证券买卖。1933、1935年两个《银行法》相继出台，使投资银行和商业银行分离，减少了银行的股市投机；建立联邦储蓄保险公司，降低个人存款风险；对始建于1913年的联邦储备委员会，进行大刀阔斧的改组，设立公开市场委员会，通过控制贴现率、利息率和准备金比率、公开市场业务，加大政府对银行的监管力度，金融控制权由华尔街转到了华盛顿。

俗话说，无农不稳。对危机中的美国农业，新政府一刻不敢放松。1933年3月，国家农业信贷局成立，1亿美元低息贷款发放到农民手中，农业债务、农场抵押问题得到控制。大萧条期间最苦的是农民，增产不增收，愁坏了种田人，出路只有一条，限产增收。1933—1938 年，国会先后通过两个《农业调整法》，政府与农民签订协议，减少种植面积，压缩蓄栏量，有计划地减少农产品供应。政府还采取保护价收购余粮、出口补贴、谷物保险等措施，稳定农业，拉高农产品价格。"新政"期间，1 000 万英亩棉花被犁掉，2 000 万英亩土地休耕，600 万头猪崽被宰杀。这些怪诞做法招致种种非议，可农业收入增加了 1 倍，农民不再闹事了。政府还利用生产资料价低的有利时机，大搞农业基础建设，发展农村电气化。到 1940 年，全美输变电线路横跨主要农产区，20 世纪中叶，美国农村基本实现了电气化。

企业间无序竞争、垄断盛行，是造成经济衰退的一大原因。罗斯福不管在野党的风言风语，把社会主义苏联计划管理的思想，用到了新政的工业政策上。1933 年 5 月，《国家工业复兴法》颁布．由政府出面，协调各行业工会统一行动，制定公平贸易和竞争规则；组织工人与雇主谈判，就最高工时、最低工资、再就业达成协议。3 年内制定行业法规 746 个，95%以上的工人获得了劳动保障权。20 世纪 20 年代，以控股公司为主的垄断组织，欺行霸市，左右政府，是没人敢碰的"刺儿头"。明知山有虎，偏向虎山行。新总统力排众议，果断向垄断组织开刀。政府在旦先的《谢尔曼法》《克莱顿法》《联邦贸易委员会法》基础上，制定了《公用事业控股公司法》，对控股公司实行肢解和管制，2级以上的控股公司被依法取缔，股市中的投机巨鳄销声匿迹。《反价格差别对待法》和《米勒—泰丁法》等法案，保护小商人、小业主，抑制大制造商、大经销商、推动了工商业的公平竞争。《通讯法》《商船法》《民用航空法》《运输法》的实施，将交通、通讯业管理权收归政府，行业垄断的坚冰打破了。

恢复经济光靠国内市场不行，搞好对外经贸关系至关重要。在这方面，罗斯福的前任就很不会办事。1930年，胡佛总统签署《斯穆特—霍利法案》，大幅提高关税，引起其他国家的报复，美国经济雪上加霜。新总统上台后，敦促国会通过贸易协定法，开展多边贸易谈判。到1939年，美国同22个国家签订了互惠贸易协定，关税率平均降低13%，为"过剩"的美国经济打开了国外市场。

重建金融、调整农业、复兴工业，恢复贸易关系，罗斯福"新政"的产业政策，最终目标都是消灭贫困和失业。这个"结"解开了，"需求"不足和生产"过剩"问题也就迎刃而解，整个经济就能进入良性循环。扶贫济困需要政府掏腰包。这笔钱可不是小数目。自由放任时期平衡预算的做法不灵验了。新总统敢想敢干，提出"复式预算"的新理财观，把用于救济、复兴经济的赤字开支列入"非常预算"，后来干脆实行补偿性财政政策，借明天的钱，办今天的事，赤字财政成为"新政"的一大特色。钱的问题解决了，往下的棋路便如行云流水。政府采取"劫富济贫"的办法，大搞社会救济。对高收入阶层课以重税，通过财政转移支付接济穷人。通过以工代赈、公共工程创造就业岗位。联邦紧急救济署拿出 132 亿美元，实施以工代赈计划。先后组织 250 多万名未婚男青年"上山下乡"，为 850 万失业者提供了临时工作。兴办公共工程耗资 65 亿美元，主要由私人承包，通过这种办法刺激社会投资，1932—1937 年，私人投资增长 12 倍。救济、就业问题初步解决后，政府又把社会保障列入时间表。1935 年 8 月，罗斯福签署《社会保险法》，养老金、失业保险、老年保险、不幸者救济，都得到了联邦政府的补助，美国迈出了向福利国家过渡的关键一步。

罗斯福"新政"，并没有用系统的经济理论作指导。1936 年，英国经济学家凯恩斯发表《通论》，首次提出当生产过剩、消费不足时，政府要干预经济，运用财政、货币政策，刺激投资，拉动需求，促进经济复苏。凯恩斯为美国"新政"提供了最佳的理论诠释。"新政"的成功，为困境中的自由经济打开了通道。政府对经济生活不能袖手旁观，成为罗斯福以后美国历届政府的基本信条。

法国政府"以西补东"

20 世纪 50 年代初，法国经济就像一架倾斜的天平：以北起勒阿弗尔，南至马赛为界，东西两侧形如两重天地：东部被称作"富裕的工业法国"，其面积不足全国一半，人口却占总数的 2/3；全国 500 家大企业集团，东部有 476 家；这里的 4 大工业区，拥有全国 3/4 的工业职工、4/5 的工商业营业额；居民人均收入，高出全国平均水平 30％。与"工业法国"的繁华形成强烈反差，广袤的西部地区，处在天平失重的一端。那里人烟稀少，交通不便，停留在落后的小农经济时代，被称为"贫穷的农业法国"。随着时间推移，东西差距越拉越大。同在一片蓝天下，同是升起法兰西国旗的土地，怎能如此苦乐不均，判若两个世界？ 1950 年，建设部长克洛·珀蒂提出，应尽快进行"国土整治"，实现自然资源、经济活动和人员的最佳分配。1955 年，法国政府颁布"国土整治"令，制定地区行动计划，拉开了向西部进军，促进经济均衡发展的帷幕。

"国土整治"事关法兰西发展全局，稍有闪失，就可能铸成大错。究竟如何破题，决策者们一时拿不定主意。恰逢此时，巴黎大学教授弗朗索瓦·佩鲁提出"发展极"理论，引起了法国政府的重视。佩鲁认为，经济增长的潜力，集中在某些主导部门和行业，它们往往聚集在大城市的中心地带，形成"发展极"。政府的任务，是在欠发达地区大力培育"发展极"，发挥它们的"磁场"作用，带动周围经济快速发展，逐步缩小地区差距，最终实现国民经济整体协调发展。佩鲁的理论令官员们茅塞顿开，一套全新的发展规划陆续出台。

在落后地区兴建城市，发展主导产业，遇到的头号困难，是来自东部的负面影响。东部大城市特别是巴黎，吸引了西部大量的人才、资金和技术，这如同釜底抽薪，动摇了西部发展的根基。而东部大城市的过度膨胀问题，也到了非解决不可的地步。比如巴黎，面积不足全国的 2%，人口却占总数的 1/5，集中了法国 29% 的工业职工、1/4 的公职人员、40% 以上的高级人才，全国 2/3 的商业总部也设在这里。长期超负荷运转，使得人口、交通、环境等问题日益突出，严重制约着巴黎的长远发展。限制东部大城市，发展西部新兴城市，两件事相辅相成、相得益彰。法国政府的"国土整治"行动，也正是循着这个思路，一步步地展开。50 年代中期，法国推行了"工业分散"政策，规定在巴黎等城市创办新企业，须经政府批准，取得

"许可证"，并交纳高额的占地"租金"。同时，通过低息贷款、免税、削减地价、颁发"地区发展奖金"等优惠措施，鼓励东部企业、商业、金融机构，向不发达地区疏散。60 年代，政府在边缘地区兴建了 8 个"平衡大城市"，改善全国城市空间结构，形成新的地区发展中心。从 70 年代开始，重点在西部发展万人左右的中等城市，小城市和卫星城也迅速崛起，它们大多位于农村、风景区，铁路沿线、中心城市外围，不仅缓解了大城市的发展压力，也促进了欠发达地区人口稳定和经济繁荣。1955—1964 年间，有 2 800 多家企业到西部安家，1954—1975 年，先后有 750 万法国人西迁，昔日贫穷的"农业法国"，出现了图卢兹、波尔多、南特等大工业中心。

落后地区的经济要迎头赶上，显然不能老当"二传手"，靠引进发达地区的"夕阳产业"，一辈子也甭想打翻身仗。法国政府在鼓励企业西进的同时，注意根据西部的地理、资源优势，确定合理的产业结构。比如西部虽经济落后，却有长达 3 115 公里的海岸线，这是东部内陆地区望尘莫及的。要说投资小、见效快，滨海地区可以发展海水养殖，也可以从东部引进些出口型企业。法国政府的眼光看得更远：这么一大块风水宝地，用来发展旅游、高新技术产业，前景岂不更好？ 1970 年春，占地 2 300 公顷的"索菲亚·安蒂波利斯技术开发区"破土动工，法国的优惠政策，地中海的旖旎风光，吸引了众多的投资者，先后有 50 多个国家的 950 家公司前来落户，每年新增投资额 28 亿美元，昔日荒凉的海滩，成了法兰西的"硅谷"和旅游胜地。布列塔尼地区的变迁，也许更能反映西部产业升级政策的成果。1954 年，该区一半以上人口从事农牧业，工业职工只占 18.5%。到 1975 年，农业人口比重减少 2/3，工业职工的比重升至 29.4%，第三产业达到 49.5%，由落后的农牧区，发展成全国最大的肉类生产、加工基地。"国土整治"计划实施 20 多年，法国西部的山地、高原、滨海地区，逐渐打破了单一的生产结构，多业并举，实现了产业合理布局。

"国土整治"历时长，规模大，涉及面广，为了避免出现"上有政策，下有对策"，实现全国一盘棋，法国政府别出心裁，在原有 96 个省的基础上，设立了 22 个大行政区，国家与大区签订具有法律效力的"计划合同"：中央政府负责确定总体目标，保重点项目，有资金优先分配权；开发整治权下放给地方；国家设立专门机构，负责对各地实施情况监督检查。行政大区对中央政府负责，各省对行政区负责，涉及跨区实施的项目，由国家牵头，协调各区、省的行动，从而保证了"国土整治计划"层层落实。20 世纪 60 年代以来，法国政府先后实施了多项公路、铁路、通讯发展计划，由于中央和行政区职责分明，各地能够联手合作，计划大都提前完工，在法兰西土地上，形成了横贯东西、遍布南北的交通、通讯网络。

通过国土整治，促进经济均衡发展，这个过程对法国政府来说，很像切蛋糕，涉及方方面面的利益。国家的政策优惠和资金倾斜，如果西部得到的过多，时间长了，东部肯定不会痛快。为此，法国政府不是一味扶持西部，而是着眼全局，政策因时而变。20 世纪 70 年代中期，西部在国家扶持下改天换地，经济发展蒸蒸日上，而东北部的老工业基地，却由于国际油价上扬，遇到了前所未有的生存危机。法国政府便把心思东移，加大了老工业区的改造力度。1984 年春颁布"工业结构改革方案"，收缩东北部的煤、钢生产规模，更新机器设备，淘汰旧工艺，鼓励发展高技术产业，为此，国家采取了"以西补东"的办法，投入大量财力、物力，为东北工业基地"输血"。由于做到了一碗水端平，东部对中央政府的"关照"双手欢迎，西部地区也没有什么怨言，老工业基地由此焕发了生机。

日本的产业政策

　　二战后的日本，哀鸿遍野，满目疮痍。近一半国民财富毁于战火，工业生产不到战前的 1/5，1 300 多万人失去了工作。20 多年后，曾经一败涂地的亚洲岛国，重又站了起来。1955—1973 年，日本经济连续 18 年高速增长，国民生产总值先后超过英、法、德、苏，成为全球第二号经济大国。作为一个"后起"国家，日本经济走的是"赶超型"的路子。所谓赶超，就好比赛跑，既要速度快，又须走捷径。要把各方力量聚集起来，往一个方向奔，单靠市场机制，显然行不通。日本政府审时度势，运用"产业政策"，导演了一出赶超西方强国的好戏。

　　日本政府制定产业政策，讲究的是抓要害，保重点。战败后，日本老百姓衣食无着，企业纷纷转产消费品，以解燃眉之急。日本当局认为，这种头疼医头、脚疼医脚的办法，解决不了根本问题。生产消费品需要原料，战争期间国内产一点，不够可以到国外去抢。现在军队没了，大家都去做产成品，原料接济不上，等米下锅总不是办法。1946 年 12 月，吉田政府制订"倾斜生产计划"，大力扶持煤炭和钢铁生产，以这两个行业为杠杆，推动电力、化肥、运输业发展，带动整个经济良性循环。计划推行了 3 年，日本工矿业生产恢复到战前的 81.6%，机械制造超过了战前水平。倾斜生产方式解决了生产中的"瓶颈"问题，为日后的长远发展打下了基础。20 世纪 50 年代初，日本赢得了一次难得的发展机遇。朝鲜战场，中朝联手与美军刺刀见红，日本大肆为美军生产军需品，以坐收渔利，经济总量迅速超过战前水平。好风凭借力，日本政府以此为契机，开始考虑怎样抓住时机，实行经济腾飞。照美国人理解，日本应重点发展劳动密集型产业，投资少，见效快，基础也不错，美日经济还可以实现"互补"。可日本政府却不是这个心思。给别人做零碎活，填饱肚子打基础可以，干久了就得仰人鼻息，做美国的二伙计。发展重工业和化工业，是天下大势所趋，日本眼下要搞是难为一点，但挺过去便会是另一番天地。1955 年，日本政府通过《经济自立 5 年计划》，收拢五指，攥起拳头，集中精力发展重化工业，到 60 年代末，日本轻工业比重从 55.8% 下降到 37.8%，重工业从 44.2% 上升到 62.2%，重化工业产品出口占出口总额的 73%。进入 70 年代，日本又把能耗大、污染环境的重化工业转移到海外，在本土大搞知识密集型产业，80 年代中期，日本人均国民生产总值就超过了美国，连续多年居世界榜首。

日本的产业政策，不仅管得宽，而且管得细。对不同生产部门，政府会开出不同的"处方"。比如对成长型企业，则给予扶植和保护，汽车业是一个成功的例子。1952 年，通产省发表"轿车技术合作方针"，对有利于国产化的进口物品实行优惠税制；1954 年通过"外汇配额制"，限制欧美汽车进口；60 年代初，确立了汽车国产化生产体制，采取资金倾斜、价格补贴、加速折旧等方法，鼓励发展精巧型、低油耗、价位低的车型。政府有关部门不仅为汽车行业确定生产标准，还力促国内汽车业合并，实现规模化集约生产。光有车，跑不动不行，1954—1982 年，日本政府先后实施了 6 个公路建设 5 年计划，公路投资占计划事业费用的比重，1973—1977 年为 86.4%，1978—1982 年则达到了 98.9%，四通八达的公路网，为汽车业发展提供了空间。稳住了国内市场这一头，还得想办法打开国际市场。70 年代两次石油危机，显示了轻小型汽车发展战略的威力，欧美厂商面对日本汽车的倾销，只有招架之功，全无还手之力。1955—1974 年，日本汽车产量增长 103 倍，1967 年，日本成为世界汽车第二生产大国，70 年代以来，汽车出口量长期无人匹敌。对衰退型产业，日本政府没有任凭它们日落西山，而是实行了调整、援助并重的产业政策。九州煤矿关闭事件是很典型的例子。曾为主产煤区的九州，到 60 年代已是风光不再。政府决定对区内企业关停并转。决定一公布，10 多万煤矿工人就堵了政府大门。可没多久，工人们就不再闹事了。原来政府自有锦囊妙计。旧矿区被规划成 76 个新工业区，制定土地、税收、贷款优惠政策，鼓励外地厂商入区办厂，下岗职工领到了补助金，接受免费培训，政府负责推荐新工作。10 多年后，九州已是著名的高新技术产业区了。无独有偶，日本的纺织业也一度由盛而衰，政府于是压产升级，花 3 800 亿日元淘汰过剩设备，限制落后产品。企业鸟枪换炮，赶上了世界纺织业的潮流。

很多西方学者评价说，日本政府的产业政策，就像是"管家婆"，对企业的事管得太宽，日本经济模式非驴非马，只能算半拉子市场经济。可日本政府认为，既然要赶超，那么方向对、速度快最重要，至于起跑动作是否正确，姿势是否雅观，反倒无足轻重，只要跑到前面就成。比如西方国家最强调自由竞争，生产什么，怎样生产，那是企业的事，政府无须过问，不仅如此，如果哪家企业胆敢向自由竞争叫板，政府的反垄断法可从不吃素。与西方国家不同，日本政府和企业向来是一家人。政府愿意咸吃萝卜淡操心，企业也乐得听从政府"指教"。奥妙就在于枪口一致对外，先发展起来再说。为了解决企业资金困难，日本政府可以推行"超额放款"制度，以央行为后盾，鼓励银行把存款全都转为贷款；为了避免外资控制日本企业，日本可以长期封闭资本市场，而在国内实行"小额储蓄免税制度"，动员全社会节衣缩食搞经济；为了使国货不受洋货冲击，可以厚着脸皮顶住国际社会的指责，迟迟不履行关贸总协定成员国的义务；为了使国内产品打进海外市场，政府可以数次修改美国专家帮忙制定的反垄断法，鼓励日本同行组成卡特尔，联手出击；甚至堂堂一国首相出访，也不忘了为企业做推销广告，即使被外电谑称为"半导体首相"也在所不惜。同样是为了超欧赶美，企业界对政府五花八门的规划，一呼百应；半官半民的"业界团体"，也能够既听政府招呼，又替企业说话，弥合政企矛盾……

日本政府制定产业政策，从不"胡来"，还在规范化上做足了文章。打20世纪50年代经济复苏时起，政府就着手建立、完善法制。到20世纪70年代中期，日本就已建起完善的经济法规体系，而这一过程，欧美国家却花了近百年时间。单就这一点，日本就可以告诉世界，追赶型的产业政策，绝不是意气用事，要不然，指挥棒带出的旋律，少不了经济混乱的杂音。

意大利的国家参与制

20世纪60年代末，英国工党在竞选纲领中宣称：要参照意大利的"国家参与制"，建立新的国家控股公司；1970年3月，法国便仿照意大利，成立了工业开发公司；差不多就在同时，瑞典也派出代表团，频频访问意大利，想从那里取回点真经。那么，国家参与制究竟有何高人之处，一时间受到如此众多国家的垂青？

随着新航线的开辟，世界的商贸中心，从地中海沿岸转到英国。16—18世纪，西欧国家忙着殖民掠夺、积累资本，而意大利的商业却走向衰落。本国资源贫乏，再加上外族入侵，意大利经济发展很慢。到了20世纪，它依然属欧洲的落后生，私人资本非常羸弱，很多行业不得不由国家代劳。墨索里尼为了发动二战，将有限的资源用于战争，有心将一些企业收归政府。所以，意大利有国家干预的传统。20世纪30年代，在全球经济危机的冲击下，意大利最大的三家银行几近破产，这对于相当萧条的经济来说，无疑是灭顶之灾。为了拯救银行、扭转局势，1933 年，由政府投资，成立了一家控股企业——伊里公司，任务是向工业部门提供贷款；理顺银行的内外关系，完善银行体系。当时成立伊里公司，是权宜之计，只想将企业整顿好后，交给私人经营。但事后政府却强烈地意识到，需要一个这样的机构，来推行其经济、军事政策。1937 年 6 月，国家颁布法令，将伊里公司作为一个机构，保存了下来。这就是意大利的第一家国家参与制企业。此后，它通过控股，对海运、钢铁、机械、基础设施等部门，进行了全面的介入。

1956 年 12 月，根据 1589 号法令，国家参与部（国家投资部）成立。这表明，国家参与制已成体系化——金字塔式的管理。最顶端的是经济规划委员会，它主管大政方针，总理亲任委员会主席，参与部部长是委员之一。第二级是国家参与部，其职责是：通过国家控股，管理企业及经济部门；监督、协调国家参与制企业的经济活动，任免其领导人。接下来的，是国家全额拨款的大公司，如伊里公司、埃尼公司。这些公司通过参股而管理的大企业，形成了第三级，按控股的方式，一级级地往下延续，最底层便是星罗棋布的小公司。国家参与制企业从事的行业，利润率一般都很低，规模小就不划算，小资本企业对此不敢问津。再说，如果让大资本的企业加盟，又会威胁国家的控制权。所以，在这些企业里，国有股占了绝对优势。比如，商业银行 87.8% 的股份，信贷银行 76.5% 的股份，意大利航空公司股本的 99%，都掌握在国家手中。

20 世纪 70 年代，意大利尚无反垄断法，维护竞争的职责，落到了国家参与制企业肩上。意大利菲亚特公司，一度垄断了国内的汽车市场。为加强竞争，伊里公司投资并控股，成立了阿尔法·罗密欧汽车厂，以促进汽车行业的发展。意大利能源匮乏，为避免在能源方面受制于人，1953 年 2 月，第二大国家参与制企业——埃尼公司成立，其使命是：确保国家能源安全，并逐步实现自给自足。意大利南北差距大，为开发南部，1958—1973 年，国家参与制企业，将其一半的资金、30% 的就业机会，"送给"了利润率较低的南方。二战结束后，庞大的失业大军，涌向了社会。伊里公司自身人员过剩，但仍然以大局为重，1968—1977 年，为社会提供了 22 万个就业机会。在经济危机时，投资者宁愿把钱闲着，也不愿冒风险。而国家参与制企业，为减缓危机的震荡。则不断加大投入。1970—1972 年，投资分别增加了 42.4%、33.7%、16.8%。国家参与制企业，目的本不在盈利，因此面对国家危难，自是要挺身而出，力挽狂澜。

当民族工业还很稚嫩时，一旦国际资本铺天盖地席卷而来，那么，国内的小企业，很难有招架之力。意大利的钢铁工业落后，1937 年，每位员工的钢产量仅为 50 公斤，相当于德国的 1/6、法国的 1/4。为防外人乘虚而入，二战后，国家投资新建了一些大型的钢铁公司，通过增加投资、改进技术，大力发展钢铁行业。1952—1967 年，意大利的钢产量，从 35 万吨增加到 1 589 万吨，1963 年，其平炉钢的价格低于法国、联邦德国。对于一些濒临倒闭的私人企业，国家也没有袖手旁观。1971 年，政府成立了"工业管理和控股公司"，专对那些亏损的私企，进行投资和改造，待到扭亏为盈后，再交还给私人经营。该公司在成立后的 13 年中，先后扶持过 122 家私人公司，并使它们一一起死回生。国家参与制企业，就如同一位长兄，里里外外地张罗：对外维护经济主权；对内则安抚中小企业，可谓是鞠躬尽瘁，厥功至伟。

然而，到了 20 世纪 70 年代后期，这位老大哥却渐渐出现了亏损。在 1974 年的经济危机中，投资锐减、失业人数突破 200 万大关。此时的国家参与制企业，再也没有原来那种叱咤风云、扭转乾坤的本领。由于长期忙着为他人做嫁，成了富余劳动力的大本营，企业状况由此每况愈下。尤其是它所从事的基础性行业，在新技术浪潮的冲击下，成了夕阳产业，利润低微，越来越难以为继。1983 年，伊里公司的亏损额达 3.25 万亿里拉；埃尼公司亏损了 1.4 万亿里拉。

国家参与制企业，毕竟是政府的亲生子，一向言听计从、委曲求全。看到它陷入泥潭，国家当然不会听之任之。1983—1985 年，政府将伊里公司下属的 14 家企业，出售给私人；1992 年，几大国家参与制企业，被改为股份公司；1992—1993

年，埃尼公司旗下的 100 家企业，被关闭、出售或转让。这些"瘦身"的举措，使企业轻装上阵，实现了扭亏为盈。此外，政府还对企业进行了重组。伊里公司原有 5 家通讯企业，由于设备陈旧、业务分散、管理不善，经济效益不尽如人意。1994年，政府将其剥离出来，组建成意大利电信公司。该公司成立后，一方面完善了管理，同时积极参与国际竞争，1997 年，营业额比成立之初增加了近 5 倍，成了世界电信业的第五大巨头。

意大利的国家参与制，走过了 100 年的风风雨雨。它为国家经济的发展，忍辱负重、战功显赫，而博得过阵阵掌声；也曾因"关心别人胜过自己"，而举步维艰、处境尴尬。1990 年，美国《财富》杂志，为全球最大的 50 家工业公司排座次，伊里、埃尼两大公司榜上有名。到了 21 世纪，国家参与制将做如何调整，以应对新的形势，意大利政府目前尚在探索之中。

自由经济浪潮

二战之后，自由主义思潮重新抬头，抑制国家干预的浪潮也随之席卷而来。德国走第三条道路、撒切尔进行"货币主义试验"、里根推动自由经济复兴、俄罗斯施行"休克疗法"，半个世纪里，西方国家上演了一幕幕自由经济的人间活剧。

选择第三条道路

银行独立一波三折

撒切尔的"货币主义试验"

自由经济的复兴

"休克疗法"败走莫斯科

选择第三条道路

二战结束后，世界形成了两大阵营：社会主义与资本主义。它们相互对峙、水火不容。在经济运行上，一个奉行市场调节，一个强调计划万能，而且彼此都坚信自己走的是阳关道，别人过的是独木桥。但联邦德国却认为，市场与计划，并没有不可逾越的鸿沟，二者可以取长补短、兼容并蓄。基于这种认识，德国人另辟蹊径，既不照搬美国的自由市场经济，也不完全复制苏联的计划模式，而是将两者加以折中，走第三条道路：社会市场经济。

为充当世界霸主，希特勒在二战期间，攻城掠地，四处出击，结果害人害己，到头来却四面楚歌，赔了夫人又折兵。根据1945年的波茨坦会议精神，以柏林墙为界，德国被一分为二，东部由苏联管理，不久建成民主德国；西部被英法美控制，尔后成立联邦德国。西德成了欧洲的二等公民：国家负债累累、货币贬值、物价飞涨，生产能力急剧下降，当时的国民生产总值不到战前的一半；一些大城市几乎被炸成废墟。据估算，每天用 10 列 50 节车皮的火车运输，柏林市的碎瓦乱石，也得运 16 年；许多人居无定所，四处流浪。1946 年的冬天，是上个世纪最寒冷的冬季，人们饥寒交迫，生活窘迫，苦不堪言。当时的人均食品供应量，只有战前的 1/5。食物严重匮乏，危胁着国民的健康，浮肿、软骨病、肺结核，就像是一场场瘟疫，至今仍让德国人谈之色变。

贫困交加的人们迫切需要工作，需要食品和医药，他们渴望着经济复苏，盼望有朝一日能恢复昔日的辉煌。随着战争的失败，希特勒的战时经济管制，终于走到了尽头。历经这场民族浩劫，人们反计划的情绪变得十分强烈。那么，是不是该完全放任自由，从一个极端走向另一个极端？西德面临经济体制的重大抉择。时势造英雄，一直从事经济工作的艾哈德，深谙国情，顺应民心，提出了一套独具特色的方案。他认为，要增加国民财富，用武力去强占他国领土，劳民伤财不说，弄不好竹篮子打水一场空。而用物美价廉的商品占领世界市场，既省时省力，又方便快捷。所以，他主张靠自由竞争来繁荣市场，靠国家干预去维护秩序。英雄所见略同，首相阿登纳与他不谋而合，于是，艾哈德很得赏识，被任命为经济部长，全权主理战后经济重建事务。艾哈德也不负众望，在任期间，他凭借手中的权力，坚定地推行所谓"社会市场经济"体制。

联邦德国成立前，英法美成立了占领局，管理西德的大小事务。由于战争遗患，物品供求紧张，该机构实行配给制和价格管制。但计划过多，管制过细，就如同一个个紧箍咒，抑制了人的自主性、创造力，德国人只有待在家中，等待那份可怜的配额。要让人们充分施展才华，就得减少计划与配额。1948年7月，艾哈德当机立断，把数百条经济管制，如物价限制、票证配给等，通通扔进了废纸篓，同时税率也被大幅削减。此举一出，使原本绝望的人们，又看到了曙光。社会市场经济，一个基本的准则就是允许多种所有制共生共存，私有、国有、合作所有、工会所有，都可在同台竞争。于是，人们重整旗鼓，跃跃欲试，要到市场中去一显身手。

在大海中，鲨鱼是其他鱼类的天敌，要使水域中鱼自然成长、种类丰富，养鱼人就得防着鲨鱼。同样，竞争和垄断也是冤家。1957年7月，政府为保护竞争，颁布《反对限制竞争法》（即通称的《卡特尔法》），该法后来成了市场经济的"大宪章"：规定未经审批，大公司不得合并；禁止企业产、销联盟，统一定价。为严格执法，国家专门成立卡特尔局，该局依法行事、铁面无私，从1968—1982年，共处理了338起妨碍竞争事件，每年罚款达1 000万马克。反垄断，给竞争者提供了广阔的生存空间，但是，要让优胜劣汰规律起作用，使人们提高效率、改进技术、降低成本，还得防止恶性竞争。政府先后通过了《反不正当竞争法》《折扣法》《关于附加赠送物品法》

《商标法》，严禁假冒伪劣、坑蒙拐骗；规定商品折扣不得超过3%；买一送一时，二者间的价值相差不能太小，如卖汽车时可送小配件，但不能送摩托车。

社会市场经济有两只手：左手是市场，调节自由竞争；右手则是政府，完善市场秩序、保障社会公正。艾哈德打过个比方：经济活动如同比赛，国家就像裁判，制定比赛规则、维护赛场秩序，但它严守中立，既不做教练员，也不当运动员。竞争虽可提高效率，但却不能兼顾公平，它往往导致两极分化，因效率而牺牲公平，这在西方社会司空见惯。与一般的市场经济不同，社会市场经济更富人情味，强调全体成员共享经济繁荣的成果。在社会保障上，西德不惜血本，每年此项支出占国民生产总值的1/3，让其他国家望尘莫及，因此在西方国家中，它的贫富差距最小。一些宏观指标，如经济增长率、失业率、通货膨胀率，由国家掌握。在德国历史上，因战争引起的通货膨胀，让人受害不浅，政府顺应形势，提出："宁要低通胀下的适度增长，也不要高通胀下的高增长、高就业。"要实现这个目标，国家可以通过财政、货币政策来调节，但不能给企业主下硬指标、死命令。政府不是"太上皇"，它也得遵章守法。为此，政府和议会还修改出台上千项经济法规，建立了完备的法律体系。如《劳资协议法》就规定：工资和劳动条件，必须由劳资双方自主决定。一旦这些协议成了白纸黑字，便具法律效力，在劳资谈判中，政府就不得有任何倾向性。

20 世纪 50 年代　西德经济飞速发展，实现了贸易顺差，国民生产总值年平均增长 7.5%，远高于美国的 2.2%、英国的 3.2%、法国的 4%，被称为增长的"黄金时期"。高增长并没有导致高通胀，70 年代，虽然西方国家的通胀率达两位数，但联邦德国仅 5% 左右。由于经济的快速增长，失业率大幅下降，人们生活水平显著提高，从二战后的饥寒交迫到生活富足，西德仅花了 20 多年时间。艾哈德就像一位艺术大师，将秩序融于自由之中，汲取二者精华，使联邦德国在战后经济重建中，如鱼得水，发生了天翻地覆的变化，被誉为"世界经济史上的奇迹"。

银行独立一波三折

　　传说有一"聚宝盆"：世间万物，只要放置其中，都能被随心所欲地复制无数，让人取之不尽、用之不竭。假若有人得到如此宝物，便可不劳而获、日进斗金。虽说现代科技突飞猛进、日新月异，但至今高科技也还未发明出这种产品。不过，20世纪两次世界大战期间，德国的银行，在政府眼里似乎有点像聚宝盆。

　　平民百姓缺钱时，只能节衣缩食，空捏拳头干着急。而一战时的国君威廉一世，却从不为钱犯愁。当时银行归政府掌管，为了筹集战争资金，发动第一次世界大战，他一声令下，银行就得加班加点开动印钞机。战后，巨额赔款、财政赤字，压得财政喘不过气来。而面对萧条的经济，政府又不忍加大税收，一筹莫展之际，只好让300台印钞机再次开足马力、夜以继日地赶印钞票。由于货币过量发行，物价上涨一发不可收拾。到了 1923 年 11 月，1 美元所换的马克是战前的 1 亿倍，一麻袋的钱不够换一份报纸。有识之士指出，银行听令于政府，那么，即便政府头脑发昏、为所欲为，银行亦无可奈何，最终必使金融市场紊乱、引发金融危机。1924 年，德国通过了《银行法》，规定银行要与政府分家，并赋予了银行独立处理自己日常业务的权力。

按理说，有了此去，银行本可自立门户过日子，可不幸的是，半路却杀出个程咬金。到了 1933 年，野心家希特勒上了台，在他看来，法律只是一纸空文。侵略扩张需要大量资金，于是他又打银行的主意，将其视为掌中之物，任意摆布。帝国银行董事福克，对此深感忧虑，担心悲剧重演。1939 年，他怀着强烈的责任感，向政府有关部门提交意见书，希望加强银行的独立性。忠言逆耳，这一下可捅了马蜂窝，希特勒勃然大怒，下了特别手令，将其逐出帝国银行。历史有惊人的相似：二战结束后，德国又爆发了恶性通货膨胀，帝国马克再度沦为废纸。商店里的货物，不得不用美国香烟标价。这种类似物物交换的方式，使人们生活极其不便。饱受两次通胀之苦后，德国人开始反思，意识到银行必须独立于政府。但好事多磨，德国一分为二后，英美法成立的占领局，害怕西德经济强大，给自己造成威胁，1947 年，将幸存的 3 家大银行肢解成 30 家，银行权力分散，别说独立于政府，就连资金运作都很困难。没有银行的有效支持，国家复兴鸭步鹅行，步履维艰。随后，占领局也意识到，西德毕竟是同一个阵营的兄弟，发展慢了，还会拖自己的后腿。不久，三大银行又逐步得以恢复，银行独立于是有了坚实的基础。

每次历史变革，总有一些风云人物的推动。福克当年被炒鱿鱼，恰好表明他与众不同，不仅具有远见卓识，而且有非凡的金融才能，尤其是他强烈的民族责任感，使他在战后又重新得以重用。从 1948 年到 1958 年，他一直担任西德的州际银行行长。他认为，通货膨胀就如同江湖大盗，无偿掠夺着老百姓的财富，国家的经济基础，若不严加控制，经济根基就会被掏空，金融大厦最终必将倾塌。因此，与其让政府为所欲为、人为地制造通胀，不如让银行独立，把货币真正管起来，以稳定金融、防止通胀、促进经济增长。他在任期间，四处斡旋，奔走呼告，为银行独立立下了赫赫战功。

在福克等人的努力下，1957 年，终于通过《联邦银行法》。该法明确规定，银行与政府相互独立，各司其职。若联邦政府对银行的决定不满，可提意见，或要求推迟表决时间，但延期不超过两周。在这段时间内，如政府能拿出充足的理由，说服银行，银行可改变决议；若政府理由不充分，银行则可自行表决，并且银行决议一旦形成，政府就算心里不痛快，也得依决议行事。同样，银行可参与政府财政计划的讨论，但也没有决定权。联邦政府和联邦银行，共同委托信贷监督局，督察银行具体业务。政府和银行，就像是分了家的弟兄，大家平起平坐，虽然还会相互支持与照应；但是一个管财政、一个管金融，桥归桥、路归路．对方的家事，可以过问、提建议，却不得插手干预。有了法律撑腰，银行可算扬眉吐气，从此，它已不再是一个任人使唤的伙计。

在银行金字塔的顶部，是中央银行委员会，主要由联邦银行行长、各州银行行长组成。其执行机构是管理委员会。金融市场风起云涌、潮涨潮落，尽由这两大委员会掌握。为确保金融政策的连续性，两大委员会的委员任免，政府只有建议权，最终由总统决定；委员们任期为8年，是联邦总理任期的两倍。这样一来，总理不能止于身居高位，对银行指手画脚，吆三喝四；银行也不会因畏惧权贵、为留后路，而缩手缩脚。如此一来，银行底气足了，可以秉公执法。就算政府向银行贷款，也不得超过60亿马克（含国债），而且该借款只能临时应急，不得拿去弥补财政赤字。政府没了银行援手补缺，在做财政预算时，还得仔细掂量，不能随心所欲，否则，赤字过大，就得自食其果。如此一来，因财政支出过大而引起的通胀，从根本上被遏制住了。

战后，饱受通货膨胀的西德，走上了银行独立之路。从此，银行在战后重建、稳定金融方面，大显身手。二战刚结束，为筹集重建资金、帮助企业渡过难关，银行倾囊相助。发放贷款时，考虑的不是现有资产，而是看其历史成就、发展潜力。所以，有的企业所得贷款，往往是其账面资金的10—20

倍。卡尔·蔡斯光学仪器厂，二战时，所有的厂房被盟军炸成瓦砾，但因它有 100 多名技术人员和管理人员，获得了 1.2 亿马克贷款。巨额的资金投入，为经济复苏注入了新鲜血液。企业也不负众望，经营状况好转后，连本带利奉还银行。原本担心债务回收的人，事后不得不佩服此举的胆识与气魄。

随着银行业的发展，实力日益增强，银行不再是弱者，而成为经济生活的主角。福克以稳定物价为首要目标，协同经济部长艾哈德、财政部长费舍尔，推行紧缩性财政、货币政策。1950 年，物价趋向稳定，德国马克也日益坚挺。由于西德银行积攒了大量的黄金和美元，在欧洲支付同盟中，有 73 亿美元的余额，1958 年，德国马克被宣布为自由兑换货币，成了世界金融市场上的硬通货。然而，也就在同一年，被报界称为"马克的监护人"的福克，却撒手人寰。第二年，州际银行改为联邦银行，继任者布勒辛，秉承了他的作风，继续以稳定金融为己任。20 世纪 70 年代，虽然受石油危机影响，西方国家通胀率普遍提高，但联邦德国的通胀率，用消费物价衡量，仅 1.5％，在国际经合组织中最低。如若福克地下有知，也该含笑九泉了。

撒切尔的"货币主义试验"

20世纪70年代，英国社会危机四伏：物价飞涨、生产停滞、失业率居高不下。工党政府面对困境，虽是忧心如焚，但也无力回天。1979年，54岁的撒切尔临危受命，出任英国首相，她高举自由经济的旗帜，大刀阔斧地改革政府管制，并亲自主持了英国的"货币主义试验"。

二战后的一个时期，英国奉行凯恩斯主义，用财政政策和货币政策，对经济加以干预。推行凯恩斯主义的结果，一方面，它为英国创造了短暂的繁荣，1951—1964年，英国经济一度出现过"两低一高"（失业率低，通胀率低，国民收入增长率较高）；但另一方面，从长期看，凯恩斯主义也给英国带来了灾难。政府开支过大，财政入不敷出，于是企业税收不堪重负，银根被迫一松再松。所引起的连锁反应是：生产停滞，失业反弹，物价飙升，通胀一发不可收拾。到70年代末，高通胀与高失业，像一头双面兽，各执一方，却不知何往，英国的未来，处在一片茫然之中。执政的工党，对此无计可施，不断遭到世人指责；而保守党面对这种局面，也不敢轻举妄动。此时，撒切尔站了出来，她大声疾呼：英国应回归亚当·斯密的传统，还经济以充分的自由，切实保障人们工作的权利，花钱的权利，拥有财产的权利。总之，要使政府成为经济的仆人、而不是主人。

撒切尔新官上任，便是三把火。而第一把火，就是借用货币主义的政策，抑制通货膨胀。上任当年，为控制货币流通量，她手起刀落，一举削减了10亿英镑的国债，将银行的准备金率，提高到10％，把最低贷款利率，提高到17％。紧缩的货币政策，一时间使经济更加低迷、失业更为严重，这种"置之死地而后生"的做法，当时人们很不理解。1981年3月30日，英国364名经济学家，在《泰晤士报》联合发表公开信，对此政策加以抨击。但是，撒切尔并没有妥协，因为此一结果，本在她预料之中。她仍是信心百倍，一如既往地加以贯彻。年底，经济增长几近谷底，失业人数达250万，然而当经济走过这个"拐点"，便柳暗花明，生产渐渐复苏，物价开始回落。事实证明，她的做法，看似一着险棋，但最终是有惊无险，闯过了难关。

随后，撒切尔就采用温和的、渐进的方式，来达到她的目标。1984年，她按最狭义的货币 M_0 来控制货币发行，这样不仅操作灵活，而且效果立竿见影。紧缩性的货币政策，立马使金融形势由阴转晴。1985 年 11 月起，为促使经济繁荣，政策渐渐放松；调控重心，也从原来的货币供应转向了汇率。一方面，将英镑和坚挺的德国马克挂钩；另一方面，大量吃进外汇，通过降低利率、抑止外资涌入，以降低汇率。而低汇率与低利率，又拉动了投资；到 20 世纪 80 年代末，通货膨胀率降到 4.9%，经济大步攀升，撒切尔的货币主义试验，至此大获全胜。

撒切尔的第二把火，指向财政政策。英国是一个"福利国家"，福利支出，占财政支出的 60% 左右，"从摇篮到坟墓"的福利体系，就像一张温床，人们躺在上面吃补贴，不愿劳动、不思进取，而国家财政捉襟见肘，债台高筑。为减轻财政负担，撒切尔决意压缩财政开支。于是，她一方面精简机构，为政府消肿；同时也调减工业补贴、削减福利支出，因此她被人戏称为"夺去牛奶的撒切尔夫人"，据说她的母校——牛津大学，也因不满她削减教育经费、减少教师工资，而拒绝授予她荣誉博士学位。

税制改革，是撒切尔的第三把火。过去，为应付庞大的财政开支，英国的税率高。税负重，它抑制投资，影响人们的工作积极性，使很多人才外流。她上台后，在财政方面，实行"开源"与"节流"并举，挥动"减"字大旗，风风火火地将税负减下来：在任期间，将个人所得税的基础税率，从 33%

减到25％，最高税率由82％减至40％，公司税由52％减至35％……此外，她也提高了一些间接税：增值税、高档消费品的附加税。此举，使国家的税收总额，减少不多。富人愿加大投资，穷人想拼命干活，英国的人才，不再因惧怕高额税负而移居他国。

撒切尔有一个"杀手锏"，就是"私有化"。当时，许多国有企业，政府干预较多，缺乏活力、成本高、效率低，企业亏损严重，是国家的一大包袱。为此，政府决定，出售国有资产，来增加财政收入，减轻负担；同时，广大民众购买企业股票，激活了投资需求、繁荣了市场。1979—1989年的10年间，40％的国有企业出售给了私人，到1990年11月，撒切尔夫人卸职时，只有英铁路公司、煤炭公司、皇家邮政三个部门，没有实现私有化。

改革劳资关系、削弱工会权力，是撒切尔的另一高招。在英国，工会的势力很大，劳动力市场，几乎被垄断，不受市场调节。为提高工资，工人时常罢工，致使工资上涨、生产成本上升、物价上扬；通货膨胀加剧，而实际工资变少，又引起新一轮的罢工浪潮，如此反复，形成恶性循环。本国生产成本高、利润低，资本就外流，出口产品竞争力也随之下降，为此，本国经济受害匪浅。历届政府，想在这个循环中，找到一个突破口，却无能为力。但撒切尔却无所畏惧，制定了《就业法》《工会法》，对工会的职权、罢工运动，进行了严格的限制。

此外，她还动用财力，与工会进行较量。1984 年，力量雄厚的煤炭工会，开始罢工，政府以补贴的形式，与之抗衡，罢工持续了 362 天，以无条件复工，草草收场。工会力量，被大大地削弱；政府威严，得以维护；劳动力市场，开始正常运行；工资推动通货膨胀的现象，基本得到遏止。

撒切尔的各项措施，像一支舰队，虽然阻力重重，但由于有她的领航，还是乘风破浪、一往无前。到了 1988 年，英国经济一片大好：通货膨胀率下降、就业增加、人均收入提高、财政出现盈余、出口增加，人均实际产量增长率超过美国、德国和法国，而英国的国际地位，也开始回升。用撒切尔的话说，这是"经济奇迹"，反对党人士也不得不承认："这个国家虽然还存在很多弊端，但是，任何一位不持偏见者，都会为这种深刻的变化感到震惊。"

自由经济的复兴

1980 年，罗纳德·里根参选美国总统。尽管他声望颇高，但还是有许多选民犹豫不决：这位加州州长已年近 70，美利坚的重担他能扛得动吗？为了打消选民顾虑，里根请医学专家为自己全面查体，并将结果公之于众：除了左耳听力因早年拍电影稍有损伤，眼睛轻度近视外，一切如常。老里根一方面忙着为自己查体，但没忘了给美国经济把脉，此时的美利坚身染"滞胀"沉疴，有气无力，似乎已无药可医。里根上任后，他一改国家干预经济的套路，开出一组自由经济药方，使美国经济重现生机。里根本人，也因此在美国政坛乃至经济学界赢得了盛名。

美国经济缘何"滞胀"缠身？有人说是凯恩斯惹的祸。20 世纪 30 年代，西方世界遇到空前的经济大衰退，英国经济学家凯恩斯，为此提出了国家干预经济的主张。而大洋彼岸的美国总统罗斯福，与凯恩斯不谋而合，开始推行"新政"，用政府这只有形之手，成功地遏止了"大萧条"。此后，国家干预走进了美国经济生活，凯恩斯学说也逐渐成为一门显学。1946年，美国颁布《就业法》，把"最大的就业、产量和购买力"，作为经济发展长期目标，且"财政赤字无害，适度通胀有益"，成了历届政府创造政绩的不二法门。凯恩斯为美国经济带来了高增长，也带来了高赤字、高物价。道理很简单，要想刺激经济，政府就得加大投资，财政出了亏空，只能多发票子。到20世纪70年代尼克松执政时，通货膨胀像雪球越滚越大。无奈之下，尼克松采取了强行冻结工资、物价的办法，不料稍一解冻，通货膨胀更一发不可收。旧病未去又添新愁，恰在此时，国际油价狂涨，"能源危机"导致了经济停滞。在"滞胀"面前，福特、卡特总统手捧凯恩斯经典，使出浑身解数，却左支右绌，首尾难顾：刺激经济增长，会使通胀雪上加霜；抑制通胀，又导致经济萎缩。凯恩斯被"滞胀"逼进了死胡同。

事易时移，穷则思变。里根总统认为，国家对经济过度干预，限制了经济活力，是造成经济恶性循环的根本原因。出路只有一条：减少政府干预，重倡经济自由。为了对付"滞胀"，里根总统改弦易辙，高举自由经济大旗，使出了"三减一稳"四路拳法：减轻税负、缩减开支、减少政府干预、稳定货币供应量。

数十年的赤字预算，使美国政府捉襟见肘，为弥补国库空虚，传统的办法是增税。美国人对增税十分敏感，每逢新政府开张，总是"两手捂紧钱包，两眼盯住总统"。里根的《经济复兴计划》让公众松了口气。1981年8月，国会通过减税法案。三年内削减所得税23%，美国企业、个人少缴所得税3 500亿美元。1986年8月，国会又通过税制改革法案，将税率等级由14级简化为2级，个人所得税最高档税率由50%减至28%，公司最高税率从46%减至34%，该法案实施后，美国个人税负又减少了1 200亿美元。政府为何放着花花绿绿的钞票不收？原来，总统自有高见：减税就像放水养鱼，轻税薄赋，让利于民，让企业和百姓的腰包先鼓起来，税基厚实了，税率虽降，政府的钱柜却会塞得更满。果不其然，从1982年底开始，美国经济持续25个月高速增长，失业率从10.7%下降到7.1%，劳动生产率上升了3%。美国国民生产总值占西方发达国家的47%。

政府减税，势必缩减开支。然增支容易节支难。20世纪30年代罗斯福首开福利保障先河，增进社会福利，便成了历届政府对公众的允诺。老百姓从中得到实惠，政治家借机捞足选票，财政却为此背上了包袱，到里根执政前，这笔开销已占财政总支出的一半以上。羊毛出在羊身上，欠账迟早得老百姓自己还。里根政府痛下决心，对福利制度大刀阔斧进行改革。削减内容林林总总，涉及家庭补助、医疗照顾、住房津贴、特殊行业拨款等方方面面。不到四年，里根政府削减福利支出

5.6%，总计 350 多亿美元，取消公用事业冗员 30 万人，100 多万能自食其力的人，不再享受政府救济。这些做法，虽屡遭激烈反对，却减少了财政浪费、调动了劳动积极性。

里根治理经济频频得手，还得益于他大胆放松政府管制。他深信，只有管得少，才能管得好。于是，他让副总统布什牵头，组成内阁级特别小组，专门研究如何缩减政府管制权。在里根的坚持下，联邦法规撤销了 1/3，仅此一项节省成本 150 亿美元，为纳税人省掉了 3 亿小时的填表时间。反托拉斯法律也被新政府束之高阁，石油、天然气、航空、货运等行业可自由定价，金融机构也能从事多种经营，企业界则展开优化重组，掀起了美国有史以来最大的兼并潮。简政放权对工商业无疑是"利好"消息，社会投资热情高涨，推动经济不断走高。

经济停滞好治，通货膨胀难医。为抑制通胀，里根把"注"押在稳定货币供应上，执行"单一规则"的货币政策：中央银行确定货币投放，只打住两个指标：经济增长速度、劳动力增长率，货币投放稳定在两个指标之内。同时，取消利率上限，吸引外资，缓解资金缺口。高利率导致高汇率，大量廉价的外国商品涌入美国市场，拉动物价走低，通胀压力迅速缓解。里根执政的前 3 年，通货膨胀率由两位数，下降到平均 3.9%，达到 17 年来的最低水平。在他第二个任期内，即使由于国际油价上扬、美元贬值，推动物价指数上升，通货膨胀率也不过 4.4%。

　　当然，里根的治疗"滞胀"的方案，并非完美无缺。有的措施彼此促进，有的则相互掣肘。比如财政支出，政府既大砍福利性开支，又拼命扩充军备，一头减一头增，旧的亏空没填上，新的赤字又出现。稳定货币供应，提高利率和汇率后，外国商品特别是日本货充斥美国市场，企业大伤元气，出口乏力，利润下降，又进一步影响了税收。巨额财政赤字、巨额外贸逆差，好像一对孪生兄弟，留给了里根的继任者。1988 年，政府财政赤字近 2 000 亿美元，全国债务总额相当于生产总值的 1.8 倍，美国成为世界上欠外债最多的国家。今天的债就是明天的税，从这一点来看，高增长、低通胀是以牺牲未来为代价的。

　　尽管如此，里根政府毕竟把"通胀"降服了。1989 年 1 月，当 78 岁的里根告别白宫时，美国人民对这位演员出身的老总统，心怀感激、恋恋不舍。里根政府的经济政策，使美国经济出现了复兴。美国企业获得了更多的自由，他们相信只要假以时日，定能重振雄风。美国老百姓虽然少了一些免费的午餐，却不再为物价上涨寝食难安。美国日后还将为"巨额债务"付出代价，但却增强了战胜"通胀"的信心。

"休克疗法"败走莫斯科

　　1992 年，苏联解体后成立的俄罗斯联邦，从西方经济高参那里，引进"休克疗法"，进行了一场激进的经济改革，希望借此跨入市场经济轨道，跻身西方发达国家之列。不料事与愿违，俄罗斯经济非但没有起色，反倒陷入了空前的经济危机。不顾国情盲目改革，使俄罗斯付出了惨重的代价。

　　休克疗法本是医学术语，20 世纪 80 年代中期，被美国经济学家萨克斯引入经济领域。当时玻利维亚爆发严重的经济危机，通货膨胀率高达 24 000％，经济负增长 12％，民不聊生，政局动荡。萨克斯临危受聘，向该国献出锦囊妙计：放弃扩张性经济政策，紧缩货币和财政，放开物价，实行自由贸易，加快私有化步伐，充分发挥市场机制的作用。上述做法一反常规，短期内造成经济剧烈震荡，仿佛病人进入休克状态，但随着市场供求恢复平衡，经济运行也回归正常。两年后，玻利维亚的通货膨胀率降至 15%，GDP 增长 2.1%，外汇储量增加了 20 多倍。萨克斯的反危机措施大获成功，"休克疗法"也名扬世界。

1991 年底，苏联解体，俄罗斯联邦独立。它拥有 1 700 万平方公里领土，1.5 亿人口，继承了苏联的大部分家底。丰厚的遗产令叶利钦喜上眉梢，可穷家难当，一大堆半死不活的企业，外加 1 万亿卢布内债、1 200 亿美元外债，也让新总统夙兴夜寐，坐卧不安。作为苏共的反对派，叶利钦认为，50 年代以来的改革，零打碎敲、修修补补，白白断送了苏联的前程。痛定思痛，俄罗斯要避免重蹈覆辙，重振大国雄风，不能再做小脚老太太，应该大刀阔斧，进行深刻变革。此时，年仅 35 岁的盖达尔投其所好，在萨克斯的点拨下，炮制了一套激进的经济改革方案，叶利钦"慧眼识珠"，破格将其提拔为政府总理，1992 年初，一场以休克疗法为模板的改革，在俄罗斯联邦全面铺开。

休克疗法的重头戏，是放开物价。俄罗斯政府规定，从 1992 年 1 月 2 日起，放开 90% 的消费品价格、80% 的燃料、生产资料价格。与此同时，取消对收入增长的限制，公职人员工资提高 90%，退休人员补助金提高到每月 900 卢布，家庭补助、失业救济金也随之水涨船高。物价放开头 3 个月，似乎立竿见影，收效明显。购物长队不见了，货架上商品琳琅满目，习惯了凭票供应排长队的俄罗斯人，仿佛看到了改革带来的实惠。可没过多久，物价像断了线的风筝扶摇直上，到 4 月份，消费品价格比上年 12 月上涨 6.5 倍。政府原想通过国营商店平抑物价，不想黑市商贩与国营商店职工沆瀣一气，将商品转手倒卖，牟取暴利，政府的如意算盘落了空，市场秩序乱成一锅粥。由于燃料、原料价格过早放开，企业生产成本骤增，到 6 月份，工业品批发价格上涨 14 倍，如此高价令买家望而生畏，消费市场持续低迷，需求不旺反过来抑制了供给，企业纷纷压缩生产，市场供求进入了死循环。

放开物价后，通货膨胀如脱缰野马，一发不可收。对此，俄政府似乎早有准备，财政、货币"双紧"政策，与物价改革几乎同步出台。财政紧缩主要是开源节流、增收节支。税收优惠统统取消，所有商品一律缴纳 28% 的增值税，同时加征进口商品消费税。与增收措施配套，政府削减了公共投资、军费和办公费，将预算外基金纳入联邦预算，限制地方政府用银行贷款弥补赤字。紧缩的货币政策，包括提高央行贷款利率，建立存款准备金制，实行贷款限额管理，以此控制货币流量，从源头上抑制通货膨胀。可是，这一次政府又失算了。由于税负过重，企业生产进一步萎缩，失业人数激增，政府不得不加大救济补贴和直接投资，财政赤字不降反升。紧缩信贷造成企业流动资金严重短缺，企业间相互拖欠，三角债日益严重。政府被迫放松银根，1992 年增发货币 1.8 万亿卢布，是 1991 年发行量的 20 倍。在印钞机的轰鸣中，财政货币紧缩政策流产了。

　　休克疗法的第三步棋，是大规模推行私有化。在盖达尔政府看来，改革之所以险象环生，危机重重，主要在于国有企业不是市场主体，竞争机制不起作用，价格改革如同沙中建塔，一遇风吹草动，便会轰然倒塌。国有企业改革，最省事的办法莫过于私有化，企业成了个人的，岂有办不好之理？为了加快私有化进度，政府最初采取的办法是无偿赠送。经有关专家评估，俄罗斯的国有财产总值1.5万亿卢布，刚好人口是1.5亿，以前财产是大家伙的，现在分到个人，也要童叟无欺，人人有份。于是每个俄罗斯人领到一张1万卢布的私有化证券，可以凭证自由购股。可是，到私有化正式启动，已是1992年10月，时过境迁，此时的1万卢布，只够买一双高档皮鞋，无偿私有化成了天方夜谭、痴人说梦。此计不成，又生一计。既然送不成，那就低价卖。结果，大批国有企业落入特权阶层和暴发户手中，他们最关心的，不是企业的长远发展，而是尽快转手赢利，职工既领不到股息，又无权参与决策，做一天和尚撞一天钟，生产经营无人过问，企业效益每况愈下。

　　俄罗斯政府义无反顾地实施休克疗法，除了想急于建功立业外，一个重要原因，是为了博得"友邦"欢心，从西方发达国家得到一些好处。俄政府大力推行贸易自由化，取消进出口商品限额，大幅度降低关税，外汇市场也迅速放开。可是，俄罗斯经济长期畸形发展，工业技术水平低、成本高，竞争力弱，根本禁不起外国企业的冲击。对外贸易逆差导致外汇枯

竭，1992 年，俄罗斯外债总额达到 748 亿美元，到期应还外
债 206 亿美元，而偿还能力只有 20 亿美元。俗话说，贫居闹
市无人问，富在深山有远亲。原来答应提供援助的国家，此刻
却袖手旁观，口惠而实不至。240 亿美元一揽子贷款迟迟不到
位，60 亿美元稳定卢布基金更是遥遥无期。

俄罗斯把休克疗法当作灵丹妙药，本想一步到位，创造体
制转轨的奇迹。可是南美小国玻利维亚的治疗方案，到了欧洲
大国俄罗斯，却是药不对症。玻利维亚原来搞的就是市场经
济，国有企业少，经济总量也不大，加上有西方大国帮衬，靠
市场机制来熨平通胀，容易取得成功。这些条件，俄罗斯一样
也不占，却偏要一口吃个胖子，政府来个大撒把，大搞市场
自发调节，满以为播下的是龙种，可到头来收获的却是跳蚤。
1992 年 12 月，盖达尔政府解散，俄罗斯的休克疗法也随即宣
告失败。

科教兴国

大凡文明国度，无不重视教育；所有经济强国，无不受益于科技。当今国际竞争，说到底比拼的是人才与科技。德国与日本经济战后崛起，教育与科技居功至伟；美国也是凭借其领先于世的教育与科技，才使得它在经济全球化过程中占尽风流。

德国最大的本钱在教育

日本"收获型"科技战略

美国"新经济"何去何从

德国最大的本钱在教育

　　普法战争是法国首先挑起的，本想一展帝国雄风，让德国俯首称臣，但结果却搬起石头砸了自己的脚，法国人不仅吃了败仗，而且还割让土地赔了银子，弄得是颜面丢尽、威风扫地。原先欧洲大陆的霸主，怎么会如此不堪一击，败给一个曾任人宰割的附属国？他们弄不懂，思前想后，终于明白：德国人受的教育多，士兵们有勇有谋，所以打了胜仗。

　　很早以前，德国人就意识到教育的重要性，在这方面投资很大。"铁血宰相"俾斯麦，喜欢用武力解决争端，属好战派，老天爷似乎很给面子，他总能以弱胜强，将胜利之旗插到他国领地。屡战屡胜，能归功于运气吗？当凯歌高奏，人们为俾斯麦大摆庆功宴时，他却将胜利的勋章，"送给"教育界。他认为，部队的作战水平高，得益于士兵的高素质，而士兵的素质又源于学校教育。所以，1885 年，他 70 大寿时，从 250 万马克的贺礼中，拿出 120 万作为学位津贴，以鼓励学者。首相尚且如此，政府自然不会怠慢，在教育上决不吝啬，肯花"血本"，1900 年，其教育经费达 15 亿美元，占国民生产总值的 1.9%，而英法在这方面的投入，则比它低许多。

重教和尊师相辅相成，一流的老师，才教得出一流的学生。千里马常有，而伯乐不常有，教师正是这慧眼识才、因材施教、培养千里马的"伯乐"。在德国，教师可不是"臭老九"，他们社会地位高、收入不菲、很受尊重，真正成了"太阳底下最光辉的职业"。德国小孩一入学，就立志要当大学教授。由于想干这行的人多，竞争激烈，它的"门槛"自然不低，就拿小学教师来说，光凭高学历还不够，还得与众多对手一争高低，只有出类拔萃者，才会被学校聘用。

尊师重教，光靠花钱还不够，德国人认真地琢磨其门道，不断改革，以求日臻完善。19 世纪初，普鲁士的教育部长洪堡，对学校制度进行改革，建立了较完善的教育体系，并创办了柏林大学。教育要从娃娃抓起，20 世纪 70 年代，德国进行了近代教育革命，规定接受教育和服兵役一样，都是公民的基本义务，用强制手段，"迫使"家长们送孩子们上学。政府使出这一招，旨在扫盲，打好德国人的素质根基。1895 年，德国的文盲率仅为 0.33%，是法国的 1/20，其教育普及程度，让其他国家自叹不如，望尘莫及。

除普及教育外，德国当时的职教体系也很发达。教育的载体是学校，建筑、机器制造、采矿等部门，都建了技术学校，培养专业员工，1900 年，仅普鲁士地区就有 1 070 所工业实习学校，1910 年，德国中等技术学校的在校生就达 135.6 万人。正是这些学校，输送出大量懂专业、会技术的人才，他们基础好、肯动脑子，很快就能触类旁通、操作娴熟，为德国日后经济的飞跃，奠定了殷实的基础。

如果说，普及教育是打基础，职业教育是培养员工，那么，高等教育则是造就顶尖人才。19 世纪末到 20 世纪初，世界一流的科学家云集德国，无论是基础科学或是应用科学，都是独占鳌头，这样一来，德国理所当然成了全球的科技中心。20 世纪初，德国有 5 000 多名化学家，当时化学界的发现和发明，几乎全被他们垄断；物理学家爱因斯坦，提出的量子论、分子论、相对论，奠定了现代物理学的基础；数学王国里，希尔伯特 1899 年出版了《几何原理》，消除了人们对几何公理的疑虑，第二年，他又提出了 23 个悬而未决的数学难题，对数学家们极富吸引力，使他们对德国心驰神往，"打起你的背包，到格廷根去"（格廷根：当时德国的一个科技中心），成了数学界的一句时髦口号。同样，在生物学、地理学、天文学领域，德国也是人才辈出、群英荟萃。从 1901 年到 1914 年，德国就有 13 人获诺贝尔奖，甚至 20 年后，在诺贝尔奖牌榜上，德国依然高居榜首。

对一个国家而言，拥有先进的技术发明，虽然值得自豪，但却不是最终目的，更重要的是，要看它们能不能转化为生产力。德国的科学家的高明之处就在于：他们没有躲在象牙塔里，也没有将先进的理论束之高阁，科研成果很快就融入生产中，成了新的经济增长点。1866 年，韦尔纳·冯·西门子发明了发电机，随即，世界的两大电业巨头相继形成：西门子公司转变经营方向，推行电力技术，推广有轨电车；十几年后，电气集团爱迪生公司（即后来的通用电气公司）成立。这技术别国一下学不会，要进行电气化改造，自己干不了，干着急也没用，还得请这两大公司出马。这两大巨头，坐了老大这把交椅，说了能算，成绩自然不菲：不但完成了德国的电气化改造，而且，当时欧洲 90% 的有轨电车，也是他们铺的。科研成果，开辟了新的市场，给德国带来巨额利润。

别国没有的，德国人先有了；别国没发明的，德国人先发明了，他人无法与之竞争。但由于德国工业起步晚，在许多技术领域也存在先天不足。好在德国人并不故步自封，对于本国没有的技术，他们就利用其人才优势，加以学习、吸收、创新，以求后来者居上。1856 年，美国人珀金率先从焦油中合成染料，一改从大自然中提取的传统做法，使其成本更低、性能更优。按理说，先下手为强，在染料业上，美国应该更占优势，但德国人的脑袋好像更聪明些，他们很快将这项技术学到手，并加以改进，使其产品色泽鲜艳、品种丰富、耐洗耐晒，这一下，德国的染料比美国的更受欢迎，20 世纪初，它就成了这个行业的霸主，占据了世界 3/4 的染料市场。

教育投资，就像是涓涓细流，虽不会立竿见影，但它会逐步渗透到方方面面，时间一长，定能灌溉出一片片绿洲。1871年，德意志帝国刚成立时，百废待兴，虽说有一定的工业基础，但尚不能与列强们相提并论。可 30 年间，它工业总产值提高了 4.7 倍，外贸总额增加了 3 倍。一战前夕，其技术基础雄厚，工业体系完整，实力远远超过了英法，仅次于美国，居世界第二位。美国人在参观考察后，对这份成就大发感慨："德国最大的本钱在智力。"

日本"收获型"科技战略

古希腊有个"不死鸟"的神话，说的是一只鸟在烈焰中如何脱胎换骨、重获新生的事。类似的故事，在东方佛教里，称作凤凰涅槃。战后日本经济，就如同那"不死鸟"，也创造了一个新的神话。在战后很长一段时间里，不仅保持了高经济增长率，而且人均增长幅度，一度达到美国的9倍。世人在艳羡之余，不禁想弄明白：究竟是什么神奇的力量，推动日本经济持续高速增长？

早在20世纪50年代后期，美国人就开始对这个问题进行研究。当时，日本经济崭露头角，年增长率达到22.8%，而美国经济增速却年年放缓，这引起了美国人的不安。治病先查病根，要促进经济增长，先得搞清经济增长背后的原因。1962年，美国经济学家丹尼森，通过对1929—1948年美国经济的深入研究，得出了一个惊人的结论：在这19年中美国经济增长，资本和劳动增长的贡献率只有 48%，其余 52% 分别来自规模经济、资源配置和知识进展，其中，科技的贡献率，最高时竟然达到 39%！可是到了 50 年代，这一比率却逐年下降。而远隔重洋的日本，经济之所以蒸蒸日上，正是在科技转化成生产力上，一步步追了上来。

日本能有今天的实力，是靠技术引进起的家。众所周知，日本国土狭小，人口稠密，资源相对不足，二战又留下一个烂摊子，如果关起门来搞建设，别说强国富民，短期内想恢复元气都很难。古人说，置之死地而后生。日本政府在困境之中，找到了一条生路——贸易立国：进口原料，出口产品，靠赚取两者之间的价差，求生存、谋发展。可是，要把产品打出去，并不是件容易事。周边国家对日本恨之入骨，巴不得它永世不得翻身，自然要抵制日货。西方国家的市场，又是美国货横行天下。而且旷日持久的战争，中断了日本的对外技术交流，日本国内的民用生产，技术落后，设备陈旧，很难拿出像样的产品。在当时的情况下，要实现贸易立国，最明智的办法，莫过于把国外先进的技术引进来，边学边干，借脑生财。

20 世纪 70 年代中期以前，日本在科技发展方面，一直推行吸收加改进的"收获型"战略。这一战略有两个特点。一是"小科学""大技术"。基础理论研究、尖端技术开发，日本人无心为之，原因很简单，周期长、见效慢、投入多、风险大，不如让给西方人去搞。但对实用技术，特别是能够推动产业升级的关键技术，日本人却不放过。1950—1972 年间，日本引进技术的代价是 36 亿美元，仅相当于同期美国科研经费的 1%，但它的实际价值，却是引进费的 55 倍。到 20 世纪 60 年代末，日本与欧美的技术差距已基本消除，在钢铁、汽车、家电、机器人等产业，日本技术居世界领先地位。

"收获型"战略的另一个特点，是注重技术的商业价值，在离产品最近的地方下功夫。半导体技术本是美国人的发明，美国用它造飞船、造导弹，日本人却把它制成电子表，进军瑞士手表市场，做成傻瓜相机，挤占德国相机市场；美国的太阳能刚刚走出实验室，日本人便生产出太阳能计算机，并很快风靡全世界……日本企业界戏称，这些技术是"美国开花，日本结果"，得来全不费工夫。

日本人信奉"综合就是创新"，对国外技术不是照搬照抄，简单模仿，而是博采众长，结合日本实际加以改造，形成自己的特色。本田公司是日本的著名企业，靠生产摩托车起家。1952 年公司组成考察组，走遍主要发达国家，花了几百万美元，搞到几十种最新发动机样机，回国后经过数百次试验，造成世界最好的发动机。3 年后，本田摩托就占领了国际市场。松下公司的创始人松下幸之助，引进了 300 多项新技术，他开发的电视机，每个零件技术都是人家的，甚至连线路图也是买来的。尽管每卖出一台电视，要交付专利费用 1 000 多日元，但带来的收益却是专利费的上百倍。

"收获型"科技发展战略，使日本仅用了 20 年时间，就赶上了世界发达国家的技术水平。但到了 20 世纪 70 年代中期，这条路却走到了尽头。日本人突然发现，自己已同欧美国家站在同一起跑线上，技术引进的空间越来越小。长期重引进、轻研究，重应用、轻基础，日本没有自己独立完整的科研体系，科技发展的后劲明显不足。强烈的危机感促使政府调整思路，决定走"播种型"科技发展道路，并于 1980 年正式提出了"科技立国"的新战略。

"科技立国"战略的目标，是建立完善的科研体制，形成自主开发尖端技术的能力。自 20 世纪 80 年代开始，日本的科研、教育投资占 GDP 的比重，连续多年超过美国。日本政府专门设置科学技术厅，组建国家基础研究中心，建立产、学、研官民一体化的科研体制，鼓励企业设立研究机构，自主开发新产品。通产省还出台优惠政策，对各公司推出的创新产品，可以得到研究费用 25% 的减税待遇。应该说，这些新的科技政策，为日本经济的发展注入了新的活力。到 80 年代末，日本的技术出口比 10 年前增加了 9.6 倍，其中尖端技术产品所占比重 1989 年达到 32.1%，超过欧美所有发达国家。尽管日本的经济规模只及美国的一半，但出口的高技术产品已超过美国，并在世界贸易总额中占 17% 的份额。90 年代初，日本每年获专利 34 万件，占全世界的四分之一，成了名副其实的专利大国。

世事如棋，变幻莫测。20世纪最后10年，当日本人为自己的成就沾沾自喜时，蓄势多年的美国，却一飞冲天，在全球掀起了IT产业的浪潮。在这场新技术革命中，日本人节节败退，加上国内泡沫经济的崩溃，大有兵败如山倒之势。技术创新这台发动机，是不是该"大修"了？日本人发出了疑问。但更多的有识之士，开始从失败中总结教训。他们认为，科技立国战略没有错，问题出在体制上。科技创新需要人，需要资金，更需要政府提供宽松的环境。政府对科技投入不少，但管得太宽、太细，民办机构的科技创新始终热不起来；国家把居民的投资引向储蓄，使风险大、收益高的高科技产业，难以寻到资金支持；企业文化推崇的是敬业奉献，冒险、创业意识日渐泯灭。在激烈的国际竞争中，日本要立于不败之地，首先要做的，是清除积弊，重建科技创新体制。

令日本人稍感宽慰的是，几届内阁先后承诺，要拿出当年白手起家的劲头，全力扶持高科技产业，在新的世纪，重振经济雄风。的确，科技曾经为日本创造过奇迹，不过日本人更希望在未来的科技竞争中，他们能继续成为赢家！

美国"新经济"何去何从

2000年3月上旬，美国华尔街的股民欣喜若狂。道·琼斯指数和纳斯达克综合指数双双暴涨，均创历史最高，投资者好似一不留神，就赚个盆满钵满。股市是经济的晴雨表，美国经济此时正是牛气冲天：经济保持107个月持续增长，打破了二战后的最高纪录，物价稳定，就业充分。更引人注目的是，美国信息产业独领风骚，在全球化经济浪潮中占尽风光。许多经济学家认为，美匡已进入"新经济"时代，经济发展还将持续强劲。可不到一个月，形势急转直下，股市开始狂泻，到年底，道·琼斯指数跌幅超过20%，纳斯达克股票缩水过半，4万亿美元打了水漂。投资者如惊弓之鸟割肉而逃，各大公司刮起裁员风，老百姓开始掰起手指头过日子，美国经济迅速降温。踌躇满志的小布什总统遭遇迎头一棒，他怎么也想不通，好端端的"新经济"，怎么说不行就不行了？

尽管美国经济增速放缓，可极少有人认为它气数已尽，这和 8 年前大不相同。当初克林顿接手的是个烂摊子。前任乔治·布什打伊拉克很有一手，抓经济却一团乱麻扯不清。美国经济一度出现负增长，1992 年财政赤字达 2 930 亿美元；美国货不仅在海外节节败退，在国内也渐渐失宠；失业率蹿到 7.5%，近千万美国人在家吃闲饭。美利坚后院起火，日本、西欧乘机叫板，美国的盟主地位岌岌可危。受命于危难的克林顿，为重振王者之风，打出长短结合两套牌：既图近利，以解燃眉之急，又打长谱，走活持续发展这盘棋。

财政赤字、出口乏力、失业率攀升，是悬在新政府头上的三把剑。克林顿的应对之策是增收节支、公平贸易、扩大就业。增收主要靠征税。新总统提出，5 年内增税 2 410 亿。这次税改强调"公平税负"：外资企业没了税收优惠，占美国人口 1.2%的富有阶层，负担新增税收的 81.3%，4 000 万中低收入者则享受减免税待遇。节支靠精兵简政。军费一次缩减 500 亿，联邦机构连撤加并，10 万政府雇员下岗分流。几笔账算下来，财政开支减少 2 550 亿，到 1998 年，美国财政破天荒盈余 728 亿。美利坚又举起"公平贸易"的大棒，把持住关贸总协定和世贸组织，远交近攻，纵横捭阖，展开多边贸易谈判，消除贸易壁垒，打开出口通道。同时实施"国家出口战略"，放松管制、增加贷款、提供担保，引导企业开拓"新兴市场"，外贸出口年增长率超过了 8%。为缓解失业问题，克林顿上任当年就拨出 310 亿美元，大搞基础设施建设，50 万人重新捧起了饭碗。

新总统边踢头三脚，边琢磨下一步棋。他认为，美国经济要赢得未来，必须抢占制高点，在创新上做文章。在新一轮竞争中，美国应把目光瞄向哪里？克林顿打出了两张王牌：信息革命、制度创新。1993 年 9 月，美国"信息高速公路"计划出台，克林顿亲自执掌国家科委主席帅印。几年来，美国信息技术投资占全世界的 40%，人均投资量比世界平均水平高 8 倍。有付出才有回报。美国成为全球信息产业的老大，软件业年增长12.5%，网络经济增速高达 174%。信息产业对经济增长的贡献率 35%，从业的人数近 2 000 万。全球信息技术公司 100 强中，美国独占 70 多个席位，全球软件市场 75% 以上是美国货。作为第一网络大国，每 9 个美国人就拥有一个因特网站，上网人数稳居世界榜首。信息革命推动产业升级，许多传统产业部门嫁接新技术，大规模改组、改造，美国制造业的劳动生产率比欧、日高出 20%，服务业高出近 50%。

美国经济稳执牛耳，制度创新居功至伟。创新浪潮遍地开花，渗透到生产、流通、分配、管理各领域。为提升产业竞争力，美国政府放宽反垄断限制，鼓励企业强强联手、跨国购并，掀起百年来最大的兼并潮。波音与麦道联姻，组成航空业巨无霸；埃克森与美孚携手，成为世界石油大王；国民银行与美洲银行合并，缔造出金融帝国；互联网霸主美国在线、娱乐传媒巨人时代华纳重组成功，创下 3 500 亿美元交易天价。对国际市场竞争激烈的行当，美国着力打造经济航母，对无人匹敌的行业，政府又会按"原则"办事，"微软"因捆绑销售浏览器获罪，惨遭肢解，其用意便是鼓励国内同行业竞争，给其他公司留一条活路。金融创新对"新经济"贡献更大。信息产业的最大特点是高风险、高回报。创业之初，往往是几个年轻小伙凭着脑瓜灵打天下，没有识才慧眼，很难成就大事。政府放手发展民间风险投资公司。1993 年出台了一个法案，鼓励银行向风险企业贷款，甚至承诺企业如果破产，政府包赔 90%，拍卖资产有几个算几个。美国风险投资公司已多达 4 000 多家，每年都有 1 万多高科技企业受益。1999 年 11 月，国会通过金融服务现代化法，允许银行、保险公司、证券经纪商相互兼并，实业家、金融界、普通投资者皆大欢喜，以科技股为主的纳斯达克股市更加火爆。新一轮经济竞争说到底是打人才战，美国各大公司大搞股票期权，"干得好，给股票"，成了董事会的口头禅。跨国公司还搞起管理创新，授权、代理制大行其道，网上销售、零库存管理等新理念，为企业带来了丰厚利润。

在克林顿总统任内，美国走出"滞胀"阴影，实现了高增长、低通胀、低失业。信息技术、网络经济为美国长远发展添加了新燃料。按理说美国经济应该一帆风顺，却为何横生波折？原来，"新经济"还没炼成金刚不坏之身，繁荣的背后也有隐忧。高科技产业因股市而兴，也会为股市所累。现今美国股市主要靠股民的信心支撑。很多企业股价一路狂涨，不是因为盈利多，而是由于被投资者看好，买股票不是看业绩，而是炒预期。1997 年亚洲金融危机后，国际游资纷纷登陆美国资本市场，放松银行管制使更多的金融机构卷入股市，拉高博傻，投机严重，股市出现震荡也就不足为奇。经济持续走高，老百姓养成了超前消费的习惯，分期付款、抵押贷款大行其道，私人债务规模越积越大，1999 年甚至出现了负储蓄。美国家庭资产 48% 投在股市，股市一变天，就会引发债务地震。信息产业造就了一批新富，而一些传统产业日子却不好过，收入差距越拉越大。在美国富人和穷人各占 20%，前者收入是后者的 9 倍，这也是影响经济稳定的重要因素。

经济增长没有永恒的神话，美国也不例外。面对世纪之初国内经济风云突变，现任总统小布什会有何高招？美国新经济又将向何处去？世人三拭目以待。

西方农业启示

民为国之根，农为民之本。农业不兴，难保百业之兴；农民不富，难保天下太平。放眼全球，纵观古今，只要是农业人口多的国家，政府绝不会对农业掉以轻心。考察西方农业发展的历程，总结他们的成败得失，一定会带给人们某些启示。

俄罗斯：土地与自由的变奏

法国：农业优先发展战略

德国：独具特色的农业改革

日本：农协托起经济一片天

俄罗斯：土地与自由的变奏

在俄罗斯圣彼得堡，矗立着一尊巨大的青铜雕像：彼得大帝跨上马背，右手向前挥舞，骏马前蹄腾空，后蹄将一条巨蛇踩在地下。每当人们路经此处，总会驻足仰视，缅怀这位旷世明君开创的千秋伟业。1689 年，年仅 17 岁的彼得一世放眼看世界，以过人的胆识和气魄，推行"欧化"改革，建工厂，办教育，迁新都，搞扩张，把封闭落后的俄罗斯，变成了欧洲大陆的强国。然而，再伟大的君王，也难以超越所处的时代。彼得大帝的改革，未曾触动土地所有制，千百万俄国农奴，仍然一贫如洗，水深火热。直到一个半世纪以后，俄国又历经两次变革，才废除了农奴制度，走上了农业现代化之路。

彼得一世的后继者，穷兵黩武，意欲称霸欧亚。打仗靠的是实力，除了兵强马壮，军需给养也要确保无虞。而俄罗斯气候寒冷，人口稀少，农业生产一无所恃，发展缓慢。为实现帝国霸业，统治者置民生于不顾，硬要从农民身上榨出油来，而农奴制恰恰是一部最好的"榨油机"：农奴手无寸土，又无人身自由，只得依附农奴主和贵族，他们不仅为主人无偿劳动，还要缴纳苛捐杂税。靠搜刮民脂民膏补充军力，俄国在对外战争中连连得手，版图不断扩大。对沙皇来说，农奴制"法力无边"，不仅毫无必要废除，还需不断强化。1765 年，叶卡捷琳娜二世一纸诏书，便将 5 000 万俄亩新扩国土，连同土地上的农民，赏给皇亲国戚和立功战将。到 19 世纪初，俄国农奴超过 2 000 万，占全国人口的 90% 以上。

1846 年，英国废除《谷物法》，降低粮食进口关税。以农为主的俄国，粮食出口激增。看到种粮有利可图，农奴主便变本加厉，再一次在农奴身上做文章，让农奴无偿劳动的时间，由每周 3 天增加到 5 天，"官"逼民反，农奴不堪其苦，只得铤而走险，揭竿而起。这一时期，各地暴动此伏彼起，多达 300 多次。除了"内忧"，还有"外患"。1853—1855 年，俄国对土耳其发动克里米亚战争，结果被增援的英法联军打得落花流水，溃不成军。痛定思痛，俄国统治者终于明白，英法之所以取胜，不光在于装备精良，而是由于它们早就完成农业革命，实现了工业化，国力强拳头自然就硬。

1861 年 2 月，沙皇亚历山大二世签署法令，宣布废除农奴制。农奴在法律上取得独立，农奴主不能再买卖农奴，也不能干涉他们的生活。法令还规定，农奴可以得到一块份地，虽仍需向农奴主购买，但只需缴纳 20% 的现金，其余由政府以有息债券代付，购买者可以在 49 年内向政府还本付息。1861 年的法令，使 1 000 多万农奴"受益"，1863 年和 1866 年，俄国又先后颁布两个法令，改变了"皇族农奴"和"国家农奴"的身份，这样一来，俄国农奴全都由此获得了"解放"。

人们常说，天下没有免费的午餐，农民赎买的份地，代价也是高得惊人。当时国家把地价抬得老高，原本只值 6.5 亿卢布的土地，而卖给农民却要 9 亿卢布，加上偿付国家贷款本息，农民实际花销不下 20 亿。不仅农奴主从中大捞了一笔，而且国家也收取了大量的利息，倒霉的只有农奴，为了赎回自由身，他们被狠狠宰了一刀。尽管如此，农民还是有了指望：只要辛勤劳作，省吃俭用，多年后或许会无债一身轻；说不准哪天手头宽裕了，还能再买地盖房，过上好日子。而原来的农奴主，钱更多了，人手却少了，于是便不再广种薄收，开始置办农机，使用化肥，生产效率大大提高。废除农奴制，终归是解放了生产力，使俄国农业出现了重大转机。

可是，农业发展的桎梏，至此尚未打碎。也许是让农奴暴动吓破了胆，当权者在宣布解放农奴的同时，又下令在各地普遍建立"村社"，给农民套上了新的"紧箍咒"。根据新法令，农民必须带着份地，加入村社组织。未经村社允许，农民无权出卖、转让土地，也不能擅自脱离村社。原来的农奴主，摇身一变，成了村社的"保护人"，有权撤换村长，驱逐村民，未经其允许，村社不得改变耕作方式，不得开垦荒地。农户之间实行"连环保"，互相监督，哪户若不服从村社管理，作奸犯科，邻里会因知情不报，受累遭殃。几个村社组成乡，乡一级设行政、司法、警察机关，是维护帝国秩序的根基。建立村社组织，牢牢缚住了俄国农民。难怪几十年后，列宁对这段历史作出了这样的评价：俄国农民获得"自由"的时候，已经被剥夺得一干二净了。

村社的建立，抵消了废除农奴制的成果。农民的份地不能买卖、转让，限制了土地集中，阻碍了农业规模经营；因农民不能自由流动，城市工厂普遍缺乏劳动力，工业化步履维艰。到 20 世纪初，俄国非但没有国富兵强，与美、英、法、德等国的差距，反而越拉越大，成了列强中实力最弱的一个，在新一轮国际竞争中，明显处于劣势。1906 年，内阁总理大臣彼得·斯托雷平执掌大权，为了挽救日薄西山的俄帝国，在尼古拉二世支持下，于同年 11 月，又一次对农业进行改革。

斯托雷平政府规定，农民的份地纯属私有财产，有权退出村社，可以自由转让、买卖。根据新法令，先后有 1 600 万俄亩土地真正回到农民手中，有 240 多万户农民从村社退出，单立门户，自主经营。政府还责令农民银行，发放优惠贷款，推动土地兼并，培植了 154 万个独立农场。同时，组织破产农户移民西伯利亚，试图在广袤的边疆地区，发展更多的现代农场。斯托雷平的改革，使土地和农民自由流动问题，基本上得到了解决。1908—1914 年，有 110 万份农地进入市场交易，300 多万农民不再固守穷庐，或加入移民大军，或以真正的自由人身份，进入城市劳动力市场。

像所有气数已尽的王朝一样，俄国并没有因斯托雷平的出现而摆脱覆灭的命运。今天，也很少有人知道斯托雷平这个名字。但这场改革对俄罗斯的历史，影响却极为深远。当改革进行到第 7 个年头，俄国谷物产量便达到 8 600 万吨，这个纪录，即使到了 1953 年的苏联，也没有被打破。于是，有人甚至认为，斯托雷平的改革，是沙俄留下的一笔财富，从当今俄罗斯的农业变革中，都能或多或少地看到斯托雷平改革的影子。

法国：农业优先发展战略

据说 1871 年普法战争结束时，普鲁士首相俾斯麦问一名法军战俘，仗打完了想干什么？那人回答说："赶紧回家种地去。"俾斯麦不禁慨叹："拿破仑三世有这么好的子民，何苦还要发动战争！"的确，法国农民以吃苦耐劳著称于世，他们起早贪黑，不辞劳苦，精耕细作，可就是如此，法国的"吃饭"问题，却长期是一个老大难。直到二战前，还是农产品净进口国。战争结束后，政府采取优先发展农业的政策，仅用 20 多年时间，就实现了农业现代化。到 1972 年，法国已成为仅次于美国的农产品出口大国。

近代法国农业曾有过短暂的辉煌。大革命时期，政府于 1793 年颁布法令，把土地分成小块，卖给农民。地成了自家的，农民种田当然卖力，粮食产量也噌噌往上涨。可过了些日子，农业便徘徊不前。原因很简单，农村人口多，土地零碎，大农机使不上劲，新科技也施展不开。农民为了"温饱"，穿衣种棉，养牛耕田，喂猪过年，就这样，法国的小农经济，搞了 100 多年，人们日出而作，日落而息，生活境况并没有多大的改善。

法国搞农业现代化，最突出的矛盾，是人多地少。20 世纪 50 年代中期，政府出台一系列措施，推动"土地集中"，实现规模经营。为转移农村富余劳动力，政府实行了"减"的办法：年龄在 55 岁以上的农民，国家负责养起来，一次性发放"离农终身补贴"；鼓励农村年轻人离土离乡，到国营企业做工；其他青壮年劳力，政府出钱办班，先培训，再务农。与减少农业人口的做法相反，对农地经营规模，政府用的是"加"法：规定农场主的合法继承人只有一个，防止土地进一步分散；同时，推出税收优惠政策，鼓励父子农场、兄弟农场以土地入股，开展联合经营。各级政府还组建了土地整治公司，这是一种非营利组织，它们拥有土地优先购买权，把买进的插花地、低产田集中连片，整治成标准农场，然后再低价保本出售。此外，国家还给大农场提供低息贷款，对农民自发的土地合并减免税费，促使农场规模不断扩大。1955 年，法国 10 公顷以下的小农场有 127 万个，20 年后减少到 53 万个，50 公顷以上的大农场增加了 4 万多。农业劳动力占总人口的比例，50 年代初近 40%，现在只有 2.2%，农民平均占有农地达到 10 公顷以上。

在着手农地整治的同时，农业机械化也紧锣密鼓地迅速推开。在法国政府的头三个国民经济计划中，"农业装备现代化"被摆上突出位置。战后初期，国内生产资金极度匮乏，法国政府抛掉"既无内债，又无外债"的理财观，大胆向国外借款，不惜一身债，先把农业机械化搞上去。农民购买农机具，不仅享受价格补贴，还能得到 5 年以上低息贷款，金额占自筹资金的一半以上。农用内燃机和燃料全部免税，农业用电也远比工业便宜。为保证农机质量及其方便使用，政府颁发"特许权证"，指定专门企业，在各地建立销售、服务网点。不论哪个厂家、哪一年的产品，其零部件都能随处买到。农用机械价廉物美，售后服务有保证，自然受到农民的欢迎。1955—1970年，各农场拖拉机占有量，从 3 万台增加到 170 万台，联合收割机从 4 900 部增至 10 万部，其他现代化农用机械，也很快得到普及。法国只用了 15 年时间，就实现了农业机械化。

传统的小农经济，一大特点是小而全，自给自足。人们务农，先要满足自家几口人的吃穿。本来只有一亩三分地，既得种粮，又想种菜，还得围栏垒圈，喂猪养牛。零七碎八的农活太多，结果什么也做不好。在政策的推动下，农场的规模扩大了，机械化提高了，政府又不失时机，做起了"专业化"文章。根据自然条件、历史习惯和技术水平，对农业分布进行统一规划，合理布局。全国分成 22 个大农业区，其下又细分出 470个小农业区：巴黎盆地土地肥沃，便大力种植优质小麦；西部和山区草场资源丰富，重点发展畜牧业；北部气温低，大规模种起了甜菜；按照地中海地区的传统，还得扩大葡萄种植。到20世纪70年代，法国半数以上农场，搞起了专业经营，多数小农户，也只生产两三种农产品。农业生产分工越来越细，效率越来越高，收益也越来越可观。法国农民人均收入，达到城市中等工资水平。

农业是弱质产业，很多国家都采取保护政策，法国也不例外。以前政府靠提高关税、价格补贴，来保护农民生产积极性。随着国际市场逐渐放开，农业再一味地靠保护，路只会越走越窄。60年代中期以来，法国政府调整思路，把扶持农业的重点，放在生产、加工和销售领域，力图通过"产业化"，把本国农业做大做强。这方面，法国的做法有独到之处。农业宏观指导，由政府负责；产前、产中和产后服务，交给合作社去办。在法国，农业食品部和渔业部主管农业，负责产供销全程规划，其他任何部门无权插手。这样就避免了条块分割、多头指导。为了防止这两个部门位高权重，失去监督，总理专设私人办公室，定期了解基层农业情况。另外，还成立了"全法最高农业发展指导委员会"，涉农各行业都有代表参加，重要的农业政策，必须由这个机构提出，然后才交给议会讨论，从而实现了"农民的事情农民办"。产生于19世纪中叶的合作社，在当时的法国成了农民的当家人。到20世纪60年代末，法国建起了3 100个农业信贷合作社，7 200个供应和销售合作社，

14 000 个服务合作社。合作社一般按行业划分，农户可根据经营情况，同时加入几个合作社。双方每年一签约，农民只要侍弄好农活，剩下的事全交给合作社去办。年终结算时，扣除风险基金和发展储备金，其余的按入社资金、农产品收购量分给社员。如发生亏损，社员也要按对应的份额承担风险。为了鼓励合作社发展，国家出台有关政策，合作社可免交 33.3% 的公司税，当然，合作社如果违规经营，国家也有权予以取消。经过几十年发展，目前法国农户基本上都成了"社员"。农业合作社占据了农产品市场绝大多数份额，生产资料和饲料基本上由供销合作社销售，90% 以上的农场贷款业务，由信贷合作社提供。

为了扶持农业发展，法国付出了极大的努力。仅拿投资来说，二战后，法国实行的是"以工养农"政策，1952—1972 年，农业投资增长幅度，超过其他所有部门，1960—1974 年，国家发放的农业贷款增长了 7 倍。可是对法国政府来说，这却是一个"愉快的负担"，法国的农业生产率，20 年间提高了 3 倍，90 年代中期，农产品进出口顺差 240 亿法郎。困扰法国一个半世纪的小农经济，早已成了过去，代之而起的，是领先世界的现代化农业。

德国：独具特色的农业改革

17 世纪初的欧洲，商品经济一经萌芽，旋即表现出异军突起、不可阻挡之势。然当时由于封建势力把持政权，自然经济根深蒂固，于是一个时期里，新经济与旧经济相互对峙，展开了一场生死较量。英法等国资产阶级，通过轰轰烈烈的革命，推翻了封建地主，踏上现代文明之旅。而在普鲁士，容克地主则顺应形势，进行自上而下的改革，率先接受了资本主义，走了一条独具特色的普鲁士道路。

15—16 世纪前，德国的工商业尚能与欧洲各国并驾齐驱，可由于新航线的开辟，沿海地区占尽天时、地利，商贸中心自然移向港口地区。在欧洲的西北角，各国商人穿梭其间，国际贸易做得热火朝天，商品经济像是地下的岩浆，悄悄地蓄积力量，正等待着冲出地壳的那一刻。相比之下，德国没有地理上的优势，门庭显得十分冷落。1618—1648 年，德国一直硝烟弥漫，外战内乱，足足持续了 30 年，原先工商业较发达的城市，由于战争而日趋萧条，昔日的辉煌悄无踪影。所以，17 世纪时，德国的工商业一蹶不振，对外不能与他国竞争，对内也无力与封建势力相抗衡。

工商业主在德国生不逢时，可容克地主却鸿运当头，迎来了他们的"黄金时代"。原先的粮食贸易，关卡林立、阻力重重。随着航线的增多，易北河、波罗的海、北海、欧洲西北角间船来船往，陆上的关卡形同虚设。英国、荷兰忙着出口工业品、进行殖民贸易，其丰厚的利润，使人们趋之若鹜，农业却因此受到了冷落。这一改变，使原先的农业出口国，现在亟须进口粮食，而便利的交通、广阔的市场，给德国农业发展带来了机遇，粮食出口由此猛增。德国工商业本来先天不足，农业却乘机迅猛发展，所以，在 17 世纪的工商业浪潮中，德国农业是"一枝独秀"。容克地主一方面农商并举，进行企业化经营，同时又改头换面，由收租的地主，变成农业企业家。这样一来，现代化进程的加快，不仅没有使德国废除封建制度，反而让容克地主坐收渔翁之利，实力大增，其统治地位稳如泰山。为维护既得利益，地主把农民圈在土地上，并用法律形式"再版农奴制"，规定婢仆及其子孙都是地主的财产，择业、择居、终身大事都得听凭地主的安排。

1806 年，德法间进行耶拿大战，结果德国被打得落花流水，被分解为 300 个邦，军队仅剩 1/5。普鲁士作为联邦中的成员国，被保存了下来，但却比原来减少了一半的人口和土地。军事溃败后，随之而来的便是经济上的劫难。由于拿破仑的贸易封锁，粮食出口不再可能，容克地主发家致富的生命线被掐断了。战争引起的混乱，使得商旅不安，工商业也渐渐开始萧条。巨额的赔款，对战败的普鲁士来说，就像是个无底洞，倾其所有，也不能真其一角。在工业世界的冲击下，德国似乎被现代文明所遗忘，被英法等国远远地甩到了后头。

落后就要挨打，面对失败，自尊的德国人不得不反思。他们明白，法国之所以胜利，表面看是其器械精良、国力殷实，实际上是它的经济制度，比"再版农奴制"要优越。"再版农奴制"已不合时宜，必须改革。不改革，农民没有自由，劳动力不能自主流动，发展工商业就找不到人手。就连当时政府官僚阶层也承认："旧世界已失去魔力，不再适合我们，这个流尽鲜血的国家要继续生存下去，就得适应新时代的要求，进行更新。"既然封建制度迟早要被淘汰，那么就应宜早不宜迟。可是选择何种方式来达到目标呢？是通过革命的办法推翻现行政权，还是通过改革的办法缓和矛盾？首相施泰因的回答是：我们无须摧毁老传统，而只需对它进行合乎时代精神的改造。

1807 年 10 月，政府颁布《十月赦令》，规定从 1810 年圣马丁节（11 月 11 日）起，还农民自由身，允许农民自由移动与择业；无论贵族、市民、农民都可以分割、抵押、买卖土地。不久，国家又颁布《关于废除国有土地上农民世袭人身隶属关系的法令》《二月法令》，进一步减少对自由的限制、禁止地主随意侵吞农民土地。农民有了梦寐以求的自由，自然欢欣鼓舞、拍手称快。可地主却眉头紧锁、闷闷不乐。过去他们一直把农民当摇钱树，可现在没了赚钱的工具，他们岂能善罢甘休。他们声称："宁愿再吃三次败仗，也不愿要《十月赦令》"，他们千方百计地设置障碍，阻挠改革，并把施泰因视为眼中钉，不断向拿破仑进其谗言，指使普王将他免职。受战争影响，容克地主实力虽有所下降，但瘦死的骆驼比马大，他们依然是国家的中坚，他们的意见，上层人物不敢不听。改革的先驱者——施泰因，虽然豪情万丈，但却心有余而力不足，终因阻力重重而壮志难酬，1808 年，逃往俄国避难。

1810 年，哈登堡继任首相。他深知改革是大势所趋，但施泰因的前车之鉴令他也不敢轻举妄动。1811 年，哈登堡采用折中的办法，颁布《关于调整地主和农民关系的赦令》，规定农民可用赎买方式来解除封建义务。农民要获得土地，要么放弃原土地的 1/3—1/2，要么支付 25 倍的年租。此法是改革派与封建势力妥协的结果，它如同在改革道路上设置的一道门槛，高价的赎金，则是通行证。这道门槛一设便是 40 年，1850 年 3 月，政府颁布了《赎免法》，减少了对赎买土地的限制性条件。普鲁士的农业改革，就此告一段落。

人在屋檐下，不得不低头。新生的资产阶级，因势单力薄，很长一段时间内，只能向封建势力妥协，一些积极的主张，因与地主利益相左，实施时便大打折扣。所以，普鲁士的农业资本主义道路，较为迂回、渐进，虽说保证了国家政权的稳定，但却不像英法那样来得直接、有效，经济发展，也比别国慢了好几个节拍。不过，历史的车轮不可逆转，新生事物一旦破土，就注定了要开花结果。改革后，农民成了自由劳动力，潜能得以释放，不过改革的最大受益者，依然是容克地主。1815—1847 年，他们得到了 1 854 万塔勒尔的赎金，《赎免法》颁布后，又给他们带来了 1 950 万塔勒尔的收入。巨额的财富，转化为原始资本，资产阶级化的容克地主，又开始投资于农场、工厂、矿山、铁路，成了真正的资本家，普鲁士最终进入了资本主义社会。此后，其工商业日益繁荣、国力与日俱增，在德意志联邦中，与没有变革的其他成员国相比，它实力最强，为日后统一德国，打下了良好的基础。

日本：农协托起经济一片天

俗话说，无农不稳，无工不富。农业这个人类最古老的产业，今天仍然备受各国政府关注。即便是发达的工业国家，也不敢轻易放弃种地的营生。像日本，汽车、电器行销世界，满可以用换回的日元，到国际市场购粮买菜，可日本的农民，稻田还是年年栽，果蔬照样季季种，而且同城里人相比，日子过得也不算差。农业本是弱质产业，在一个工业大国之所以能够立足，除了政府的关照外，日本农协组织发挥了举足轻重的作用。

日本政府当初组建农协，其实也是出于无奈。二战后，日本百业凋敝，民不聊生。作为战败国，饱尝了失道寡助的滋味，内外交困，苦不堪言。当时，就连首都东京，库存粮食也仅够支撑一个半月，居民的粮食定量，每人一天只有一小碗米。解决吃饭问题，得靠增加粮食产量，要增产，全仰仗种田人出力。为调动农民的积极性，日本政府大搞农地改革，规定私人占有土地不得超过 1 公顷，对地主手里多出的土地，国家强行收买，再出让给无地农民。这样一来，81% 的贫雇农成了自耕农。农民分田分地，自然喜出望外，可乍碰上这种天上掉馅饼的好事，反觉得睡觉也不踏实了。为了让农民吃上定心丸，日本政府于 1947 年出台《农业协同合作法》，从上到下，层层建立农协组织，为农民撑腰说话，壮胆打气。土地分下去，粮食便多起来，可粮多了收不上来也不行，农协又成了政府的催收员，一头动员农民交粮食，一头看住粮贩不准私收乱卖，这活一干就是 20 多年。60 年代末，日本粮食连年丰收，政府已无力照单全收，随着经济持续走高，日元不断升值，买粮反比种粮更划算。农业逐渐门庭冷落，无人问津。日本政府审时度势，于 1970 年制定了《综合农政的基本方针》，实施产业结构调整，促进土地流转，推广专业化经营。农协的角色开始发生转换，一头连起农民，一头接起市场，由原来的"二政府"，变成了农民的"大管家"。

日本的农协组织，自上而下，分为三个层次，处于最基层的是市町村农协，习惯上叫单位农协。都道府县建立的是地方农协，称作"县联"；农协的全国性组织，按照业务不同，各立门户。与农民打交道最多的，是单位农协，在日本农村，它的触角无处不在，无论是插秧割稻卖粮，还是农民生老病死，单位农协一揽子全包。零碎事虽多，但从大的方面说，农协的业务大体有四项：生产指导、组织流通、信用服务和开展互助共济。

日本耕地少，土地瘠薄细碎，大农场的经营方式推不开，靠一家一户单兵作战，农业生产本没有多少优势可言。随着国内农产品市场对外放开，农业的外部压力越来越大。怎样才能提高农业效益，增加农民收入？日本政府认为，实行专业化集约经营，是农业的根本出路。主意虽好，可落实起来却很难。要推广农业专业化经营，就必须把一家一户农民组织起来。对此，政府有心无力，做不好也做不了。而与农民打交道，正是农协的老本行。于是，日本政府把大量的涉农业务，委托给农协经办，农协也当仁不让，不负厚望，一出手就不同凡响。围绕着专业化，农协开展了全方位的生产指导。大到农业发展总体规划，小到农户选种育苗、打药追肥，农协都一手操办，费尽心思。农协设有"营农指导机构"，聘用营农指导员，走村串户，提供信息，帮助农民制订增收计划，推广新品种、新技术，手把手地解决生产中遇到的问题。在日本，许多农业基础设施，如育苗基地、孵化厂、冷藏库、饲料厂，都是农协张罗，以保本价为农民提供服务。有的新产品、新技术，农民一时接受不了，农协甚至实行免费试用。近些年来，日本农村青壮劳力不断涌向城市，在地里干活的，除了老人便是妇女，对重体力活，他们常常吃不消。对此，农协又伸出援手，把这些活接了过来。这一交一接，无形中便实行了集约经营，优良品种、先进的耕作方式、新型农机具，便通过农协接手的业务，间接传到了农民手里。

农民要增收，重要的是在产销两头做文章。为了帮助农民降低生产成本，国家、地方、基层三级农协联起手来，开展生产资料订购业务。基层农协将农民的订单层层上报，由农协的全国性组织筛选厂家，以低价格批量订货，农户从农协手中买到的东西，往往比市价低很多。但农民购买生产资料，不光要价廉，而且要物美。全国农协1972年专门建立了农技中心，除了培训农技人员外，一项重要任务，就是对货物进行检验，确保经过农协的手，交给农户的都是优质品。农产品销售难，很多国家的农民深有体会。日本农协知难而进，当起了几百万农民的集团军司令。基层农协建起了农产品集贸所，负责当地农产品集中、挑选、包装、冷藏，然后组织上市。每天清晨，当城里人还在熟睡时，各地的特色农产品，就已由农协组织运到了货场。农产品的销售，通常采取竞买的办法，只有那些出价高、信誉好的批发商，才能拿到出货单。目前日本农协系统共有集货所几千个，此外还有不少全国运输联合会，下设庞大的运输组织，农产品保鲜度高了，不愁城里人不掏腰包。如果算经济账，农协在生产指导和流通业务方面，确实贴了不少钱，但正因为有它这个"冤大头"撑着，日本农业才告别传统的经营方式，农民也不再守着一亩三分地过日子。轻劳作、反季节、优品种、高收入，成了现代日本农业的典型特征。

　　人们不愿种田，有一个重要原因，是产前投入大，生产周期长，同时风险也大。可不是，买种子，购肥料，添机具，请帮手，还没见粮食的影，钱先花出去一大把。像欧美的大农场主，家底厚实，在银行的信用又好，钱这方面不成问题。但在以农户为主的日本，农业生产资金解决不好，就会带来大麻烦。于是为农民提供信用服务，顺理成章变成农协的业务。日本农协的信用机构，存款利率通常略高于私人银行，而贷款利率，又尽可能提供优惠。由于客户多，存贷款量大，加上农信机构实行多角经营，业务开展得红红火火，不仅给农民解了难，也为各级农协增加了收入。

　　厚生共济，是政府交办的一项重要业务。在这方面，农协的服务范围，从摇篮到坟墓，既提供生活指导，也操持婚丧嫁娶等红白喜事。同时，采取向农民收一块，农协补一块的办法，开展扶贫济困。从老年农民的福利，到农村社区建设，农协可谓无处不在。在日本农民眼里，农协似乎成了无所不能、法力无边的保护神。

责任编辑：曹　春
装帧设计：木　辛
责任校对：吕　飞

图书在版编目（CIP）数据

经济学笔谭／王东京 著 . —北京：人民出版社，2016.8
ISBN 978 - 7 - 01 - 016629 - 2

I. ①经…　Ⅱ. ①王…　Ⅲ. ①经济学－研究　Ⅳ. ① F0
中国版本图书馆 CIP 数据核字（2016）第 196458 号

经济学笔谭

JINGJIXUE BITAN

王东京　著

人民出版社 出版发行

（100705　北京市东城区隆福寺街 99 号）

北京盛通印刷股份有限公司印刷　新华书店经销

2016 年 8 月第 1 版　2016 年 8 月北京第 1 次印刷

开本：710 毫米 ×1000 毫米 1/16　印张：27.75

字数：264 千字

ISBN 978 - 7 - 01 - 016629 - 2　定价：69.00 元

邮购地址 100706　北京市东城区隆福寺街 99 号

人民东方图书销售中心　电话：（010）65250042　65289539